The Urban Management of
China's Special Economic Zones

特区城市管理

2024

《特区城市管理》编辑委员会 编著

中国林业出版社
China Forestry Publishing House

图书在版编目（CIP）数据

2024特区城市管理 /《特区城市管理》编辑委员会编著. -- 北京：中国林业出版社, 2024.11. -- ISBN 978-7-5219-2963-8

Ⅰ. F299.277.653

中国国家版本馆CIP数据核字第20242BA438号

责任编辑：张华
装帧设计：刘临川

出版发行：中国林业出版社
（100009，北京市西城区刘海胡同7号，电话010-83143566）
电子邮箱：43634711@qq.com
网址：https://www.cfph.net
印刷：北京博海升彩色印刷有限公司
版次：2024年11月第1版
印次：2024年11月第1次
开本：889mm×1194mm 1/16
印张：14
字数：400千字
定价：128.00元

《2024特区城市管理》编辑委员会

指导单位：深圳市城市管理和综合执法局

指导委员会
主　　任：张国宏
副 主 任：杨　雷　黄立新　冯增军　杨立群　何　涛　吴江天
委　　员：黄隆建　旷　涛　罗　栋　刘初国

执行单位：深圳市城管宣教和发展研究中心

执行委员会
主　　编：金　红
副 主 编：刘荣杰
编　　辑：孙盈馨　梁宏衍　何振中

前言

党的二十届三中全会擘画了进一步全面深化改革的时代蓝图，开启了新征程推进中国式现代化的时代新篇，为城市管理领域全面深化改革、推进中国式现代化指明了方向，提供了遵循。

改革潮涌启新程，奋楫前行正当时。深圳城市管理部门深入学习贯彻党的二十届三中全会精神，在城市管理领域全面深化改革，健全城市管理体制机制，提升城市管理现代化水平，全力打造高品质、高颜值的绿美公园城市和文明洁净城市，为将深圳加快打造成为更具全球影响力的经济中心城市和现代化国际大都市作出更大贡献。

"特区城市管理"系列图书出版三年以来，我们以深圳特区为样本，精心组织行业专家与一线实践者，共同总结、提炼出城市管理相关研究成果与实践案例，全方位、多角度展示了特区城市管理在改革创新方面的新理念、新视野、新架构与新见解，在推进城市管理现代化进程中发挥了重要支撑作用和决策参考价值。

2024年，我们精选了涵盖公园城市建设、园林绿化、环境卫生、城市照明、智慧城管等多个领域的19篇学术力作，编纂成《2024特区城市管理》。本书深入探讨了暗夜空保护、远足径建设、园林绿化产业高质量发展等一系列前沿、热门课题。我们希望通过这一学术交流平台，分享深圳特区在城市管理领域的改革创新成果，激发广大城市管理工作者的创新思维，为各级城管部门在全面深化改革中找准着力点与突破口提供有益借鉴。

城市管理是一项复杂多变的系统工程，涉及多学科、多领域的知识与技术。鉴于我们的视野与能力有限，本书难免存在不足之处。我们诚挚邀请各位专家学者及行业同仁不吝赐教，提出宝贵意见与建议。

最后，我们要向赵海天教授及所有文章作者致以诚挚的谢意，感谢他们分享高水平的研究成果；同时，也向特约审稿专家刘建国、曾真、刘全儒、金荷仙、黄康表示衷心的感谢，感谢他们对本书的学术审校。

《特区城市管理》编辑委员会
2024年10月

公园城市建设

城市发展与生物多样性保护
——深圳建设国家植物园的探讨 / 008
程纹，程颖慧，邱志敬，张苏州，黄京丽，李珊，王晖（深圳市中国科学院仙湖植物园）

深圳市生态游憩体系的"规—建—管—运"一体化的创新探索
——以"三径三线"远足径体系为例 / 019
刘迎宾[2]，刘晓俊[1]，宋佳骏[2]，赵元晨[2]，黄隆建[1]，邵志芳[1]，王亚楠[1]，屈莹莹[1]（1.深圳市城市管理和综合执法局运行维护监管处；2.深圳市城市规划设计研究院城市规划二所）

园林绿化

深圳市仙湖植物园秋海棠属植物资源收集及应用 / 026
杨蕾蕾，张苏州，聂泷清，李凌飞（深圳市中国科学院仙湖植物园）

无忧花属植物在深圳地区园林应用综合评价 / 037
徐桂红，黄义钧，陈珍传，戴耀良（深圳市中国科学院仙湖植物园）

深圳市月季主要病虫害及防治技术 / 045
蔡江桥，蓝翠钰，唐婧文，董慧，谢锐星（深圳市中国科学院仙湖植物园）

环境卫生

极端干湿循环下新型填埋场生态覆盖系统水力响应研究 / 055
魏薇[1]，陈中奎[2]，陈虹圻[3]，郭浩文[4]（1.深圳市下坪环境园；2.深圳市岩智科技有限公司；3.香港科技大学；4.中国科学院广州能源研究所）

高级氧化-硫自养反硝化用于渗滤液处理站MBR出水深度处理的实验研究 / 070
肖雄[1]，孟了[1]，何梓乐[2]，刘彤宙[2]，李华英[1]，何月[1]，黄俊标[1]，钟锋[1]，郝欣[1]，李梦瑶[1]［1.深圳市下坪环境园；2.哈尔滨工业大学（深圳）］

餐厨垃圾水解酸化液制备碳源及用于垃圾渗滤液反硝化处理的实验研究 / 086
肖雄[1]，孟了[1]，黄俊标[1]，李华英[1]，何月[1]，钟锋[1]，钟美霞[2]，刘彤宙[2]［1.深圳市下坪环境园；2.哈尔滨工业大学（深圳）］

深圳市厨余垃圾分类利用的物质流特征与优化策略 / 101
黄靖洁[1,2]，肖雄[3]，魏薇[3]，沈桂燕[1,2]，王韬[2]，杜欢政[2]，徐利军[1]，苑文仪[1]（1.上海第二工业大学；2.同济大学；3.深圳市下坪环境园）

城市照明

城市暗夜空保护的一个理论误区 / 112
赵海天[1]，付强[2]（1.深圳大学建筑与城市规划学院；2.深圳职业技术大学机电学院）

智慧城管

基于社会营运车辆视频资源的市容环境人工智能巡查应用 / 120
葛濛[1]，谭敏[1]，韦航[1]，刘加美[2]，王鹏[2]（1.深圳市城市管理监督指挥中心；2.深圳市锐明像素科技有限公司）

基于"345"数智化战略实现固废处理高质量发展 / 130
吴浩[1]，焦显峰[1]，白贤祥[1]，黄伟立[2]，廖新娜[3]（1.深圳能源环保股份有限公司；2.深圳市生活垃圾处理监管中心；3.深圳市生态环境监测站）

AI监控在智慧城管中的探索与应用 / 146
李春晖，冯晓楠，吴建华（深圳能源环保股份有限公司）

基础研究

抗虫蛋白的研究进展及其在农业生产和园林绿化中的应用 / 158
吴嘉宜，莫小为，董珊珊（深圳市中国科学院仙湖植物园）

苏铁类植物的价值及其面临的挑战 / 167
龚奕青，王运华，陈庭，李楠（深圳市中国科学院仙湖植物园）

人类活动干扰对猕猴行为模式影响的研究
——以深圳市塘朗山郊野公园猕猴种群为例 / 177
史鸿基[1]，代晓康[1]，郑小兰[1]，崔嵩[1]，王思琦[1]，刘克亚[1]，易筱樱[2]，樊宇轩[2]（1.深圳市公园管理中心；2.中山大学生命科学学院）

察隅县的植被类型 / 187
王晖，赵国华，吕梓悦（深圳市中国科学院仙湖植物园）

综合管理

城市管理标准化优化策略研究 / 205
秦晓红，刘伟，王丽娟，丁泽林（深圳市标准技术研究院）

园林绿化产业高质量发展路径研究
——以深圳市为例 / 213
熊义刚，仇明亮，李铉，潘铁水（广东省国研数治规划研究院）

城市发展与生物多样性保护
——深圳建设国家植物园的探讨

程纹，程颖慧，邱志敬，张苏州，黄京丽，李珊，王晖
（深圳市中国科学院仙湖植物园）

摘要： 生物多样性是一个城市赖以生存和发展的物质基础，是社会经济可持续发展的内在动力。国家植物园体系是从国家层面开展植物多样性迁地保护、研究和可持续利用的主要形式。目前，深圳正在以仙湖植物园为基础，积极申请加入国家植物园体系，推进深圳国家植物园建设落地。在深圳建设国家植物园，能有效开展热带、亚热带、滨海和岛屿植物的收集，保护野生植物资源，保障生态安全，进一步夯实深圳的生态本底。研究系统分析了深圳建设国家植物园所具备的自然基底、社会经济发展、植物科学研究与迁地保护现状等条件，提出深圳国家植物园的发展定位。并基于深圳的城市化发展水平、区位优势和生物多样性保护基础，对深圳国家植物园的后续建设方向和重点工作进行了展望，以期为深圳实现城市发展和生物多样性保护的协同共赢提供参考。

关键词： 国家植物园；生物多样性；深圳；城市发展；迁地保护

Urban Development and Biodiversity Conservation
—A Discussion on the Construction of Shenzhen National Botanical Garden

Cheng Wen, Cheng Yinghui, Qiu Zhijing, Zhang Suzhou, Huang Jingli, Li Shan, Wang Hui
(Fairy Lake Botanical Garden, Shenzhen and China Academy of Sciences)

Abstract: Biodiversity is the material basis for the survival and development of a city, and is the intrinsic driving force for socio-economic sustainable development. The national botanical garden system is the main form of plant diversity research, utilization and *ex situ* conservation. Shenzhen has actively participation in the national botanical garden system, and promote the implementation of the Shenzhen national botanical garden, which is conducive to the collection and conservation of tropical, subtropical, coastal, and island plants, as well as the protection of wild plant resources and ecological safety, so as to further consolidating Shenzhen's ecological foundation. The paper analyzes the natural base, socio-economic level, and the Current status of plant scientific research and *ex situ* conservation of Shenzhen national botanical garden, and discusses the development orientation of Shenzhen national botanical garden. Based on the urbanization development level, location advantage and biodiversity conservation foundation of Shenzhen, the future construction direction and key work of Shenzhen national botanical garden were prospected, in order to provide reference for Shenzhen to realize win-win cooperation between urban development and biodiversity conservation.

Keywords: National botanical garden; Biodiversity; Shenzhen; Urban development; *Ex situ* conservation

2021年10月12日，习近平总书记在联合国《生物多样性公约》第十五次缔约方大会领导人峰会上宣布："为加强生物多样性保护，中国正加快构建以国家公园为主体的自然保护地体系，逐步把自然生态系统最重要、自然景观最独特、自然遗产最精华、生物多样性最丰富的区域纳入国家公园体系，同时，本着统筹就地保护与迁地保护相结合的原则，启动北京、广州等国家植物园体系建设[1]。"国家植物园是从国家层面开展植物迁地保护的机构，具有国家代表性和全民公益性，承担着中国植物多样性保护的重任[2]。国家植物园体系是以国家植物园为主体的全国植物迁地保护网络，涵盖我国主要气候带和植被类型、生物多样性热点地区以及重要经济植物[3]。建设以国家植物园为核心的国家植物园体系是以丰富生态多样性为目标，以迁地保护为主要形式，在植物园中保存活植物，特别是濒危植物、特有植物和有经济价值的植物[4]，它是国家植物多样性保护基地，代表国家植物迁地保护最高水平，同时还兼具科学研究、科学传播、宣传教育、园林展示和休闲游憩等功能[5]。

深圳作为社会经济改革和对外开放的前沿阵地，在其40多年的发展历程中，完成了由传统农业地区向高度城市化地区转型的蜕变，从一个海滨渔村发展成为国际性大都市。然而，快速的城市化进程和规模巨大的基础建设，不可避免地会对野生动植物资源和生物多样性保护造成较大影响。生物多样性是一个城市赖以生存和发展的物质基础[6]，坐拥丰富自然资源的深圳深谙此道。因此，深圳不仅从未试图以生态换取发展，而且在城市经济实力和国际影响力逐年增强的情况下，坚持不断推进生态文明建设，并建立了严格的生态环境保护制度，积极开展生态保护和修复，全力推动绿色低碳发展。在国家植物园体系建设背景下，其城市发展和生物多样性保护将迎来平衡发展的更大空间。建设深圳国家植物园，是践行习近平生态文明思想的重要举措，是深圳融入国家战略部署的又一重大平台。深圳将站在更高的起点上，保护和利用南亚热带丰富的植物资源，谋求社会经济与生物资源保护的永续发展，探索并构建适应于深圳城市化进程的生态建设格局，为助力我国加强生物多样性保护做出深圳贡献。

一、深圳建设国家植物园背景分析

（一）自然基底概况

深圳位于广东省中南部沿海，全市面积1 997.47km²[7]，陆域位置在东经113°43′至114°38′，北纬22°24′至22°52′。东临大亚湾和大鹏湾，与惠州相连，西临珠江口和伶仃洋，南边的深圳河与香港相连，北部与东莞、惠州两城接壤。深圳作为粤港澳大湾区四大城市之一，立足我国南亚热带，面向港澳，辐射东南亚和南太平洋岛屿。深圳依山靠海，山峦起伏，大部分地区为丘陵、山地。地貌呈带状东西展布，东南高，西北低。南部的梧桐山是深圳最高峰，海拔943.7m，东南部濒临南海，拥有260km的海岸线[8]，海域面积1 145km²，连接着南海及太平洋。深圳地处热带、亚热带交界处，属于典型的南亚热带海洋性气候，水热条件优越，适宜热带和亚热带植物生长。深圳辖区内有120余条河流，多数长度较短，纵横交错的河道为各种湿地植物提供了优良的栖息地。得天独厚的自然地理条件造就了深圳"山水林田湖草海"要素齐全的多元生境和复杂多样的植被类型[9]。自低海拔至高海拔形成南亚热带沟谷季雨林、南亚热带低地常绿阔叶林、山地常绿阔叶林、南亚热带山地灌草丛。不论是山地沟谷，还是低海拔的海岸林和"风水林"，森林群落终年常绿，植被类型组成丰富，林冠稠密，具有明显的热带季雨林特征，附生植物常见。同时，很有代表性的红树林、半红树林和基岩海岸植物又显现出独特的热带海岸特色。此外，受南部湿润性季风气候影响，带有热带性特征的藤本植物在深圳多见。在深圳，已记录野生维管植物206科928属2 185种（含归化种），其中，本土野生种199科858属1 916种，全市共有国家重点保护野生植物35种[10]，中国特有野生植物36种，《中国物种红色名录》受威胁野生植物60种，《世界自然保护联盟濒危物种红色名录》受威胁野生植物12种，《濒危野生动植物种国际贸易公约（CITES）》附录收录的野生植物83种。其中，蕨类植物12科15属17种，裸子植物3科3属5种，被子植物46科99属142种，占深圳已记载维管植物总数的8%[11]。

深圳半城半绿、山海相依的独特山海城空间格局，形成了"一脊一带二十廊"的生态骨架，以各类公园（植物园）、自然保护地等为主体的生态空间孕育了丰富且典型的区域生物多样性，丰富的植被类型和物种资源对自身及周边地区的生态平衡和植物资源利用保护具有重要价值。优越的自然基底是形成深圳城市各类空间布局的重要元素，也是城市发展的依托和载体。

（二）生态控制线范围

为加强对珍稀濒危植物和生态环境的保护，防止快速城市化进程导致的土地无序扩张及建设，持续优化生态空间格局，2005年，深圳发布《深圳市基本生态控制线管理规定》，划定城市基本生态控制线范围，除一级水源保护区、风景名胜区、自然保护区、集中成片的基本农田保护区、森林公园和郊野公园外，坡度大于25%的山地、林地以及特区内海拔超过50m、特区外海拔超过80m的高地，主干河流、水库及湿地，维护生态系统完整性的生态廊道和绿地、岛屿及具有生态保护价值的海滨陆域等均被划为生态控制和保护区域。至此，深圳全市49%的土地被纳入基本生态控制线范围，构建了包含27个自然保护地的自然保护地体系，陆域自然保护地面积达到477km^2，面积占比24%，远大于《生物多样性公约》"爱知目标"。控制线内，各种建设行为和人为活动被严格控制，植被较少被人为干预，生态用地得以保护和复绿[12]。深圳生态控制线政策实施十多年来，城市生态风险降低，促进了城市可持续发展。

（三）社会经济水平

2023年，深圳地区生产总值34 606.4亿元，全年人均地区生产总值195 230.17元[13]，优势产业主要是金融、贸易、物流、互联网等第三产业[14]，领跑于粤港澳大湾区11个城市，并且仍存在较大的发展空间[15]。坚实的经济基础和快速增长的经济规模是深圳切实推进建设国家植物园的基础条件和根本动力，能够为建设中的土地规划、引种实践、科研平台构建、人才引进和合作交流等提供物质保障。深圳市辖区面积小，经济总量大，单位面积环境污染物数量远大于其他一线城市，但深圳的环境空气质量却常年位居全国前列，这与深圳多年来推行的一系列生态文明建设举措密不可分，在追求经济效益的同时，坚持生态优先，统筹产业结构调整，扶持绿色低碳产业。深圳不仅是一座国际化大都市，也是一座绿色之城、生态之城，是国家森林城市、中国可持续发展创新示范区和全国首个副省级生态文明建设示范市。面对国家植物园体系建设的机遇，深圳势必要在生态保护和经济增长的矛盾中先行先试，调整经济发展规则，加大人力财力投入，切实保障植物迁地保护工作高效开展。

二、深圳的植物科学研究与野生植物迁地保护现状

野生植物资源是自然生态系统的基本组成部分，是经济社会可持续发展的重要物质基础，其携带的遗传资源是关系到国家生态安全和生物安全的核心战略资源。近年来，深圳依托多家植物科学研究平台，结合国家生物多样性保护战略与部署，通过不断推进生物多样性主流

化进程、大力实施特色生境保护和濒危物种保护、深入开展生物多样性调查评估、持续推进生态监测监管能力建设、创新探索科普宣传教育新模式等一系列举措，有力地保护了野生动植物、自然保护地等资源，生物多样性保护取得显著成效。

（一）植物科学研究与资源开发利用现状

深圳拥有多个植物资源迁地保护和生物多样性研究平台。其中，深圳市仙湖植物园和全国兰科植物种质资源保护中心长期坚持收集与保存华南珍稀濒危物种，开展濒危物种野外回归项目工作，目前迁地保存了世界热带、亚热带地区植物共13 000余种，在我国植物迁地保护机构中占据领先地位。国家基因库、中国农业科学院深圳农业基因组研究所和深圳华大生命科学研究院在植物基因组研究上均是领军机构，它们聚焦生命科学基础研究领域的前沿方向和关键问题，利用先进的基因组学技术和高效的大数据分析能力，在生物遗传、进化、植物育种等研究领域取得重大成果，共同支撑深圳乃至我国基因组学领域的科技创新。

（二）深圳市仙湖植物园植物迁地保护现状

仙湖植物园自1983年建园起就致力于植物的收集与保护工作，40年来一直遵循气候相似和生态相似原则，以专类园建设和珍稀濒危植物迁地保护为主要方向，目前已收集南亚热带地区为主的植物12 204个分类群，其中，原生种8 333种及种下等级，占总收集数的68.28%，杂交类群和品种3 871种，占总收集数的31.72%。本土植物近7 000个分类群，占总收集数的57.36%，其中，野生来源的有5 500余种，占本土植物收集数的78.57%（图1）。收集的类群涵盖陆地植物310科2 136属，以苦苣苔科、兰科、夹竹桃科、凤梨科与仙人掌科为主，占32.8%（表1）。

根据《国家重点保护野生植物名录》（2021），仙湖植物园保种国家重点保护野生植物423种，其中，一级81种，二级342种，占总原生种收集数的5.08%，占全部国家重点保护植物物种的1/3；中国特有种1 881种，占总原生种收集数的22.57%。根据《中国生物多样性红色名录——高等植物卷》，植物园迁地保

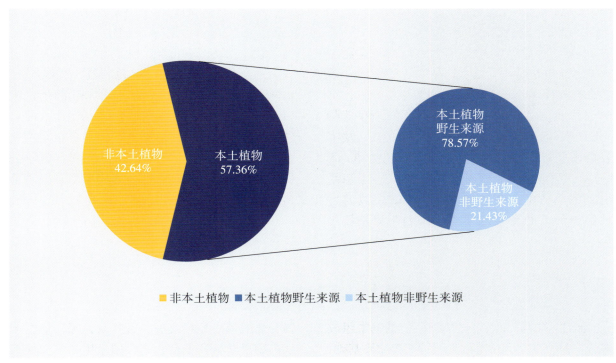

图1 仙湖植物园迁地保护本土植物占比

护野外绝灭或地区绝灭的植物11种，极危112种，濒危250种，近危301种，易危359种，合计占总原生种收集数的12.4%（表2）。

表1 仙湖植物园收集陆生植物科的统计
（按照收集类群数量倒序排列，仅显示前30科）

科名	科中文名	类群数	原生物种数	杂交类群、品种占比（%）
Gesneriaceae	苦苣苔科	1 726	524	69.64
Orchidaceae	兰科	688	642	6.69
Apocynaceae	夹竹桃科	564	203	64.01
Bromeliaceae	凤梨科	541	207	61.74
Cactaceae	仙人掌科	485	354	27.01
Araceae	天南星科	437	346	20.82
Begoniaceae	秋海棠科	368	225	38.86
Rosaceae	蔷薇科	272	161	40.81
Poaceae	禾本科	264	223	15.53
Nelumbonaceae	莲科	261	1	99.62
Fabaceae	豆科	248	231	6.85
Euphorbiaceae	大戟科	244	116	52.46
Asparagaceae	天门冬科	233	156	33.05
Magnoliaceae	木兰科	198	99	50.00
Dryopteridaceae	鳞毛蕨科	185	183	1.08
Asphodelaceae	阿福花科	177	147	16.95
Iridaceae	鸢尾科	173	51	70.52
Zamiaceae	泽米铁科	164	137	16.46
Arecaceae	棕榈科	157	156	0.64
Polypodiaceae	水龙骨科	145	136	6.21
Lauraceae	樟科	140	138	1.43
Pteridaceae	凤尾蕨科	136	131	3.68
Asteraceae	菊科	136	129	5.15
Ranunculaceae	毛茛科	125	46	63.20
Lamiaceae	唇形科	123	112	8.94
Acanthaceae	爵床科	122	112	8.20
Malvaceae	锦葵科	112	88	21.43
Crassulaceae	景天科	105	69	34.29
Rubiaceae	茜草科	102	94	7.84
Zingiberaceae	姜科	98	94	4.08
	其他科	3 475	3 022	13.04
	总计	12 204	8 333	31.72

表2 仙湖植物园迁地保护的珍稀濒危和重点保护野生植物

依据文件	类型	种数	占比（%）	合计（%）
《国家重点保护野生植物名录》（2021）	一级	81	0.97	5.08
	二级	342	4.10	
《中国生物多样性红色名录——高等植物卷》	野外绝灭或地区绝灭的植物	11	0.13	12.40
	极危	112	1.34	
	濒危	250	3.00	
	近危	301	3.61	
	易危	359	4.31	

（三）深圳野生植物现状

据统计，深圳共有野生维管植物212科936属2 185种（包括种下单位，下同）：石松类和蕨类植物有30科77属194种；种子植物有182科859属1 991种，其中，裸子植物5科6属8种，被子植物177科853属1 983种。根据《国家重点保护野生植物名录》（2021），深圳野生维管植物中有国家重点野生植物17种，其中，一级1种（仙湖苏铁），二级16种，占比0.78%。根据《中国生物多样性红色名录——高等植物卷》，深圳野生维管植物含极危5种，濒危17种，近危28种，易危33种，合计83种。参照吴征镒等[16,17]对中国种子植物属的分布区类型划分，深圳野生种子植物848属（数据截至2017年）。按照地理分布类型分为13类型15个变型（表3）。热带、亚热带成分所占比例最高，温带的属数只占总属数的14.09%。

表3 深圳种子植物区系属的分布区类型

分布区类型	属数	种数	占总属数的比例（%）	占总种数的比例（%）
1 广布（世界分布）	60	223	扣除	扣除
2 泛热带（热带广布）	230	658	27.12	34.74
2-1 热带亚洲、大洋洲和热带美洲（南美洲或/和墨西哥）	7	7	0.83	0.37
2-2 热带亚洲、热带非洲、热带美洲（南美洲）	17	33	2.00	1.74
3 东亚（热带、亚热带）及热带美洲间断	36	60	4.25	3.17
4 旧世界分布	75	154	8.84	8.13
热带亚洲、非洲和大洋洲间断或星散分布	11	23	1.30	1.21
5 热带亚洲至热带大洋洲	75	125	8.84	6.60
6 热带亚洲至热带非洲	50	68	5.90	3.59
6-1 华南、西南到印度和热带非洲间断分布	1	1	0.12	0.05
6-2 热带亚洲和东非或马达加斯加间断分布	3	9	0.35	0.48
7 热带亚洲（即热带东南亚至印度-马来西亚、太平洋诸岛）	109	182	12.85	9.61
7-1 爪哇（或苏门答腊）、喜马拉雅间断或星散分布到华南、西南	7	10	0.83	0.53
7-2 热带印度至华南（尤其云南南部）分布	2	4	0.24	0.21

续表

分布区类型	属数	种数	占总属数的比例（%）	占总种数的比例（%）
7-3 缅甸、泰国至华南或西南分布	2	2	0.24	0.11
7-4 越南（或中南半岛）至华南或西南分布	6	6	0.71	0.32
8 北温带	40	113	4.72	5.97
8-1 北温带和南温带（全温带）间断分布	9	14	1.06	0.74
8-2 东亚及北美间断	31	81	3.66	4.28
10 旧世界温带	19	22	2.24	1.16
10-1 地中海区、西亚（或中亚）和东亚间断分布	2	3	0.24	0.16
10-2 欧亚和南非（有时也在澳大利亚）间断分布	5	5	0.59	0.26
11 地中海区、西亚至中亚分布	4	4	0.47	0.21
地中海区至温带、热带亚洲、大洋洲和/或北美洲南部至南美洲间断	1	1	0.12	0.05
12 东亚（东喜马拉雅—日本）	33	51	3.89	2.69
12-1 中国—喜马拉雅（SH）	5	5	0.59	0.26
12-2 中国—日本（SJ）	7	7	0.83	0.37
13 中国特有	4	23	0.47	1.21
合计	848	1894	100.00	100.00

综上，深圳无论在自然基底、社会经济基础、气候环境、植物区系植物学科研水平方面，还是野生植物迁地保护工作积累方面，都具有创建国家植物园的优势，特别是野生植物迁地保护工作方面，经过40年的积累，现已拥有2个国家级的植物种质资源保护中心和1个国家级种质资源库，植物资源的收集量在我国各大城市排行中名列前茅。根据上述背景分析及植物学科研和植物迁地保护现状，结合我国国家植物园体系布局方案和设立规范，提出深圳国家植物园的发展定位。

三、深圳国家植物园发展定位

当前，对照已投入建设的"一南一北"两个国家植物园，发现深圳的植物科学研究基础相对薄弱，植物资源开发利用方面存在一定差距，专类园体系设置和植物文化传播方面有待完善。具体表现在重点科研平台数量较少，科研设施条件相对薄弱，标本馆、图书馆等配套设施面积较小，馆藏数量少等方面；缺乏影响力突出的科研转化成果，植物资源开发利用与城市经济建设发展联系不够紧密；展示植物生境和突出植物文化的专类园较少，部分专类园单纯以展示类型和主题为主，互动性不强；内部园区发展不平衡，服务设施建设较薄弱；缺少相应整合、收集、管理、展现科研成果的智慧化信息管理服务平台。因此，在后续的建设中，应加强重点科研平台建设，夯实科学研究基础，扩大优势植物保育类群；探索创新研发投入和联动合作模式，实现多方平台共建共享，将植物资源开发利用与城市经济发展紧密结合，实现科研成果有效转化；建设高水平植物专类园，突出专类园的地域特色、植物生境和植物文化，合理规划布局，在凸显科学性的同时增强互动性和体验感，讲好深圳植物故事，提高公民生物多样性保护意识；整合城市生态安全监测监管信息网络，建立集收集、管理、展示于一体的智慧化植物信息管理服务平台。与此同时，深圳国家植物园还应协调统一迁地保护和就地保护，完善区域内生物多样性保护体系，为粤港澳大湾区生态文明与社会经济可持续发展提供坚强屏障。

2019年印发的《粤港澳大湾区发展规划纲要》（以下简称《纲要》）中，第七章"推进生态文明建设"专门提出，要"加强粤港澳生态环境保护合作，共同改善生态环境系统。"《纲要》规定实施重要生态系统保护和修复重大工程，构建生态廊道和生物多样性保护网络，提升生态系统质量和稳定性，打造生态防护屏障。同时，加强环境保护和治理，创新绿色低碳发展模式。在深圳建设国家植物园将进一步推动重点物种保育工程，保障珍稀濒危植物资源收集与保育工作，助力深圳市打造可持续发展先锋，在全国城市的生物多样性保护中起示范作用。近日，经深圳市政府常务会审议通过的《按照国家植物园设立规范提升深圳植物园综合实力的行动方案》中提出以深圳市仙湖植物园为主体，加快推进深圳植物园综合实力提升[18]。仙湖植物园始建于1983年，与深圳特区的规划建设同步发展，是深圳市开展植物学、植物多样性保护与利用等研究工作的重要专业机构，也是梧桐山国家级风景名胜区的重要组成部分。在四十多年的发展中，仙湖植物园在迁地保育、科学研究、科普教育与园林园艺等方面取得长足发展；积极联合区域内保护机构，持续实施引种收集、迁地保育和回归应用计划，保育热带、亚热带植物，保护区域受威胁植物和重点保护物种；先后组建深圳市南亚热带植物多样性重点实验室、深圳城市森林生态系统定位观测研究站，获批成为深圳市博士后创新实践基地，取得了丰硕的科研成果，包括深圳市植物资源调查、珍稀濒危植物保育研究、植物新品种培育、专著和论文的出版、专利、标准制定、计算机软件开发等，并获得多种嘉奖；持续打造具有植物园特色的自然教育品牌，编制各类教材、读物，包含儿童绘本，培育专业的志愿服务队伍，数十年如一日地坚持传播绿色文化，开展数量超过420场的自然教育及文化活动，参与人数超过12.5万人次，间接影响人员24.5万人次；重视园林景观建设，先后在核心景区、专类园区等地逐步开启景观布置的探索及营造工作，创造性地打造了自然式花境、附生植物造景等多种景观营造技法，深受市民和游客喜爱，为深圳市开启了混合种植、自然景观营造的探索之路。至此，仙湖植物园逐渐由一座风景园林植物园向科学植物园发展，成为深圳的"园林明珠""生态名片"。

深圳作为粤港澳大湾区四大城市之一，深圳国家植物园的建设将对标国际一流、国内领先的植物园，立足粤港澳大湾区，辐射东南亚和南太平洋岛屿，兼及非洲，完善就地保护网络，整合科研人才资源，强化与我国港澳台地区以及海上丝绸之路沿线国家的交流合作，围绕全球热带亚热带植物迁地保护与科学研究，计划至2035年形成"两园［仙湖植物园（含部九窝园区）、兰科中心］、三库（活体资源库、离体资源库、基因组数据库）、一平台（高水平的科学研究和植物开发利用平台）"的深圳国家植物园发展新格局，力争将深圳国家植物园建设成为植物种类丰富、科研及资源开发利用水平领先、产学研全产业链完善、先行示范特色明显的世界一流植物园，并与华南国家植物园形成差异化互补，共同丰富中国南方植物园体系。

（一）打造全球热带亚热带植物迁地保护中心

持续扩大活植物收集，建立植物离体保存库，建成全球热带亚热带植物资源迁地保护中心。以收集野生种源为主要方式，重点收集苔藓、蕨类、苏铁、木兰科、樟科、番荔枝科、天南星科、兰科、棕榈科、姜科、金缕梅科、豆科、桑科、秋海棠科、野牡丹科、无患子科、龙脑香科、夹竹桃科、苦苣苔科、爵床科、唇形科等全球热带、亚热带地区植物类群，在全国范围内广泛收集珍稀濒危及保护植物；加强红树属、木榄属、角果木属、秋茄树属、假红树属等真红树植物，玉蕊属、老鼠簕属、羊角木属、银叶树属、海漆属等半红树植物和红树林伴生植物收集；以物种交换和野外收集相结合的方式加强东南亚及南太平洋岛屿等区域特色植物的收集保育。目标为收集活植物达到20 000种以上，涵盖我国90%的热带亚热带国家重点保护野生植物及珍稀濒危植物；依托国家基因库等众多植物基因组学研发机构，基于全球领先的植物基因组研究力量和科研成果，建设植物离体保存体系和世界首个全物种基因组数据化植物园，实现植物组织离体保存数在50 000种（含品种）以上，开展植物全基因组图谱和功能基因组研究，建设国家战略植物基因组数据库。此外，在现有仙湖植物园和兰科植物种质资源保护中心的基础上，拓展园区面积，形成一定体量的收集基地，完善植物专类园的类型和数量。

（二）建成世界一流的植物科学研发中心

围绕区域野生植物迁地保护、南亚热带植物资源开发利用、重要植物类群的基因资源挖掘、城市森林生态监测等重点领域开展研究，持续增加科研投入，完善设施设备建设，加强相关学科人才引进。积极推动生物多样性热点地区考察工作，扩大考察范围，增加标本馆藏量至100万份，建成数字化标本馆。持续推进图书馆馆藏文献资料收集和数字化工作，打造大湾区国家植物学文献情报中心。充分发挥在植物功能基因组学、植物天然产物分析及应用、城市园林园艺及人居生态等领域的优势，完善"基础研究—技术攻关—产业转化"的植物学科研成果转化产业链。

（三）打造国际知名的植物科普教育中心

围绕科研、教育、科普三个维度，建设国际科研科普人才库与素材库，打造公民科学中心、合作投资项目中心、自然艺术交流中心以及学科探究竞赛中心4个实践项目集成中心。构建线上、线下交互的传播网络，搭建国际相关研究领域产、学、研、资交流平台，助力国家生态文明建设和深圳双区建设等政策的落地。

（四）营造高品质的亚热带园林园艺绿美空间

持续办好粤港澳大湾区花展等园林园艺展览，加强国际园林园艺交流合作，发挥深圳国家植物园的示范引领效应。以高水平的植物物种收集及园艺应用展示为基础，立足热带亚热带滨海地区植物多样性特征，综合应用生理生态、遗传育种、土壤环境、植物保护、园林园艺等多学科手段，针对城市生态环境建设和城市多维园艺领域关键技术需求开展综合性研究，挖掘植物的城市生态服务功能，丰富城市生物多样性，改善城市人居环境，提升城市园艺水平，使深圳国家植物园成为在城市中重建自然的技术发动机，实现高密度超大型城市人与自然的和谐共生。

（五）建立一流的植物科研人才队伍

通过硬性引进与柔性引进相结合的方式，搭建人才成长平台，健全人才培养体系，建设具有示范引领作用的多层次、多平台相结合的人才工作机制，建设多学科、高规格、高水平的人才队伍，实现科研团队扩充与整体实力提升。

（六）打造绿色低碳的智慧示范园区

发挥深圳信息技术优势，建成集植物引种、科学研究、科普教育、管理养护、园区服务为一体的智慧植物园。持续推进深圳国家植物园数字化建设，完善植物信息管理系统，构建集智慧数据采集、多元数据管理、数据应用、人工智能技术于一体的植物迁地保护信息平台，实现活体库、离体库、标本库、基因组数据库、专家库、学生库等的信息资源的共建共享，提供稳定可靠的数据共享平台，丰富迁地保护植物的应用价值。

四、展望

生物多样性是生态系统的基础，保护生物多样性有助于维持生态系统的稳定和功能，有助于实现城市发展一贯追求的可持续发展目标，因此，生物多样性保护不仅是科学问题，更是重要的社会问题[2]。国家植物园体系建设是推进生态文明体制改革的重大实践之一，与国家公园建设共同成为实施生物多样性保护战略的有利抓手[19]。2022年4月18日和7月11日，国家植物园（北京）和华南国家植物园（广州）先后正式揭牌成立，至此，我国国家植物园体系建设迈出了坚实步伐[20-23]。

两个国家植物园设立以来，迁地保护成效显著，科研实力逐步增强。国家植物园新增收集活植物3 624号，2 500种，其中，国家重点保护植物110种，珍稀濒危植物65种。华南国家植物园新增收集活植物7 596号，2 449种，其中，国家重点保护野生植物270种，珍稀濒危物种359种。两个国家植物园还推动实施了望天树、东京龙脑香等16种珍稀濒危野生植物的野外回归。

2023年9月，国家发展和改革委员会、自然资源部、住房和城乡建设部、国家林业和草原局、中国科学院等部门联合发布《国家植物园体系布局方案》，明确在已设立的2个国家植物园基础上，再遴选出14个国家植物园候选园纳入空间布局，构建布局合理、功能互补的国家植物园体系，按照"成熟一个、设立一个"的原则，稳妥有序推进国家植物园体系建设[24]。在这一时代背景下，全国各地的植物园建设都迎来前所未有的发展机遇，对于成为国家植物园体系建设的主要组成部分或是有益补充，表现出浓厚兴趣，希望借此得到更好发展。但是这对植物园建设和管理工作提出了更新、更高的要求。为融入国家植物园体系建设，各地植物园积极开展国家植物园创建工作，因地制宜地制定符合实际的发展策略，明确定位、厘清思路，形成各区域各类型植物园各有侧重、各具特色的差异化发展新局面。例如，上海辰山国家植物园，作为一座特大型城市的植物园，其以上海辰山植物园为创建主体，上海植物园与中国科学院分子植物卓越创新中心联合参建，在植物保护方面，建设迁地保护植物在线数据平台，开发野外调查App，提高了中国植物多样性迁地保护工作的效率；在植物利用方面，基于现代技术手段创新资源植物开发利用新模式，为重要经济植物资源的开发利用和保护带来新思路[25]；在科研体系建设方面，加强生物遗传资源收集和保护，建立华东区系野生植物保护中心与重要类群全球种质资源库[24]。与国家植物园建设要求相比仍具有一定差距的地方植物园，也为提升综合水平做出切实努力。例如，建设海南岛内的国家植物园，由于海南主要的综合性植物园分布于海口、儋州、万宁等地，存在管理分散、特色不突出、建设规模与水平差异较大等问题，所以其规划策略是选定一个具有代表性的综合植物园进行重点打造和提升，发挥优势植物园的引领与示范作用，其他综合植物园根据自身资源情况和地区发展需求同步提升，以作补充[23]。呼和浩特市植物园规划立足呼和浩特市，面向全区，辐射北方干旱半干旱地区，打造中国干旱半干旱地区植物多样性保护和可持续利用的区域性中心，广泛收集适合本区域栽植的各类植物，加强科普宣传及科学研究，并将其与园林实践相结合，注重乡土植物的保护和利用[26]。

深圳在改革开放实践中坚持生态优先，践行绿色发展，将生物多样性保护融入制度管理、城市规划和基础建设等城市发展的各个领域中。建设深圳国家植物园，体现深圳为国家生物多样性保护和生态文明建设做出更大贡献的意志和决心。以建设深圳国家植物园为有利契机，同时综合考虑本地经济发展水平、区位特点、生物多样性保护现状以及植物迁地保护研究基础等因素，整合现有资源，稳步构建深圳国家植物园体系。下一步，深圳市仙湖植物园将发挥深圳独特的区位优势——南海之滨、红树之城，把我国及全球热带亚热带滨海和岛屿植物列为重点收集类群，新增引种红树林植物和红树林伴生植物，建设全球红树林植物多样性迁地保护中心，同时，深化与港澳台合作开展植物多样性保护，到2035年，仙湖植物园的植物收集规模与园区面积均将大幅增加，植物分类群从现在的12 800余个增至20 000个；完成仙湖植物园西片区的规划建设，推动部九窝园区建设，扩建迁地保护温室，从10 000m²增至50 000m²，综合植物保育场地面积达到100hm²以上，专类园数量从22个增至40个；将植物收集和基因组学等前沿科学技术结合，联合南方科技大学、中国农业科学院深圳农业基因组研究所、华大生命科学研究院等深圳众多科研机构、创新企业，在植物基因组研究与应用、新品种培育等领域密切合作，搭建一流的产学研一体化平台；开展植物学家步道建设、公民科学活动、艺术园长工作室设立、深圳古生物博物馆改造、志愿者中心创建等高品质的科普教育活动。在顶层布局规划、园区设计、科学普及、游览服务、运营管理、科学研究及国际交流各方面积极推进，向着万物和谐的目标不断迈进[18]。

参考文献

[1] 贺然.高质量建设国家植物园体系[N].人民日报, 2022-07-31(7).
[2] 魏钰, 董知洋, 池淼, 等.国家植物园助力生物多样性保护的途径与方法[J].风景园林, 2023, 30(2): 28-33.
[3] 黎明.华南生物多样性保护迎来新机遇——华南国家植物园在广州正式揭牌[J].国土绿化, 2022, 7: 6-7.
[4] 钟素飞.国家植物园体系建设背景下的植物园功能定位探讨——以上海植物园为例[J].农业与技术, 2022, 42(10): 132-135.
[5] 耿国彪.国家植物园怎样建 全国政协委员三人谈[J].绿色中国, 2022(6): 36-41.
[6] MYERS N, MITTERMEIER R A, MITTERMEIER C G, et al. Biodiversity hotspots for conservation priorities[J]. Nature, 2000, 403: 853-858.
[7] 深圳政府在线(2023)深圳概览. http://www.sz.gov.cn/en_szgov/aboutsz/profile/content/post_10219473.html. (发布于2022-11-08).
[8] 叶有华, 林珊玉, 何玉琳, 等.粤港澳大湾区海岸带生态系统修复框架[J].生态学报, 2021, 41: 9186-9195.
[9] 宋晨辰.深圳市建成区城市植物功能多样性及其受三类景观要素的影响[D].重庆：西南大学, 2020.
[10] 深圳市生态环境局. 2021年深圳市生态环境状况公报.深圳市人民政府公报, 2022, 25: 30-48.
[11] 王晖.深圳：热带植物的生机[J].森林与人类, 2020, 06: 74-85.
[12] 陈弼锴, 赵宇豪, 吴健生.深圳市基本生态控制线对景观生态风险的影响[J].应用生态学报, 2019, 30: 3885-3893.
[13] 深圳政府在线(2024)深圳市2023年国民经济和社会发展统计公报. https://www.sz.gov.cn/cn/xxgk/zfxxgj/tjsj/tjgb/content/post_11264250.html.(发布于2024-4-28).
[14] 任艳艳.粤港澳大湾区自然保护地体系规划研究[D].广州：广州大学, 2020.
[15] 申文青.粤港澳大湾区创新活动与经济增长的城市网络演化研究[J].现代商贸工业, 2023, 09: 1-3.
[16] 吴征镒.中国种子植物属的分布区类型[J].植物多样性, 1991, 13: 1-3.
[17] 吴征镒.《世界种子植物科的分布区类型系统》的修订[J].植物多样性, 2003, 24: 535-538.
[18] 林清容.深圳：以仙湖为主体争创国家植物园[N].深圳特区报, 2024-07-24(A03).
[19] 姚亚奇.首批国家公园和国家植物园建设成效显著[N].光明日报, 2024-09-08(003).
[20] 马金双.国家植物园设立为何首选北京?[J].生物多样性, 2022, 30(1): 35-36.
[21] 刘华杰.中国国家植物园选址与迁地保护[J].生物多样性, 2022, 30(1): 33-34.
[22] 寇江泽, 胡璐, 符超.国家植物园让保护体系更完整[J].绿色中国, 2022(3): 70-73.
[23] 张娟, 黄家健, 王彦铮, 等.国家植物园体系建设背景下海南植物园发展战略初探[J].热带农业科学, 2022, 42(9): 915-922.
[24] 李燕, 肖月娥, 严巍, 等.国家植物园创建下的上海植物园科研体系构建[J].园林, 2024, 41(S1): 18-25.
[25] 打造大都市植物多样性保护基地 积极融入国家植物园体系建设[N].解放日报, 2023-10-11(004).
[26] 田川, 南海风.国家植物园体系建设背景下呼和浩特市植物园发展展望[J].内蒙古林业, 2024(4): 44-47.

深圳市生态游憩体系的"规—建—管—运"一体化的创新探索

——以"三径三线"远足径体系为例

刘迎宾[2]，刘晓俊[2]，宋佳骏[2]，赵元晨[2]，黄隆建[1]，邵志芳[1]，王亚楠[1]，屈莹莹[1]

（1.深圳市城市管理和综合执法局运行维护监管处；2.深圳市城市规划设计研究院城市规划二所）

摘要： 城市与自然的和谐共生是现代城市规划的重要议题。深圳市凭借其独特的山、海、城本底格局，在中国城市生态共生探索中占据着特殊地位。本文以深圳市的"三径三线"远足径体系为例，阐述了深圳对生态游憩体系建设的探索历程及构建"三径三线"运足径品牌体系的经过，从规划、建设、管理运营三个关键维度，探讨了如何实现自然原真环境与人类活动行为的有机融合，创造自然游憩产品的全流程模式，为超大城市自然探索活动提供参考，为未来生态空间的营造提供切实可行的实施路径和治理思路。未来，深圳市进一步继续依托其自然地理优势，深化城市与自然空间的融合，推动城市生态共生向更高层次发展。

关键词： 山海连城；生态游憩；规划实施；共建共享；深圳

The Innovative Exploration of Shenzhen Hiking Trail System's Planning, Construction, Management and Operation
—— A Case Study of "Three Trails and Three Lines"

Liu Yingbin[2], Liu Xiaojun[2], Song Jiajun[2], Zhao Yuanchen[3], Huang Longjian[1], Shao Zhifang[1], Wang Yanan[1], Qu Yingying[1]

（1. Urban Management Bereau of Shenzhen Municipality, Operation and Maintenance Supervision Divson; 2. Urban Planning and Design Institute of Shenzhen, Urban Planning Dept. 2）

Abstract: The harmonious coexistence of cities and nature is an important issue in modern urban planning. Shenzhen, with its unique mountain, sea and city background, occupies a special position in the exploration of urban ecological symbiosis in China. Taking Shenzhen's "three trails and three lines" hiking trail system as an example, this paper expounds Shenzhen's exploration of the construction of an ecological recreation system and the process of building a three-path and three-line hiking trail brand system. From the three key dimensions of planning, construction, management and operation, it explores how to achieve the organic integration of the natural original environment and human activities, how to create a full-process model of natural recreation products, and provide a reference for natural exploration activities in megacities, and provide a practical implementation path and governance ideas for the creation of future ecological spaces. In the future, Shenzhen will continue to rely on its natural geographical advantages to deepen the integration of urban and natural spaces and promote the development of urban ecological symbiosis to a higher level.

Keyword: Shenzhen mountain-sea vistas; Ecological recreation; Planning and implementation; Co-construction and sharing; Shenzhen

一、城市与自然的和谐共生：深圳的生态探索与实践

（一）坚实生态基础，构建绿色发展底盘

城市与自然的和谐共生，是深圳在不同阶段中持续进行探索的重点。相较于其他城市，深圳的山、海、城本底格局相对独特。背靠绵延的山脉，面朝辽阔的大海，深圳丰富的山海资源与城市空间紧密结合，赋予了城市独特的魅力。丰富的地貌、多样的地理要素、适宜的气候以及城市与自然空间的紧密联系，共同塑造了深圳市的地域特色，并使得亲近自然公共生活成为城市发展的重要需求。

2005年，深圳率先通过政府规章的形式明确划定了基本生态控制线，这是国内首次以法规形式划定城市生态保护控制界线。这一政策的实施为深圳生态保护提供了坚实的法律保障，构筑了一道城市与自然间的坚实屏障，有效保护了约占深圳总面积50%的生态空间（974km²），涵盖了95%以上的山体、森林、郊野公园等生态斑块。基本生态控制线的划定不仅为深圳市的生态安全提供了保障，也为后续远足径的建设提供了优质的生态空间。

（二）生态资源综合利用，探索线性生态游憩空间的建设

深圳市生态游憩线性空间的探索为城市绿色休闲游憩设施网络的构建提供了成功案例，也为后续远足径体系的建立奠定了基础。

绿道建设是深圳生态游憩空间线性网络构建的起点，2009年，在深圳市绿道网专项规划指导下的绿道网建设是深圳绿色线性慢行空间的首次尝试。绿道系统作为一种多尺度、多用途的绿色基础设施网络[1]，成为引导城市形态紧凑化发展的重要途径，也是促进城市健康发展的重要空间载体[2]。绿道将深圳的山地、自然保护区、城市的公园、街头绿地、农田、河流、滨水绿带等串联起来[3]，营造了涵盖山林、滨海、城市等不同类型的线性空间。而后，深圳进一步探索了古驿道等与生态空间紧密结合的其他类型的线性空间，进一步将自然线性空间与历史文化内涵、市民公众生活相结合。

（三）山海连城，人与自然关系的进一步探讨

随着深圳的迅猛城市化，其超小面积与超高密度所带来的问题日益凸显，尤其是在公共空间的面积和密度上的不足。这一挑战促进了人与自然新框架的进一步探索。绿色公共空间的营造导向从传统的对自然环境的简单保护逐渐转变为一种更为积极和综合的"活化"策略。在生态文明理念指引下，深圳的目标是对有限的空间与资源做进一步的挖掘，在自然与城市、保护格局与开发格局的探索中，山海连城计划应运而生，旨在将亲自然公共生活体验塑造成市民日常生活的方式，构建"连续、完整、系统"的生态保护格局。

2020年，深圳提出"山海连城计划"，2023年开启全面实施，计划用三年时间打造"一脊一带二十廊"的魅力生态骨架。远足径是山海连城探索实践中的重要组成部分，是山海连城"一脊"结构从空间框架到实施路径的载体，也是将自然山脊的生态精髓贯穿于城市脉络的实施路径，其中以"三径三线"为重要代表。依托深圳的自然山脊，通过重构远足径概念与对现有步道的生态化改造，打破了传统步道建设的固有思路，超越了传统步道建设的界限，整合了山脊上最具标志性的森林资源，达成"一脊连十区"的无缝连接。

二、规划构建"三径三线"深圳远足径体系

（一）深圳远足径的概念内涵

在日常生活中，远足是指与旅行、休闲、康体、研学有关的较远距离徒步，隐含进入自然、荒野或乡村的意思。被人们经常用于远足活动的小路，就是"远足径"。这样的泛化概念自古就有。20世纪二三十年代，欧美开始有人提出为满足日益增长的远足活动需要而主动建设远足径[4]。20世纪七八十年代，中国香港开始建设远足径。但欧美及中国香港都是根据本地自然地理、需求差异、规划设想和建设条件等，给出一个本地域可操作的概念，深圳的远足径规划和建设不能照搬。

深圳远足径是代表深圳的自然之径。远足径体系是以自然郊野空间中的现有步道为基础，充分利用过往已经建设了的绿道、碧道、古驿道等生态游憩线性空间，以串联最具代表性的历史人文和生态自然为目标，塑造代表深圳特色的自然线性空间，实现深圳山脊的全境系统连接。

（二）远足径的多维系统建构

1. 以"连"为手段，贯通生态和现状路径断点，构建"三径三线"线路体系

远足径体系以历年步道建设为基本规划框架，到2025年规划构建超1 000km的深圳远足径体系，形成东西贯通、南北互联的徒步网络（图1）。

在这其中根据空间分布特征与自然游憩需求，将深圳远足径体系分为远足径与郊野径两

图1　远足径体系示意

个层次：远足径是指具有长途远足功能的线路，具体包含鲲鹏径、凤凰径、翠微径与阳台山环线、马峦山环线、三水线，简称"三径三线"，通过连接五大山系的山峰，串联最具代表性的自然人文资源，形成长距离、跨区域的远足徒步路线，是深圳远足径体系的核心框架。郊野径为自然路面或采用手作工法建造的步道，连接自然区域与建成区域，是兼具自然游憩体验与下撤功能的郊野路线。

2."三径三线"，营建全世界著名户外徒步线路的深圳品牌

"三径三线"，是基于深圳狭长形的总体格局，综合地理区位、资源特征、文化内涵以及山海相融的景观特色等进行选线，构建的多条连接深圳全境主要山脉的长途远足线路，"三径"指的是主线鲲鹏径、西北支线凤凰径和东北翠微径，"三线"是阳台山环线、马峦山环线和三水线三条经典线。

鲲鹏径，自西向东穿越鹏城的远足径，是远足径的主要脉络，起自西部的自然人文胜地凤凰山，连至东部的地质奇观宝地七娘山，全长约200km，共连接约17个自然郊野公园，约8个主要湖库，约10个历史人文地，约35个城市观景点，约9大城市重点发展片区；凤凰径，从深圳与东莞交汇处的马鞍山向南延至凤凰山，全长约80km，主要将凤凰山以北的宝安区与光明区的山水资源串联起来；翠微径，从马峦山到红花岭，经清林径水库，全长约45.5km，主要连接坪山区与龙岗区的山水资源。阳台山环线全长约38.5km，为深圳户外徒步的经典线路之一，跨南山区、龙华区、宝安区，以胜利大营救广场为起终点，串联起阳台山丰富多样的自然人文风景。马峦山环线，全长约38.5km，为深圳户外徒步的经典线路之一，跨坪山区、盐田区、大鹏新区，以梅沙湾公园（华大基因）为起终点，串联起马峦山群山溪瀑的风景长卷。马峦山作为深圳东部山体链的重要组成，以丘陵地貌群山起伏而闻名，在这里可以感受深远幽邃的山水意境与散落在山峦中积淀的人文印记。三水线，起点为三杆笔，终点为水祖坑，全长约18km，穿越深圳市与惠州市交界山脊，为深圳户外徒步的经典线路之一，在这里可探索深圳最具挑战性的徒步穿越线路，感受鬼斧神工的自然力量。

三、"三径三线"远足径"规－建－管－运"实施机制创新探索

（一）远足径实施工作特点

深圳远足径作为最具结构性意义的生态游憩线性空间，它的落地实施工作也因其空间特征和建设目标而具有突出的特点，主要体现在4个方面。

1. 远足径实施涉及空间管理条块多

作为游憩性的线性空间，远足径在土地权属、城市规划方面都不是独立的空间，需要依附在绿地、城市道路、林地、农田、风景区等各类空间上。因此，在实施过程中需向各类空间的管理者"借用"空间，将开放的路径空间叠加在各类已有的管理空间和受限制的"灰色空间"上，这使"三径三线"的实施需要大量跨部门、跨层级的沟通协调。

2. 远足径建设生态敏感性强

作为深圳生态游憩网络的主干，远足径需经过广泛的生态绿色空间，线路与深圳的绿色生态空间结构基本重合，这要求路径建设需要采用更精细、更低冲击的设计和建设方式，严格控制建设规模和工法，确保步道建设对自然环境的冲击降到最低。

3. 远足径体验品质对管护要求高

虽然远足径大部分的路段是沿用各类原有路径，但原路径的功能各不相同，管理方式和

标准不一甚至无管理主体，作为山野环境中的路径，远足径如果长期缺乏有效维护，后期路径荒废的可能性很大。

4. 远足径品牌营造综合性强

深圳远足径包含6大段落，每个大段落又包括若干个子段落，各段落的空间载体和环境特征各异，一方面，要突出线路品牌形象就需要建立一致的视觉和配套服务标准；另一方面，要让各段成为具有独特吸引力的精品线路，需要深入挖掘线路的自然和文化内涵，为各段的场景营造留出空间和弹性。

从远足径实施工作的特征出发，深圳"三径三线"从规划、建设、管理、运营方面进行了机制的创新，探索了深圳生态游憩空间建设的全周期实施创新。

（二）从使用者出发的全体系专项规划

1. 全方位保障体验郊野的安全可达

远足径建设主要目的是提供公众走入自然、体验自然的最佳途径，规划以使用者视角进行，从徒步体验需求出发，引导远足径体系形成完整的体验系统，依据资源潜力与保护要求，合理科学布局相应功能，建立不同强度与特色的服务设施，满足不同人群的亲自然需求。区别于保护性的规划，该规划力求在保护和游憩之中找到平衡点。

一方面，以"贯通可行"兼顾步行连续性与生态连通性的需求，分三步逐步完善深圳远足径网络；另一方面以"便捷可达"，充分考量与各类公共服务的串联、衔接道路、交通接驳点与社区生活圈等系统，形成完整徒步游憩网络。同时，主要关注远足径出入口的可达性，根据线路布局，结合徒步需求与交通特征，合理布局远足径的出入口或登山口。规划设置三级出入口，进行不同级别出入口的功能设置，分等级根据环境条件进行适度增设，同时提出增设巴士专线提升公共交通可达性等策略。最后使"路径可感"，建立标识系统是实现远足径体系化构建的关键一环和必要的保障设施，其可有效增强远足径的可感知度、安全性、系统性。

2. 综合化提升魅力山野的价值属性

"三径三线"的第一个理念是"连通"，不仅仅是说空间上的连通，最核心的还是把我们的生活理念、生活模式做了一个很好的连接，强调人与自然的亲近和相互的文化感受。因此，规划不仅考虑了"贯通可行""便捷可达""路径可感"三方面基础的需求，还结合市民需求、沿线资源点等做到"山野可憩""趣味可游"，真正将线性空间拓展为全民共享的自然感知廊带。

山野可憩，是为保障徒步者安全和满足基本使用需求，结合深圳远足径的使用场景，构建基础设施、安全设施、特色设施三大类配套设施系统，并制定相应布局原则与指引，完善远足径体系服务功能。基础设施布置采取集约化方式，保障游客最基础需求；安全设施有序化设置，完善应急救援体系；特色设施有条件设置，塑造自然野趣的户外体验。

趣味可游，是通过构建分级分类体系、发掘多维观景点等，增强深圳远足径的多样性与体验性。分级分类体系包含5级综合难度分级（1级最容易，5级最难），以及5类主题分类，具体分为亲子休闲类、科教研习类、文化溯源类、远足健身类、自然探险类，提供不同的游憩机会。同时，充分挖潜远足径沿线自然观景点，以山脊制高点规划布局两级观景点，构建可观山景、观湖景、观城景、观海景的多维度眺望系统，并提出在保证观景点可视域的基础上，适度生态化修缮观景点。

（三）生态友好的高品质精细营造

1. 坚持低扰动的营造理念

远足径不仅是一条连接起点与终点的路径，更是一条连接人与自然的纽带。在建设这些路径时，追求低扰动、轻建设的理念，将生态保护放在第一位，对自然环境的干扰最小化，同时最大化地保留和增强其原有的生态价值。在建设过程中，始终遵循"三零原则"，即实现水泥道路零增长、自然环境零冲击、生命物种零伤害，以确保建设活动对自然生态的影响降至最低。

为此，远足径建设提倡手作步道的建设方式，即"人力维修步道"。这种方式强调避免使用大型机械施工，运用非动力工具施作，注重因地制宜，就地取材，利用路边的石头、自然生长的树根、倒塌的树干等自然资源，将它们巧妙地融入远足径的设计之中，相较现代化的陈设，这些就地取材制成的东西更环保也更具野趣。采用这样的方法不仅减少了对环境的破坏，也赋予了远足径更多的人文关怀和自然温度。另一方面，这种施工方式要求高，品质管理难度大，尤其是在地形复杂、地势险峻的地区，后续管养的难度也会进一步增大，因此需留意短期建设和长期投入的平衡。

2. 建立轻建设技术标准和品控机制

《远足径建设规范》（以下简称《规范》）的制定与发布为远足径建设的科学性、规范性、适用性奠定了基础。规范的制定确保了深圳远足径系统的建设工作有章可循，同时强化生态保护意识，突出深圳市远足径的生态特殊性。《规范》结合地方实践经验，在遵循国家和地方相关法律法规的基础上规定了远足径的线路规划、建设原则、常用建设工法、配套设施、管理维护等方面的内容，为远足径的建设提供了技术依据，促进深圳远足径系统的长远发展。

同时，通过山海连城总设计师技术服务团队机制，加强项目设计的精细化把控，对相关的其他条块项目进行提前核查和研判，实现规划的准确传导和提前预判，确保远足径的精确实施。

3. 鼓励公众参与的持续营建

户外活动是深圳市民生活方式中不可或缺的部分，市民自发探索自然，徒步穿越山林。据不完全统计，形成了600～700km的非正式土路[4]。这些土路一定程度上是远足径的选线的基石。这一现象不仅映射出市民对郊野步道空间的迫切需求，也从侧面证明了市民在远足径建设中的重要作用。

鼓励市民积极参与建设和修缮手作步道，是深圳建设远足径的一次全新尝试。政府在这一过程中扮演了关键角色，提供全面的指导和支持，确保项目的顺利进行。同时，政府还负责培训相关专业人士，为市民参与提供了坚实的保障。专业的规划、设计和建造团队为这一行动提供技术支持。通过对建设实施难度的细致评估，挑选出工程难度小、实施容易的多个段落，使得市民能够参与到远足径的建设中。社会组织在此过程中发挥了桥梁作用，他们动员并组织市民参与，使得这一行动能广泛地开展。截至目前，已有超过50场由登山、跑步、徒步、保护自然等协会以及非盈利组织举办的手作步道活动，吸引了逾千名志愿者的参加。

（四）协同共治的维护管理模式

1. 健全全周期管理维护工作机制

为了长效维护远足径的畅通、干净整洁，深圳市政府将远足径的养护纳入日常管养维护体系中，并出台了《深圳市远足径维护指引（试行）》（以下简称《指引》），以建立健全远足径管理维护工作机制，提升远足径的维护和保护工作。《指引》的制定确保了深圳远足径系统的管理维护工作有章可循，同时强化生态保护意识，突出深圳市远足径的独特生态价值。《指引》的制定结合了地方实践经验，在遵循国家和地方相关法律法规的基础上规定了远足径的维护费用内容、适用范围、管养维护分级标准、管养维护费用标准测算依据、绩效自查指引、管养维护费用测算指引、编制依据清单等内容，为远足径的管理维护提供了一套全面、科学的管理工具，确保了维护工作的高效和经济，同时也保障了市民在使用远足径时的安全和舒适。

2. 探索分段协同治理机制

面对远足径、郊野径实时监控和管理上的困难，在推动公众参与和落实管理责任方面采取了创新举措，建立了"三径三线"三级段长制。这是对长效管理维护机制的一次有益尝试。该制度以"三径"（即鲲鹏径、凤凰径、翠微径）为试点，旨在构建一个共商、共管、共治、共享的平台，从而实现远足径管理的常态化和长效化。

"三径"三级段长制涵盖了鲲鹏径全线的20段，凤凰径全线的6段以及翠微径全线的4段，并建立了市、区、民间三级段长组织体系，形成了立体化、多层次的管理模式。市级段长由市级部门安排人员担任，区级段长由区级部门安排人员担任，而民间段长则通过公开招募或社会组织推荐产生，这样的组织结构既保证了政府的主导、协调作用，又充分发挥了民间力量的参与和监督力量。

自"三径"三级段长制实施以来，取得了显著成效。这一制度的实施加速了问题的及时发现和有效解决，搭建了市民与政府之间的沟通桥梁，为未来更广泛的推广奠定了坚实的基础。通过这种创新的管理模式的运用，深圳市的远足径管理工作更加高效、透明，为市民提供了更加安全、便利的户外休闲环境。

（五）汇聚社会力量的鲲鹏径品牌运营

深圳山海连城户外活动联盟的创立是深圳市在推动远足径品牌体系和提升市民参与度方面的创新尝试。联盟由深圳市政府倡议发起，组织深圳的户外运动相关企业、社会组织等力量自愿参与其中，成为生态文明理念的传播者和深度合作的运营者，各方共同致力于举办多样化的户外活动，积极参与远足径的日常运营和维护工作。

依托远足径及其配套设施，如驿站、露营地等，开展徒步、科普教育、环保讲座等形式多样的活动，以多元化的方式使"三径三线"远足径品牌体系环保理念深入人心。目前已经组织深圳远足径跑山训练赛、徒步鲲鹏径、五园连通欢乐跑、"净山径美"等主题活动，让市民认识和保护自然，感受和参与远足径活动，体验和享受户外生活。

四、展望

近年来，中国进入高速城镇化阶段，同时伴随着城市资源紧张、生活空间拥挤等城市问题的出现，为建设更宜居的城市空间，国内大城市开始进行不同形式绿道实践探索。成都建设环城绿道，串联城市外围湖泊草地及绿地公园，建设多座慢行桥，连通被城市道路阻隔的慢行绿道空间，打造连续贯通的赛事级骑行环线；厦门已建成山海健康步道，打造连山通海、串城达园无障碍慢行体系，集休闲、健身、旅游、通勤等功能于一体，整体上均为高架桥形式，穿行于山林与海岸。深圳则采用更低投入、更小工程量的方式，串联城市中的山体、水库等绿色空间，采用手作步道的形式，坚持"三零原则"，营造城市中心区中更亲自然的原真郊野体验，对环境低冲击，同时投资成本更低，形成全生命周期的使用体验，同时未来将会联动香港远足径，构建更为生态化的区域级步道体系。

参考文献

[1] 贾行飞,戴菲.我国绿色基础设施研究进展综述[J].风景园林,2015,(8):118-124.DOI:10.14085/j.fjyl.2015.08.0118.07.

[2] 林中杰,解文龙,李明峻,等.绿道系统引导城市形态持续性发展的机制——以美国夏洛特大都市区为例[J].风景园林,2021,28(8):18-23.DOI:10.14085/j.fjyl.2021.08.0018.06.

[3] 周亚琦,盛鸣.深圳市绿道网专项规划解析[J].风景园林,2010,(5):42-47.DOI:10.14085/j.fjyl.2010.05.025.

[4] 黄思涵,于光宇,侯艺珍,等.生态文明理念下深圳远足径规划的创新探索[C]//中国城市规划学会.人民城市,规划赋能——2023中国城市规划年会论文集(08城市生态规划).深圳市城市规划设计研究院股份有限公司;深圳市城市规划设计研究院股份有限公司城市景观规划设计院,2023:12.DOI:10.26914/c.cnkihy.2023.049358.

深圳市仙湖植物园秋海棠属植物资源收集及应用

杨蕾蕾，张苏州，聂泷清，李凌飞
（深圳市中国科学院仙湖植物园）

摘要： 秋海棠属植物丰富的物种多样性和较高的观赏价值，使其成为植物分类学家和园艺学家研究的热点类群之一。仙湖植物园保育秋海棠属植物400余种，已成为国内秋海棠属植物种质资源重要的保育单位。近年来，开展秋海棠属植物的收集、繁育、应用等方面研究，旨在补足国内秋海棠属植物保育、研究与应用的短板，加快推动秋海棠属植物的种质资源创新与利用。

关键词： 秋海棠属；种质资源；主题展览；园林应用

Collection and Landscape Application of *Begonia* in Fairy Lake Botanical Garden, Shenzhen

Yang Leilei, Zhang Suzhou, Nie Longqing, Li Lingfei
(Fairy Lake Botanical Garden, Shenzhen and Chinese Academy of Sciences)

Abstract: *Begonia* is one of the hot taxa studied by botanists and horticulturists because of its species-rich and high ornamental value, More than 400 species of begonia are conserved in Fairy lake Botanical Garden, which is an important conservation unit of Begonia germplasm resources in China. Studies on the collection, breeding and application of Begonia have been carried out in order to make up for the shortcomings of conservation, research and application of Begonia in China, accelerating the innovation and utilization of Begonia germplasm resources.

Keywords: *Begonia*; Germplasm; Specified categorized plant landscape; Landscape application

秋海棠属（Begonia）植物隶属秋海棠科（Begoniaceae），是世界上多样性最丰富的植物类群之一，其原生种有2 000余种（含变种），品种超过15 000种，广泛分布于亚洲、非洲、美洲等热带、亚热带温暖湿润地区，地区多样性及特有性极高[1, 2]。秋海棠属植物为多年生肉质草本，偶有灌木状或一年生草本；喜温暖湿润、通风的环境，忌阳光直射，多生长于溪流、瀑布旁潮湿的岩石上、洞穴内外和林下荫蔽处。该类群花期长，叶形多样，有条形、心形、披针形、斜卵形、宽卵形和盾形等；叶片基部大多歪斜，少数对称；叶缘形态复杂，从全缘、锯齿状、浅裂至深裂或深裂后再裂；叶片颜色丰富，有淡绿、铜绿、浅褐、淡红等颜色，有的还有金属光泽；叶斑变化多样，有点状、云片状、网状、环状等，具有较高的观赏价值，是一类极为优良的草本观赏花卉。中国是秋海棠属植物的亚洲分布中心之一，种质资源极为丰富，目前已经发现超过270种，其中2/3以上为中国特有种[3]。秋海棠属植物丰富的物种和形态多样性和较高的观赏价值，使其成为植物分类学家和园艺学家研究的热点类群之一，如何保护并利用好秋海棠属植物种质资源对于生态文明建设具有十分重要的意义。

一、中国秋海棠属植物保育与应用概述

中国野生秋海棠属植物资源十分丰富，主要分布在云南东南部、广西西部、贵州西南部和四川南部、广东南部等地区，其中以云南和广西最多。1999年出版的《中国植物志》第五十二卷描述了139种。随着植物分类学家对秋海棠属植物野外调查及分类研究的深入，大量的秋海棠属植物新种被发现，2017年国产野生秋海棠属植物有11组198种，17个种下等级[3]；2019年已知并发表的种类有220余种（含变种和亚种）[1]；2021年统计记载中国有秋海棠属植物243种，目前已报道270余种（含变种和亚种）[4]，秋海棠属植物已经成为近10年中国发表的新物种最多的10个属之一[5]。我国国土辽阔，生态系统多样化，随着新技术的发展和研究的深入，秋海棠属植物的新种的描述仍会持续处于缓慢增加且维持较高的状态。

中国秋海棠属植物的特有种现象明显，李景秀等[6]统计发现，243种（含变种）原生种中，有216种为中国特有种，约占中国分布种类的89%，且多数为狭域分布种，岛屿和喀斯特地区特有种现象尤为明显。南台湾秋海棠（Begonia austrotaiwanensis Y. K. Chen et C. I Peng）、台湾秋海棠（B. taiwaniana Hayata）、溪头秋海棠（B. chitoensis T. S. Liu et M. J. Lai）、兰屿秋海棠（B. fenicis Merr.）仅产于台湾，海南秋海棠（B. hainanensis Chun et F. Chun）仅产于海南。我国的喀斯特洞穴中也孕育了大量的秋海棠属植物，有35种，约占国产秋海棠总数的13%，占洞穴维管植物的总数的4.0%，是中国喀斯特洞穴维管植物物种数量最多的属之一[7, 8]。

中国记载和栽培秋海棠的历史可追溯到宋朝，至今已有近千年的栽培历史。《采兰杂志》（作者不详，960—1279年）："昔有妇人，怀人不见，恒洒泪于北墙之下。后洒处生草，其花甚媚，色如妇面，其叶正绿反红，秋开，名曰断肠花，即今秋海棠也。"文中描述了秋海棠的生境、形态及习性并赋予了秋海棠浪漫主义色彩。清朝闵梦得《万历癸丑漳州府志》（约1613年）记载："秋海棠岁每生苗，其茎甚脆，早秋始花，略似海棠半含，浅红可爱。"描述了秋海棠花期和花的形态；王穉登《荆溪疏》（约1583年）言："善卷后洞秋时，海棠千本并著花，一壑皆丹。"描述了秋海棠喜生于溶洞旁或内。海棠属植物作为药用资源，最早见于《本草纲目拾遗》（1765年），迄今已有250多年历史，其后《陆川本草》《脉药联珠药性考》等医书均有记载。至今，广东肇庆用紫背天葵（B. fimbristipula Hance）来入药或者当作保健品用；美丽秋海棠则作为浙

江景宁畲族畲药的传统药材；一口血秋海棠（*B. picturata* Yan Liu et al.）、花叶秋海棠（*B. cathayana* Hemsl.）则是广西壮药的传统药材；糙叶秋海棠（*B. asperifolia* Irmsch.）在贵州被用来止血和止痛[9,10]。

约从20世纪30年代开始，我国从欧美引进美洲类型的秋海棠及其园艺杂种，并在部分沿海城市栽培。20世纪80年代初，随着城市建设和室内装饰的兴起和发展，四季秋海棠等须根类秋海棠和球根秋海棠等块茎类秋海棠的优质种子、块茎和商品盆花从欧美大量引进，并在全国范围内推广。虽然我国拥有丰富的秋海棠属植物野生资源，对秋海棠属植物的栽培历史也十分悠久，但在对秋海棠属植物资源保育的数量和园艺开发应用等方面却远远不及欧美国家。目前，市场上常见的种类，有四季秋海棠（*B. semperflorens*）、大花秋海棠（*B.* 'Benariensis'）、龙翅秋海棠（*B.* 'Dragon Wing'）、斑叶竹节秋海棠（*B. maculata* Raddi）、丽格秋海棠（*B.* × *hiemalis*）、草原秋海棠（*B.* 'Steppe'）、银币秋海棠（*B.* 'Silver Dollar'）、马丁秋海棠（*B.* 'Martin Mystery'）等，而这些品种均由国外开发，鲜有国内自主研发的品种[11,12]。

国内对秋海棠属植物研究得较为系统和深入的科研单位是中国科学院昆明植物研究所昆明植物园。自20世纪90年代中期以来，该所共引种保存国内野生秋海棠150余种，国外秋海棠属植物300余种（品种），并选育出20多个新品种；2008年年初，中国台湾水泥有限公司创建了辜严倬云植物保种中心，至今已收集秋海棠属植物1 230余种（含品种）。仙湖植物园自2008年开始，通过采用野外调查、国内外植物园交换、购买等方式收集秋海棠属植物，目前建有总面积约800m²的保育温室，保育秋海棠属植物400余种，成为目前国内秋海棠属植物种质资源收集最多的单位之一。在物种保育的基础上，仙湖植物园科研人员将收集的秋海棠属植物应用在仙湖植物园阴生园、园区路边及花境配置上，昆明植物园扶荔宫等，并开展丰富多彩的秋海棠属植物科普活动。

二、秋海棠属植物的繁殖方法

秋海棠属植物可通过播种、扦插、分株、组织培养的方式进行繁殖，在实际生产中以扦插和叶片组织培养快速繁殖为主。

（一）播种繁殖

播种繁殖是秋海棠属植物繁殖最高效的方法之一，播种实生苗比无性繁殖苗生长旺盛，抗逆性强，能更好地适应环境。秋海棠种子播种选用疏松、肥沃、排水良好的细粒微酸性土，以专用播种土或河沙：泥炭土=1：3为宜，可用沙床或穴盘播种。播种前对土壤进行灭菌处理，减少土壤中的病菌对小苗的侵染，用水浸盆后，将种子轻轻撒在盆土表面。秋海棠的种子非常细小，播后不需要再覆土，一般原生种10天左右发芽，30天左右可分盆，从播种到开花一般需要10个月左右。

（二）扦插繁殖

扦插繁殖不仅成活率高，简单易行，同时扦插苗可最大限度地保留母本的优良性状，因而是最为常用的秋海棠繁殖方法。对于雌雄蕊瓣化的重瓣品种、结实率低下的品种，扦插繁殖可作为繁衍后代的主要手段。秋海棠属植物的扦插繁殖可分为枝条扦插和叶片扦插。

枝条扦插多用丛生类、蔓生类、攀缘类和竹节类等秋海棠属植物。扦插基质选用珍珠岩或者水苔，插穗需保留3～5个节，并去掉下部叶片。扦插时插条基部可蘸取适量的生根粉剂以促进生根，插入深度以插条1～2节为宜。一般25～30天即可生根，约50天即可移栽。

叶片扦插多用于根茎类秋海棠属植物。以叶柄着生处为中心，将叶片向叶缘放射状切成

3～5块三角形小块。三角形小块中央为主脉，其余仅有一些侧脉，将叶柄处的尖端插入水苔2～3cm，叶面向上稍微倾斜。叶片扦插是先生根后发芽，生长点主要位于叶片基部叶脉处。20天左右生根，50～60天发生新植株，个别品种需70～120天。

（三）叶片组织培养快速繁殖

秋海棠的叶片组织培养快繁技术已非常成熟，基本培养基为MS培养基，6-BA、NAA为诱导外植体产生愈伤组织和不变芽的分化、增殖以及根的发生的外源激素。

三、秋海棠属植物在仙湖植物园的应用

（一）应用的种类

2014年起，植物园将保育的秋海棠属植物，以花境、热带雨林缸、垂直绿化、专类植物展等形式向公众展示其物种多样性。目前，已有120种秋海棠属植物被应用（表1，图1），其中，原生种77种，占总数的64.2%；栽培品种43个，占总数的35.8%。按植株形态划分，其中应用类型最多的是根茎类，原生种64种，品种25个；其次是大王栽培群和丛生类，大王栽培群原生种1种，品种11个，丛生类原生种8种，品种2个（图2）。

表1 秋海棠属植物在仙湖植物园应用的种类信息表

序号	种名	学名	植株类型	种/品种
1	滇缅秋海棠	*Begonia rockii* Irmsch.	根茎类	原生种
2	巴马秋海棠	*B. bamaensis* Yan Liu & C. I. Peng	根茎类	原生种
3	巴西变色秋海棠	*B. soli-mutata* L. B. Sm. & Wassh.	蔓生类	原生种
4	白芷叶秋海棠	*B. heracleifolia* var. *nigricans*	根茎类	原生种
5	斑叶竹节秋海棠	*B. maculata* Raddi	竹节类	原生种
6	伯基尔秋海棠	*B. burkillii* Dunn	根茎类	原生种
7	彩纹秋海棠	*B. variegata* Y. M. Shui & W. H. Chen	根茎类	原生种
8	昌感秋海棠	*B. cavaleriei* Lévl.	根茎类	原生种
9	崇左秋海棠	*B chongzuoensis* Yan Liu, S. M. Ku & C. I. Peng	根茎类	原生种
10	粗壮秋海棠	*B. lubbersii* É. Morren	丛生类	原生种
11	大王秋海棠	*B. rex* Putz.	大王栽培群	原生种
12	灯果秋海棠	*B. lanternaria* Irmsch.	根茎类	原生种
13	迪特希里秋海棠	*B. dietrichiana* Irmsch.	丛生类	原生种
14	帝王秋海棠	*B. imperialis* Lem.	根茎类	原生种
15	盾叶秋海棠	*B. peltatifolia* H. L. Li	根茎类	原生种
16	多花秋海棠	*B. sinofloribunda* Dorr	根茎类	原生种
17	多叶秋海棠	*B. foliosa* Kunth	丛生类	原生种
18	方氏秋海棠	*B. fangii* Y. M. Shui & C. I Peng	根茎类	原生种
19	高茎秋海棠	*B. sphenantheroides* C. I Peng	丛生类	原生种

续表

序号	种名	学名	植株类型	种/品种
20	光滑秋海棠	*B. psilophylla* Irmsch.	根茎类	原生种
21	广东秋海棠	*B. guangdongensis* W. H. Tu, B. M. Wang & Y. L. Li	根茎类	原生种
22	桂南秋海棠	*B. austroguangxiensis* Y. M. Shui & W. H. Chen	根茎类	原生种
23	桂西秋海棠	*B. guixiensis* Yan Liu, S. M. Ku & C. I Peng	根茎类	原生种
24	荷叶秋海棠	*B. nelumbiifolia* Schltdl. & Cham.	根茎类	原生种
25	黑峰秋海棠	*B. ferox* C. I Peng & Yan Liu	根茎类	原生种
26	花叶秋海棠	*B. cathayana* Hemsl.	根茎类	原生种
27	假大新秋海棠	*B. pseudodaxinensis* S. M. Ku et al.	根茎类	原生种
28	睫毛秋海棠	*B. bowerae* var. *bowerae*	根茎类	原生种
29	截叶秋海棠	*B. truncatiloba* Irmsch.	根茎类	原生种
30	金线秋海棠	*B. listada* L. B. Sm. & Wassh.	丛生类	原生种
31	靖西秋海棠	*B. jingxiensis* D. Fang & Y. G. Wei	根茎类	原生种
32	镜毅秋海棠	*B. chingipengii* Rubite	根茎类	原生种
33	柯蒂秋海棠	*B. curtii* L. B. Sm. & B. G. Schub.	丛生类	原生种
34	癞叶秋海棠	*B. leprosa* Hance	根茎类	原生种
35	兰屿秋海棠	*B. fenicis* Merr.	根茎类	原生种
36	棱果秋海棠	*B. prismatocarpa* Hook.	根茎类	原生种
37	丽叶秋海棠	*B. ningmingensis* var. *bella* D. Fang et al.	根茎类	原生种
38	列梅秋海棠	*B. thiemei* C. DC.	根茎类	原生种
39	裂叶秋海棠	*B. palmata* D. Don	根茎类	原生种
40	鳞甲秋海棠	*B. scutifolia* Hook. f.	根茎类	原生种
41	刘演秋海棠	*B. liuyanii* C. I Peng et al.	根茎类	原生种
42	龙虎山秋海棠	*B. umbraculifolia* Y. Wan et B. N. Chang	根茎类	原生种
43	龙州秋海棠	*B. morsei* Irmsch.	根茎类	原生种
44	龙胄秋海棠	*B. dracopelta* Ardi	根茎类	原生种
45	陆氏秋海棠	*B. lui* S. M. Ku C. I Peng & Yan Liu	根茎类	原生种
46	鹿寨秋海棠	*B. luzhaiensis* Ku	根茎类	原生种
47	罗城秋海棠	*B. luochengensis* S. M. Ku et al.	根茎类	原生种
48	罗甸秋海棠	*B. porteri* Lévl. et Vant.	根茎类	原生种
49	吕宋秋海棠	*B. luzonensis* Warb.	根茎类	原生种
50	绿脉秋海棠	*B. chloroneura* P. Wilkie & Sands	根茎类	原生种
51	纳图那秋海棠	*B. natunaensis* C. W. Lin & C. I Peng	根茎类	原生种
52	宁巴四翅秋海棠	*B. quadrialata* subsp. *nimbaensis* Sosef	根茎类	原生种
53	宁明秋海棠	*B. ningmingensis* D. Fang, Y. G. Wei & C. I Peng	根茎类	原生种
54	牛耳秋海棠	*B. sanguinea* Raddi	丛生类	原生种

续表

序号	种名	学名	植株类型	种/品种
55	弄岗秋海棠	B. longgangensis C. I Peng & Yan Liu	根茎类	原生种
56	攀援秋海棠	B. glabra (Klotzsch) L. B. Sm. & B. G. Schub. in J. F. Macbr.	攀缘类	原生种
57	铺地秋海棠	B. handelii var. prostrata (Irmscher) Tebbitt	根茎类	原生种
58	微籽秋海棠	B. microsperma Warb	根茎类	原生种
59	涩叶秋海棠	B. scabrifolia C. I Peng, Yan Liu & C. W. Lin	根茎类	原生种
60	山地秋海棠	B. oreodoxa Chun et F. Chun ex C. Y. Wu et Ku	根茎类	原生种
61	少瓣秋海棠	B. wangii Yu	根茎类	原生种
62	食用秋海棠	B. edulis Lévl.	根茎类	原生种
63	水鸭脚秋海棠	B. formosana (Hayata) Masam.	根茎类	原生种
64	丝形秋海棠	B. filiformis Irmsch.	根茎类	原生种
65	塔雅本秋海棠	B. tayabensis Merr.	根茎类	原生种
66	铁十字秋海棠	B. masoniana Irmsch.	根茎类	原生种
67	弯果秋海棠	B. curvicarpa S. M. Ku et al.	根茎类	原生种
68	无翅秋海棠	B. acetosella Craib.	根茎类	原生种
69	溪头秋海棠	B. chitoensis Liu et Lai	根茎类	原生种
70	小籽秋海棠	B. microsperma Warburg	根茎类	原生种
71	星点秋海棠	B. × albopicta	竹节类	原生种
72	亚灌木秋海棠	B. arborescens var. oxyphylla	丛生类	原生种
73	一口血秋海棠	B. picturata Yan Liu et al.	根茎类	原生种
74	榆叶秋海棠	B. ulmifolia Willd.	粗茎类	原生种
75	长纤秋海棠	B. longiciliata C. Y. Wu	根茎类	原生种
76	长萼秋海棠	B. manicata Brongn. ex F. Cels	根茎类	原生种
77	倬云秋海棠	B. zhuoyuniae C. I Peng, Yan Liu & K. F. Chung	根茎类	原生种
78	U400秋海棠	B. 'U400'	根茎类	品种
79	保罗绅士秋海棠	B. 'Paul Hernandez'	丛生类	品种
80	蓖麻叶秋海棠	B. 'Ricinifolia'	根茎类	品种
81	伯利恒之星秋海棠	B. 'Bethlehem Star'	根茎类	品种
82	布隆泽秋海棠	B. 'Bronze King'	大王栽培群	品种
83	橙红秋海棠	B. 'Orange Rubra'	竹节类	品种
84	刺筋秋海棠	B. 'Verschaffeltii'	根茎类	品种
85	黛西秋海棠	B. 'Daisy'	根茎类	品种
86	海蓝宝石秋海棠	B. 'Aguamarine'	大王栽培群	品种
87	海伦·布莱斯秋海棠	B. 'Helen Blais'	大王栽培群	品种
88	海伦·刘易斯秋海棠	B. 'Helen Lewis'	大王栽培群	品种

续表

序号	种名	学名	植株类型	种/品种
89	虎斑秋海棠	B. 'Tiger Kitten'	根茎类	品种
90	滑雪座秋海棠	B. 'New Skeezar'	根茎类	品种
91	画家调色板秋海棠	B. 'Painter's Palette'	大王栽培群	品种
92	几何叶秋海棠	B. 'Cleopatra'	根茎类	品种
93	肯肯秋海棠	B. 'Can Can'	大王栽培群	品种
94	蓝色树莓秋海棠	B. rex 'Purple Spec'	大王栽培群	品种
95	利莲安秋海棠	B. 'Lillan Steinhaus'	根茎类	品种
96	玛利秋海棠	B. 'Merry'	根茎类	品种
97	玛雅阁秋海棠	B. 'Mirage'	根茎类	品种
98	宁明银秋海棠	B. ningmingensis 'Ningming Silver'	根茎类	品种
99	牛仔舞秋海棠	B. 'Jive'	根茎类	品种
100	欧乐可可秋海棠	B. 'Orococo'	攀缘类	品种
101	帕拉玛王子秋海棠	B. 'Palomar Prince'	根茎类	品种
102	骑士秋海棠	B. 'Chivalry'	根茎类	品种
103	秋之华秋海棠	B. 'Autumn Ember'	根茎类	品种
104	珊瑚秋海棠	B. 'Pinafore'	竹节类	品种
105	肾叶秋海棠	B. 'Erythrophylla'	根茎类	品种
106	圣诞老人秋海棠	B. 'St. Nick'	根茎类	品种
107	瞬息风暴秋海棠	B. 'Passing Storm'	根茎类	品种
108	苏秋海棠	B. 'Curly Sue'	根茎类	品种
109	晚秋霜秋海棠	B. 'November Frost'	根茎类	品种
110	微风冰川秋海棠	B. 'Cool Breeze Glacier'	根茎类	品种
111	蜗牛秋海棠	B. 'Escargot'	大王栽培群	品种
112	象耳秋海棠	B. 'Thurstonii'	丛生类	品种
113	小兄弟秋海棠	B. 'Little Brother Montgomery'	根茎类	品种
114	休斯秋海棠	B. 'Hugh McLauchlan'	大王栽培群	品种
115	伊丽莎白秋海棠	B. 'Elizabeth Lahn'	竹节类	品种
116	银币秋海棠	B. 'Silver Dollar'	大王栽培群	品种
117	银皇后秋海棠	B. 'Flamingo Queen'	竹节类	品种
118	银色御园秋海棠	B. 'Silver Misono'	根茎类	品种
119	云纹秋海棠	B. 'Chestnut Capers'	根茎类	品种
120	舟海丹秋海棠	B. 'Joe Hayden'	根茎类	品种

图1 仙湖植物园应用的部分秋海棠属植物种类

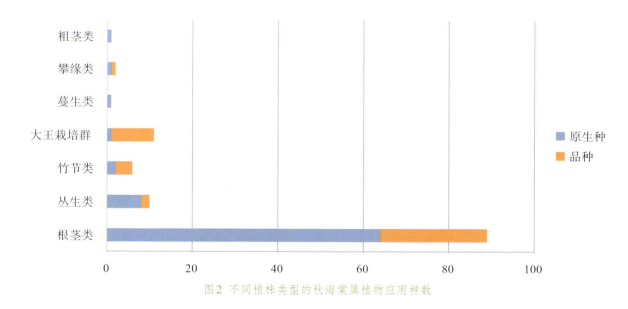

图2 不同植株类型的秋海棠属植物应用种数

（二）秋海棠属植物园林应用示范

1. 秋海棠属植物主题展览

秋海棠属植物种类丰富，并有着悠久的栽培历史和丰富的文化内涵，是进行观赏和科普教育的良好材料。其中，部分种类以科学家名、地名或者形态命名，钟扬秋海棠（*B. zhongyangiana* W. G. Wang & S. Z. Zhang）、刘演秋海棠（*B. liuyanii* C. I. Peng et al.）、镜毅秋海棠（*B. chingipengii* Rubite）等种类以科学家名命名；靖西秋海棠（*B. jingxiensis* D. Fang & Y. G. Wei）、墨脱秋海棠（*B. hatacoa* Buch.-Ham. ex D. Don）、巴马秋海棠（*B. bamaensis* Yan Liu & C. I. Peng）、崇左秋海棠（*B. chongzuoensis* Yan Liu, S. M. Ku & C. I. Peng）、德保秋海棠（*B. debaoensis* C. I. Peng et al.）等是以地名命名；黑峰秋海棠（*B. ferox* C.I Peng & Yan Liu）、绿脉秋海棠（*B. chloroneura* P. Wilkie & Sands）、褐脉秋海棠（*B. glandulosa* A. DC. ex Hook.）等又是以形态命名，可以为主题展览提供更多的科普素材。

近年来，仙湖植物园举办了多次秋海棠属植物主题展览（图3），展览的时间从7天至30天不等：2012年在阴生园科普展馆内举办了第一届秋海棠展，此次展览共展示了30余种（含品种）秋海棠属植物；2016年7月，在仙湖植物园盆景园举行了"幻彩缤纷——秋海棠展"，此次展览展出约50种（含品种）秋海棠属植物，同时还有精彩的秋海棠科植物科普活动；2017年7月在第十九届国际植物学大会分会场举办了"行走吧，植物星球"秋海棠属植物主题展，"行走吧，植物星球"是以城市与植物为话题，由丹麦设计研究室Space 10与Mads-Ulrik Husum、Sine Lindholm两位新锐建筑师合作，设计了名为Growroom的艺术装置，既作为现代公共艺术，又不乏公众观赏和休闲的功能，能够让人们在城市中的一小方天地中，通过自行种植丰富的植物及蔬菜，达到与大自然的亲密接触。此次，"行走吧，植物星球"秋海棠主题展是以此设计为基础，展示了仙湖植物园和厦门植物园保育的120余种（品种）秋海棠属植物。2023粤港澳大湾区花展期间，在天上人间开展了2023粤港澳大湾区花展"墨染琼华——秋海棠属植物展"，此次主题展览展出种类涵盖了叶片发蓝光的滇缅秋海棠（*B. rockii* Irmsch.）、叶形类似钥匙的匙叶秋海棠（*B. blancii* M. Hughes & C. I Peng）、广西特有种类涩叶秋海棠（*B scabrifolia* C. I Peng, Yan Liu & C. W. Lin）、鹿寨秋海棠（*B. luzhaiensis* Ku）和龙虎山秋海棠（*B. umbraculifolia* Y. Wan et B. N. Chang），墨西哥产的叶型独特的白芷叶秋海棠（*B. heracleifolia* Cham. et Schltdl.）以及多种竹节类秋海棠，如银皇后秋海棠（*B.* 'Flamingo Queen'）、斑叶竹节秋海棠（*B. maculata*）、橙红秋海棠（*B.* 'Orange Rubra'）、星点秋海棠（*B. × albopicta*）等50多种代表性秋海棠属植物。

图3 秋海棠属植物园林应用示范（A：主题展览——2023粤港澳大湾区花展"墨染琼华——秋海棠属植物展"；B：主题展览——"幻彩缤纷——秋海棠展"；C："行走吧，植物星球"秋海棠属植物主题展；D、E：花境；F：建筑天井）

2. 花坛和花境

花坛是指在具有一定几何形轮廓的种植区内，种植具有不同观赏特性的园林植物[9]。花坛是一种实用且应用广泛的园林造景设计，不仅可以助力实现园林绿化的目的，还能为游客提供休息的坐凳。四季秋海棠类因其不怕阳光、叶小、株型矮、花紧凑、花期长、花色多、抗性强、易于管理等特点，很早就被用于花坛绿化。观叶秋海棠，因其叶片色彩艳丽，叶形独特，常与其他观赏植物应用于花坛中，如海伦·刘易斯秋海棠（*B.* 'Helen Lewis'）、蓝色树莓秋海棠（*B. rex* 'Purple Spec'）、圣诞老人秋海棠（*B.* 'St. Nick'）等与天南星科（Araceae）、冷水花属（*Pilea* Lindl.）、翠云草［*Selaginella uncinata*（Desv.）Spring］、新几内亚凤仙花（*Impatiens hawkeri* W. Bull）等园林植物搭配，可以营造出多层次、多角度、色彩鲜明的园林景观小品。

花境是近年来在园林中应用广泛的一种植物配置手法，能够运用自然式的植物种植方式，展示园林观赏植物本身所特有的自然美以及自然组合的群体美。花境通常采用枯枝、石头、木桩等材料做造型，搭配点缀斑叶竹节秋海棠（*B. maculata*）、U400秋海棠（*B.* 'U400'）、微风冰川秋海棠（*B.* 'Cool Breeze Glacier'）、铁十字秋海棠（*B. masoniana* Irmsch.）等。

3. 建筑天井和立体绿化

建筑空间中，天井绿化是建筑景观的点睛之笔。秋海棠可以充分展现自己的优势，散射光环境是它们的天堂，在进行这种小环境景观的营造时，可结合其他植物材料进行造景。上层种植三药槟榔或散尾葵形成斑驳、散射的光线，中层悬挂兰花、蕨类，搭配珊瑚秋海棠（*B.* 'Pinafore'）、银皇后秋海棠（*B.* 'Flamingo Queen'）等竹节类秋海棠，下层种植如金线秋海棠（*B. listada* L. B. Sm. & Wassh.）、苏秋海棠（*B.* 'Curly Sue'）、秋之华秋海棠（*B.* 'Autumn Ember'）、银色御园秋海棠（*B.* 'Silver Misono'）根茎类或丛生类秋海棠等。

城市商业空间的密集化，导致可用于城市绿化的土地越来越少，垂直绿化这种多样性的垂直空间的探索将为秋海棠的应用开辟新的形式。高架桥立体绿化、建筑空间的垂直绿化等对植物材料的选择有一定的特殊性要求，高架桥下的绿化往往因为光线弱，基质贫瘠，灰尘、气体污染严重问题而成为城市绿化的难点与死角。秋海棠有较好的耐阴性，对于环境适应的多样性，宜选用几何叶秋海棠（*B.* 'Cleopatra'）、睫毛秋海棠（*B. bowerae* var. *bowerae*）、欧乐可可秋海棠（*B.* 'Orococo'）等抗性好的秋海棠属种类。

四、结语

我国秋海棠资源极为丰富，但在品种选育及开发利用方面非常薄弱，与美国、荷兰、德国、日本等国家著名的收集和研究秋海棠属植物的机构相比，仍有很大的差距。华南地区作为秋海棠属植物重要的分布区域，仙湖植物园具有保育及开发应用秋海棠属植物的天然地理优势，在秋海棠属植物种质资源收集的基础上，应继续开展保护生物学、繁育生物学和基因组学研究；加快观赏品质良种选育工作，研发具有国际市场竞争力的特色秋海棠新品种；加强在园林应用上的示范推广，使资源得到可持续利用。

参考文献

[1] 管开云, 李景秀. 秋海棠属植物纵览[M]. 北京: 北京出版社, 2019.

[2] 徐桂红, 杨蕾蕾, 李凌飞. 60种秋海棠属植物在深圳地区园林应用能力的综合评价[J]. 广东农业科学, 2023, 50(7): 127-136.

[3] 丁友芳, 张万旗. 野生秋海棠的引种栽培与鉴赏[M]. 南京: 江苏凤凰科学技术出版社, 2017.

[4] 田代科. 中国秋海棠的多样性及保育现状[Z]. 上海: 上海辰山植物园, 2020.

[5] 江建平, 杜诚, 刘冰, 等. 中国生物物种编目进展与展望[J]. 生物多样性, 2022, 30(10): 106-120.

[6] 李景秀, 管开云, 孔繁才, 等. 中国秋海棠属植物资源概述[J]. 中国野生植物资源, 2021, 40(12): 35-44.

[7] 管开云, 李景秀, 李宏哲. 云南秋海棠属植物资源调查研究[J]. 园艺学报, 2005, 32(1): 74-80.

[8] 符龙飞, MONRO A K, 韦毅刚. 中国喀斯特洞穴维管植物多样性[J]. 生物多样性, 2022, 30(7): 216-222.

[9] 蒋广宏, 李正强, 张颂, 等. 花坛、花境的布置及花卉配置形式[J]. 中国园艺文摘, 2012, 28(3): 114, 100.

[10] 徐菲, 宣继萍, 郭忠仁. 秋海棠属植物种质资源研究进展[J]. 江苏农业科学, 2010(4): 7-12.

[11] 田代科. 中国秋海棠的多样性、保护及开发利用现状(上)[J]. 花木盆景(花卉园艺), 2020(11): 4-7.

[12] 田代科. 中国秋海棠的多样性、保护及开发利用现状(下)[J]. 花木盆景(花卉园艺), 2020(12): 4-7.

[13] 陈云飞, 刘芳, 欧明烛, 等. 贵州30种原生秋海棠属植物资源观赏性评价[J]. 种子, 2022, 41(2): 70-75.

无忧花属植物在深圳地区园林应用综合评价

徐桂红，黄义钧，陈珍传，戴耀良
（深圳市中国科学院仙湖植物园）

摘要： 以无忧花属植物在深圳地区的园林应用能力评价为目标层，观测统计6种无忧花属植物的12个性状指标，应用层次分析法，从观赏性、适应性和园林种植表现3个方面构建综合评价体系。结果，Ⅰ级无忧花属植物共3个，占50%，分别是中国无忧花、印度无忧花、云南无忧花，推荐在深圳园林中优先使用；Ⅱ级无忧花属植物共2个，占33.3%，分别是马叶树、垂枝无忧花，建议在深圳园林中推广应用；Ⅲ级无忧花属植物共1个，占16.7%，是中南无忧花，建议在深圳园林中应用时作为备选品种。

关键词： 无忧花属；园林应用；层次分析法；综合评价

Comprehensive Evaluation on the Landscape Application of *Saraca* Plants in Shenzhen

Xu Guihong, Huang Yijun, Chen Zhenchuan, Dai Yaoliang
（Fairy Lake Botanical Garden, Shenzhen and China Academy of Sciences）

Abstract: Taking the evaluation of the landscape application ability of *Saraca* in Shenzhen as the target layer, 12 personality indicators of 6 *Saraca* Speciesis were observed and statistically analyzed. A comprehensive evaluation system was constructed using Analytic Hierarchy Process (AHP) from three aspects: ornamental value, adaptability, and landscape application performance. The result showed, there were three3 plants in grade Ⅰ, accounting for 50%, namely *Saraca dives*, *S. asoca*, and *S. griffithiana*, Suggest prioritizing use in Shenzhen Garden; There were 2 plants in grade Ⅱ, accounting for 33.3%, namely *S. thaipingensis*, *S. declinata*, Suggest promoting it in Shenzhen gardens; *S. indica* was classified as Grade Ⅲ, accounting for 16.7%, and can be used as a substitute species.

Keywords: *Saraca*; Landscape application; Analytic hierarchy process; Comprehensive evaluation

豆科无忧花属（Saraca）植物共有12种，主要分布于亚洲热带、亚热带地区。我国自然分布有2种，分别是中国无忧花（Saraca dives）和云南无忧花（S. griffithiana）[1]。在我国，中国无忧花因为花大美丽，枝繁叶茂，树冠高大，作为绿化树种在广东、广西、云南等地被广泛应用，深受人民群众青睐。西双版纳热带植物园、华南植物园等从20世纪70年代开始对该属其他一些种类开展引种栽培研究。无忧花属植物是佛教文化流行地区的常用树种，具有悠久而丰富的历史文化内涵。植物一旦与宗教相结合，就充满神秘和浪漫的色彩。

选择具体的园林植物种，应该满足有价值、可用性2个基本要求。有价值包括观赏价值、生态防护价值、经济价值等；可用性包括抗逆性强、适应性强、繁殖技术工艺简单、资源利用效率高、栽培成本低等。事实上，筛选工作面对的是一个由相互关联、相互制约的众多因素构成的复杂系统，而且很多因素很大程度上难以定量研究[2, 3]。

层次分析法（analytic hierarchy process, AHP）是一种定性和定量相结合的决策分析法，由美国运筹学家T. L. Saaty提出，其通过构建多层次、多维度的模型决策解决多目标、多准则、内容复杂的问题[4]。层次分析法应用面很广，在众多学科研究和实际生产领域被应用于处理复杂问题的综合评价分析上，在园林和观赏园艺领域作为一种重要的评价方法而被经常应用[5]。国内外学者在无忧花属植物引种栽培、繁殖、新品种申报等方面已经开展了一定的研究，并且中国无忧花在广东、广西、云南等地园林中已有应用[6-8]，但目前尚无对无忧花属植物在深圳地区园林应用进行综合评价的报道。为此，应用层次分析法，从观赏性、适应性和园林种植表现3个方面构建综合评价体系，对无忧花属植物在深圳地区的园林应用能力评价，为无忧花属植物的科学应用及深圳园林的植物选择提供依据。

一、材料与方法

（一）试验材料

2022年从西双版纳热带植物园引种无忧花属植物6种，结合在深圳市内已栽培的种类（表1），露天地栽，开展观赏性、适应性和园林种植表现等性状指标的调查观测。

表1 无忧花属植物信息

种类	地点	种植年份	数量（株）	深圳地区开花结实情况	应用形式	备注
中国无忧花 Saraca dives	仙湖植物园	2003	120	已开花，大量结实	列植，行道树	深圳市内公园、行道树种植方面已多处应用
云南无忧花 S. griffithiana	仙湖植物园行政楼	2010	1	已开花，少量结实	孤植，庭院	有更多引种记录，但更多的实体苗未见
垂枝无忧花 S. declinata	深圳湾公园西段、深圳大学西丽校区	2018	6	已开花，大量结实	列植，公园花坛	
印度无忧花 S. asoca	仙湖植物园宝巾路苗圃	2022	15	小苗，未开花和结实	苗圃收集	大树有关数据从西双版纳热带植物园采集
中南无忧花 S. indica	仙湖植物园宝巾路苗圃	2022	15	小苗，未开花和结实	苗圃收集	大树有关数据从西双版纳热带植物园采集
马叶树 S. thaipingensis	仙湖植物园宝巾路苗圃	2022	15	小苗，未开花和结实	苗圃收集	大树有关数据从西双版纳热带植物园采集

（二）试验方法

1. 评价层次结构的建立

依据试验观测数据，参考《园林植物筛选通用技术要求》（CJ/T 512—2017），孙艳[2]、蒙林平[3]成果，建立4层结构的层次分析模型（表2），对6种无忧花属植物的园林应用能力进行评价。模型包括A目标层、B约束层、C标准层、D最底层。目标层为无忧花在深圳地区的园林应用能力评价；约束层包括B1观赏性、B2适应性、B3园林种植表现3个影响因素（表2）。判断矩阵一致性检验法参照孙艳[2]、蒙林平[3]等研究成果进行。

表2 无忧花属植物园林应用能力综合评价模型

A 目标层	B 约束层	C 标准层	D 最底层
无忧花属植物在深圳地区的园林应用能力评价	B1 观赏性	C1 整体花期	6种无忧花属植物
		C2 单花序花期	
		C3 嫩叶变色	
		C4 芳香性	
		C5 株型	
	B2 适应性	C6 抗逆性	
		C7 抗病虫害性	
		C8 扩繁能力	
	B3 园林种植表现	C9 成苗率	
		C10 稀有性	
		C11 应用类型	
		C12 管理强度	

2. 评分标准及评分方法

综合参考《园林植物筛选通用技术要求》（CJ/T 512—2017），孙艳[2]、蒙林平[3]等研究成果，结合各无忧花观赏性、适应性、园林种植表现对应因子得到综合评价模型（表2）和五级评分量化标准（表3），以此计算各品种相应因子的初步得分。通过采用问卷形式，邀请相关领域专家、园林从业人员、高校教师等分别为准则层、指标层因子重要性进行打分，通过元素两两比对建立各层判断矩阵，各因子权重平均分利用加权平均法计算获得，依次得到准则层权重WB1-B3，指标层权重WC1-C12。将12项因子（B1-B3、C1-C12）的初步得分乘以对应权重后，所得即为该指标最终得分，每种无忧花的各层因子最终得分相加所得便是该品种园林应用能力的综合得分。

表3 无忧花园林应用能力综合评价各因子评分量化标准

评价指标	分值				
	100	80	60	40	20
整体花期	值≥40天	40天>值≥20天	20天>值≥10天	10天>值≥7天	7天>值
单花序花期	值≥30天	30天>值≥15天	15天>值≥10天	10天>值≥7天	7天>值
每年叶片变色	多于3轮次	等于3轮次	2轮次	1轮次	0轮次

续表

评价指标	分值				
	100	80	60	40	20
芳香性	浓烈香味	清香味	香味	无味	异味
株型	紧凑，优雅	紧凑，挺拔	较紧凑，自然	松散，自然	松散，凌乱
抗逆性	耐寒、耐热、耐旱、耐湿、耐涝、耐阴、耐盐碱等具备6~7项	耐寒、耐热、耐旱、耐湿、耐涝、耐阴、耐盐碱等占5项	耐寒、耐热、耐旱、耐湿、耐涝、耐阴、耐盐碱等占4项	耐寒、耐热、耐旱、耐湿、耐涝、耐阴、耐盐碱等占3项	耐寒、耐热、耐旱、耐湿、耐涝、耐阴、耐盐碱等占0~2项
抗病虫害性	拟木蠹蛾、蓟马、斑蝶幼虫；广翅蜡蝉、蚜虫、荔枝异形小卷蛾、毒茸蛾0项出现	拟木蠹蛾、蓟马、斑蝶幼虫；广翅蜡蝉、蚜虫、荔枝异形小卷蛾、毒茸蛾出现1项	拟木蠹蛾、蓟马、斑蝶幼虫；广翅蜡蝉、蚜虫、荔枝异形小卷蛾、毒茸蛾出现2项	拟木蠹蛾、蓟马、斑蝶幼虫；广翅蜡蝉、蚜虫、荔枝异形小卷蛾、毒茸蛾出现3项	拟木蠹蛾、蓟马、斑蝶幼虫；广翅蜡蝉、蚜虫、荔枝异形小卷蛾、毒茸蛾出现4~6项
扩繁能力	种子数量多，出芽率≥60%	种子数量一般，60%＞出芽率≥50%	种子数量一般，50%＞出芽率≥40%	种子数量较少，40%＞出芽率≥30%	种子数量较少，30%＞出芽率
成苗率	成苗率≥90%	90%＞成苗率≥80%	80%＞成苗率≥60%	60%＞成苗率≥40%	40%＞成苗率
稀有性	为乡土植物，野生数量少，应用数量少	为乡土植物，野生数量一般，应用数量多	为乡土植物，野生数量多，应用数量多	为外来植物且近气候类，应用数量少	为外来植物且非近气候类，应用数量少
应用类型	行道树、公园绿地、庭院、花境、盆栽等。以上4类均可应用	行道树、公园绿地、庭院、花境、盆栽等。以上3类都可应用	行道树、公园绿地、庭院、花境、盆栽等。以上2类都可应用	行道树、公园绿地、庭院、花境、盆栽等。以上1类都可应用	行道树、公园绿地、庭院、花境、盆栽等。以上0类可应用
管理强度	无须管理，成本近乎为0	粗放管理，成本低	一般化管理，成本一般	管理频繁，成本较高	精细管理，成本高

二、结果与分析

（一）判断矩阵一致性检验及权重比较

由表4至表7可知，4个判断矩阵的一致性比率（consistency ratio，CR）均小于0.1，表明构造的判断矩阵接近于完全一致性，适用于各指标权重的计算。约束层观赏性、适应性、园林种植表现权重分别为0.2623、0.3546、0.3830（表4），3个指标对无忧花在深圳地区的园林应用能力评价影响具有差异，影响力从小到大排序为观赏性、适应性、园林种植表现。在标准层中，5个指标权重分别为0.2036、0.2207、0.1871、0.1878和0.2007。表明C1整体花期、C2单花序花期和C5株型对观赏性影响较大，而C3嫩叶变色和C4芳香性对观赏性影响相对较小。在影响适应性的3个因子中，因子影响力大小排序为C6抗逆性＞C7抗病虫害性＞C8扩繁能力，权重值分别为0.3850、0.3302、0.2848（表6）。影响适应性的4个因子影响力大小排序为C9成苗率＞C10稀有性＞C11应用类型＞C12管理强度。权重值分别为0.3089、0.2911、0.2009、0.1991（表7）。其中，C9成苗率和C10稀有性对园林种植表现影响力较大，在整个指标体系中所占权重也较大。

表 4 A-Bi 判断矩阵及一致性检验

A	B1	B2	B3	W
B1	1.0000	0.7454	0.6881	0.2623
B2	1.3415	1.0000	0.9446	0.3546
B3	1.4532	1.0987	1.0000	0.3830

λ max=3.0124, Ci=0.0062, CR=0.0121 < 0.1。

表 5 B1-Ci 判断矩阵及一致性检验

B1	C1	C2	C3	C4	C5	W
C1	1.0000	0.8744	1.0354	1.0444	1.1673	0.2036
C2	1.1436	1.0000	1.1700	1.1432	1.0806	0.2207
C3	0.9658	0.8547	1.0000	1.0104	0.8664	0.1871
C4	0.9574	0.8747	0.9897	1.0000	0.8899	0.1878
C5	0.8567	0.9254	1.1542	1.1237	1.0000	0.2007

λ max=5.0071, Ci=0.0018, CR=0.0014 < 0.1。

表 6 B2-Ci 判断矩阵及一致性检验

B2	C6	C7	C8	W
C6	1.0000	1.0379	1.5181	0.3850
C7	0.9632	1.0000	1.0322	0.3302
C8	0.6587	0.9688	1.0000	0.2848

λ max=3.0134, Ci=0.0067, CR=0.0130 < 0.1。

表 7 B3-Ci 判断矩阵及一致性检验

B3	C9	C10	C11	C12	W
C9	1.0000	1.1289	1.5420	1.4545	0.3089
C10	0.8858	1.0000	1.2724	1.7709	0.2911
C11	0.6485	0.7859	1.0000	0.8883	0.2009
C12	0.6875	0.5647	1.1258	1.0000	0.1991

λ max=4.0195, Ci=0.0065, CR=0.0073 < 0.1。

（二）无忧花属植物等级划分及评价结果

1. 等级划分

根据综合评价模型的评分标准得出每种无忧花属植物各评价因素的分值，再乘以各因素相对权重值，最后将各项乘积相加计算得出每个品种的综合评价值。并按照综合评价分值的分布情况，将 6 种无忧花属植物分为 4 个等级：Ⅰ级≥80 分，综合价值高，表现优秀，适于在深圳园林中推广应用；70 分≥Ⅱ级>80 分，综合价值较高，表现优良，可进行园林应用；60 分≥Ⅲ级>70 分，综合价值一般，表现一般，可作园林应用备用材料；Ⅳ级<60 分，综合价值较低，表现较差，不宜在深圳园林中推广应用。

2. 评价结果

从综合评分表 8 可以看出，Ⅰ级无忧花属植物共 3 个，占 50%，分别是中国无忧花（图 1）、印度无忧花（图 2）、云南无忧花（图 3）。Ⅱ级无忧花属植物共 2 个，占 33.3%，分别是马叶树、垂枝无忧花。Ⅲ级无忧花属植物共1个，占16.7%，是中南无忧花。Ⅳ级无忧花属植物共0个。

表8 无忧花属植物综合评分表

种类	C1	C2	C3	C4	C5	C6	C7	C8	C9	C10	C11	C12	得分	评级
中国无忧花	80	80	100	60	60	80	40	100	100	80	100	100	81.70	Ⅰ
印度无忧花	80	60	60	80	80	80	100	80	100	40	100	100	81.16	Ⅰ
云南无忧花	100	100	40	60	60	80	80	40	100	100	80	100	80.30	Ⅰ
马叶树	60	60	80	60	80	60	60	80	100	40	100	100	72.68	Ⅱ
垂枝无忧花	80	80	60	80	60	60	60	100	80	40	100	80	71.98	Ⅱ
中南无忧花	60	60	60	40	80	80	60	60	100	40	100	80	69.90	Ⅲ

图1 中国无忧花

图2 印度无忧花

图3 云南无忧花

三、讨论

（一）综合评价体系的建立

层次分析法通过构建多层次、多维度的模型决策解决多目标、多准则、内容复杂的问题，是一种定性和定量相结合的决策分析法。蒙林平[3]等应用层次分析法，对30种东非芳香植物资源进行评价，认为其中9种具有广阔应用前景。杨林[5]等应用层次分析法，从适应性、商品性、观赏性3个方面，对盆栽大花朱顶红品种进行评价，筛选出表现优良的9个品种。本研究以无忧花属植物在深圳地区的园林应用能力评价为目标层，从人们欣赏的角度，确定5个因子组成观赏性约束层；从适应当地物候的角度，确定3个因子组成适应性约束层；从栽培应用角度，确定4个因子组成园林种植表现约束层，建立了较为完善的综合性评价体系。从结果来看，约束层观赏性、适应性、园林种植表现权重分别为0.2623、0.3546、0.3830，3个指标对无忧花属植物在深圳地区的园林应用能力评价影响具有差异，影响力从小到大排序为观赏性、适应性、园林种植表现。其中，C1整体花期、C2单花序花期和C5株型，C6抗逆性和C7抗病虫害性，C9成苗率和C10稀有性所占权重较大，对园林应用能力影响较大。

（二）无忧花属植物在深圳地区的园林应用能力评价

无忧花属植物是优良的开花乔灌木，全属12种，我国产中国无忧花和云南无忧花，为乡土树种，其余9种原产地为气候相似带的东南亚。本次研究对象为引种的6种无忧花，都是乔木。无忧花具有多年生、体量大、生态系统服务价值高等特点，对其进行引种驯化、栽培管养、观赏性评价、适应性和抗逆性、系统发育、种质创新等研究，筛选适合深圳气候的种类进行推广应用，挖掘无忧花文化属性，其成果紧扣打造世界著名花城需求和老百姓对幸福生活的向往。

无忧花属植物的观赏特征在于花、叶和形[6-8]。花色为橙色、红色等色系颜色，符合中国人观赏习惯,花开在枝头,远望如金黄色宝塔。其嫩叶紫红色,随着时间推移,逐渐演变为深绿色,结合其下垂犹如僧人袈裟的特点,很容易吸引人的兴趣。其四季常绿,或紧凑,或自然,非常适合作为主景或背景植物。

植物引种驯化史也是人类文明发展史的重要组成部分,植物引种的最初目的是追求其食用、药用等价值,后来从园林角度出发进行的引种逐渐增多。植物到引种地后会出现3种情况:一是适应性差,难以达到预想用途;二是适当扩大了分布范围;三是因失去生态制衡而形成入侵。无忧花属植物均分布于东南亚地区,属热带亚热带近似气候带,符合引种的基本原则[9]。在本研究中,在建立综合评价模型时,专家对于稀有性因子中特别考量了植物是否为乡土植物,设置了较大权重。垂枝无忧花、印度无忧花、马叶树、中南无忧花等非乡土植物在此因子中得分较低。引种在丰富植物种类的同时,后续仍然要对外来植物进行跟踪监测,综合评估,有效控制外来物种的生存范围,确保其对当地生态系统不产生负面影响。

根据无忧花属植物综合评分表8,Ⅰ级无忧花属植物共3个,占50%,分别是中国无忧花、印度无忧花、云南无忧花,推荐在深圳园林中优先使用。Ⅱ级无忧花属植物共2个,占33.3%,分别是马叶树、垂枝无忧花,建议在深圳园林中推广应用。Ⅲ级无忧花属植物共1个,占16.7%,是中南无忧花,建议在深圳园林中应用时作为备选品种。

参考文献

[1] 卫兆芬. 无忧花属 [M]// 中国科学院中国植物志编辑委员会. 中国植物志(第三十九卷): 豆科. 北京: 科学出版社, 1988: 207-209.

[2] 孙艳, 张娟, 林博, 等. 基于层次分析法的8种槭属植物观赏价值综合评价 [J]. 贵州农业科学, 2021, 49(2): 116-121.

[3] 蒙林平, 程纹, 廖一颖. 东非芳香乔灌木的综合评价及其观赏价值研究 [J]. 广东农业科学, 2021, 48(3): 53-63.

[4] 谭琪, 王俐. 裸子植物应用于昆明园林的综合评价 [J]. 广东农业科学, 2020, 47(5): 44-51.

[5] 杨林, 王忠义, 聂紫瑾, 等. 基于AHP的盆栽大花朱顶红品种评价筛选 [J]. 北京农学院学报, 2015, 30(3): 73-78.

[6] 王华宇, 陈乃明, 杨利平, 等. 中国无忧花种子发芽特性研究 [J]. 安徽农业科学, 2020, 48(1): 116-119.

[7] 曾宋君. 无忧树的繁殖与栽培管理 [J]. 广东园林, 2001, 23(2): 40-41.

[8] 罗伟聪. 中国无忧花历史文化特性及在华南地区的种植养护研究 [J]. 中国园艺文摘, 2016, 32(6): 164-166.

[9] 姚驰远, 张德顺, MEYER M, 等. 园林植物引种与入侵植物防控 [J]. 中国城市林业, 2021, 19(2): 17-21, 28.

深圳市月季主要病虫害及防治技术

蔡江桥，蓝翠钰，唐婧文，董慧，谢锐星
（深圳市中国科学院仙湖植物园）

摘要： 近年来，月季逐渐被栽植于深圳地区部分公园内与道路绿化带中，但其易遭受病虫害侵袭。文章对深圳地区月季的主要病虫害种类及防治方法进行了阐述，主要病害包括白粉病、黑斑病、根腐病等，主要虫害包括月季长管蚜、斜纹夜蛾、茶黄蓟马、二斑叶螨、蔷薇叶蜂等。这些病虫害会造成月季植株畸形、叶片失绿掉落、植株死亡等，直接影响其观赏效果。可通过检疫、选育抗病品种、采取园艺措施、化学防治等综合防治措施，进行月季病虫害防治。

关键词： 深圳；月季；病虫害；防治技术

Major Pests and Diseases of Modern Roses in Shenzhen and Their Control Techniques

Cai Jiangqiao, Lan Cuiyu, Tang Jingwen, Dong Hui, Xie Ruixing
(Fairy Lake Botanical Garden, Shenzhen and Chinese Academy of Sciences)

Abstract: In recent years, modern roses have become increasingly common in parks and roadside green spaces in in Shenzhen, but they are susceptible to pests and diseases. This study provides an overview of the main pests and diseases affecting modern roses in Shenzhen and outlines effective prevention and control strategies. The primary diseases include powdery mildew, black spot, and root rot, while key pests include rose aphids, yellow-striped armyworms, yellow tea thrips, two-spotted spider mites, and large rose sawflies. These issues can lead to plant deformities, leaf discoloration and drop, and even plant death, significantly reducing their ornamental appeal. An integrated approach combining quarantine, the selection of disease-resistant varieties, horticultural practices, and chemical treatments is recommended for managing these pests and diseases.

Keywords: Shenzhen; Modern rose; Pests and diseases; Prevention and control technology

月季是原产于我国的十大传统名花之一，也是世界上主要的花卉品种，深受大众的喜爱。月季因其花色绚丽，姿态优美，花香独特，被广泛种植于道路、公园等地。深圳市处于我国中南沿海地区，位于北回归线之南，属南亚热带海洋性气候，全年气候温暖，年平均气温22.4℃，每年5～9月为雨季，雨量充沛，日照时间长。这样的气候条件为月季的生长提供了良好的栽培环境，同时，秋冬温暖干燥、春夏炎热潮湿的特殊气候，也为月季病虫害的发生提供了有利条件[1]。例如，月季黑斑病、根腐病在潮湿、雨季的气候条件下容易发生；二斑叶螨、白粉病在秋冬季节发生严重。

因此，进行实地调查，掌握月季不同病虫害的发病规律，并进行预防及科学防治，为一线管护工作者提供有力的技术支撑迫在眉睫。2019—2022年，我们以仙湖植物园全年跟踪调查为主，结合定期对其他公园的调查，基本摸清了深圳地区危害月季的主要病虫害种类，并总结出了深圳地区月季不同病虫害及其发生规律和防治措施。

一、月季病虫害种类调查

2019—2022年，对仙湖植物园、香蜜湖公园、人民公园等月季种植区进行调查，共鉴定有害动物22种，分属3纲17个科，其中二斑叶螨、斜纹夜蛾危害普遍且严重（表1）；共鉴定出7种真菌病原菌，其中由蔷薇单丝壳引起的白粉病、蔷薇盘二孢引起的黑斑病为主要病害（表2）。

表1 深圳市月季主要虫害种类

名称	学名	发生规律	发生程度
二斑叶螨	Tetranychus urticae	全年，10月至翌年4月为高发期	+++
棉叶螨	Tetranychus cinnabarinus	全年	+
斜纹夜蛾	Spodoptera litura	全年，4～8月为高发期	+++
棉铃虫	Helicoverpa armigera	—	+
棉古毒蛾	Orgyia postica	全年	+
双线盗毒蛾	Porthesia scintillans	全年	+
三叶尺蛾	Sauris sp.	—	+
黄刺蛾	Cnidocampa flavescens	—	+
咖啡豹蠹蛾	Zeuzera coffeae	—	+
毛眼灰蝶	Zizina otis	—	+
月季长管蚜	Macrosiphum roswomm	全年，4～8月为高发期	++
八点广翅蜡蝉	Ricania speculum	4～5月	+
月季白轮盾蚧	Aulacaspis rosarum	全年	+
茶黄蓟马	Scirtothrips dorsalis	8～10月	++
花蓟马	Frankliniella intonsa	全年	+
蔷薇三节叶蜂	Arge geei	全年，4～10月为高发期	++
宽齿爪鳃金龟	Holotrichia lata	4～5月为成虫高发期	+
中喙丽金龟	Adoretus sinicus	4～5月为成虫高发期	+
光彩突肩肖叶甲	Cleorina aeneomicans	—	+

续表

名称	学名	发生规律	发生程度
绿鳞象	*Hypomeces squamosus*	—	+
豆芫菁	*Epicauta gorhami*	5～6月为高发期	+
非洲大蜗牛	*Achatina fulica*	4～10月为高发期	+

注:"+"表示轻度为害,"++"表示中度为害,"+++"表示严重为害。

表2 深圳市月季主要病害种类

名称	病原物	发生规律	发生程度
黑斑病	蔷薇盘二孢 *Marssonina rosae*	全年,4～9月为高发期	+++
白粉病	蔷薇单丝壳 *Sphaerotheca pannosa*	全年,10月至翌年4月为高发期	+++
根腐病	立枯丝核菌 *Rhizoctonia* sp.,镰刀菌 *Fusarium* sp.	4～9月为高发期	++
褐斑病	蔷薇生尾孢菌 *Cercospora rosicola*	4～10月为高发期	+
灰霉病	灰葡萄孢菌 *Botrytis* spp.	4～10月为高发期	+
白绢病	齐整小核菌 *Sclerotium rolfsii*	4～8月为高发期	+
煤污病	—	全年	+

注:"+"表示轻度为害,"++"表示中度为害,"+++"表示严重为害。

二、月季主要病虫害识别与防治

(一)白粉病

白粉病是月季生产上极为普遍的病害,一般栽培品种较感病。病原菌为蔷薇单丝壳(*Sphaerotheca pannosa*),主要危害月季的叶、嫩芽、嫩梢、花蕾和花萼等组织,感染初期出现白色粉末状霉点,随后逐渐扩展为白色粉末。粉物为病菌的菌丝和分生孢子,分生孢子圆桶形,(18～30)μm×(10～17)μm,5～10个串生,分生孢子梗膨大并稍弯曲,无分枝(图1A)[2]。嫩叶极易染病,染病后出现扭曲、皱缩等症状;老叶通常不易感病,感染后叶面出现不规则的白粉状斑(图1B)。嫩梢、花蕾、花萼染病时,出现发育停滞、扭曲、花朵畸形或不能开放等症状(图1C)。该病发生与温湿度密切相关,病菌适宜温度在17～25℃,30℃

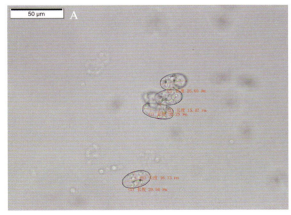

图1 月季白粉病(A.蔷薇单丝壳分生孢子;B.叶片上的白粉病;C.花蕾上的白粉病)

以上受到抑制，湿度在25%～90%均可发病[3]。在深圳地区，10月至翌年4月为发病高峰期，2～4月为害普遍严重。

防治措施： 修剪病叶、疏枝增加通风条件；可使用25%粉锈宁1 000倍液、25%已唑醇2 000倍液、25%丙环唑1 000倍液、50%露娜森（21.5%氟吡菌酰胺·21.5%肟菌酯）3 000倍液防治白粉病。

（二）黑斑病

黑斑病是危害月季最为严重的病害之一，是世界性病害，多发生在月季叶片上，对嫩梢、叶柄、果实也有危害。发病初期，叶片正面出现近圆形或不规则状褐色斑点，随着病情发展，病斑不断扩大，多个病斑相互愈合连在一起呈不规则的大斑，病斑周边呈放射状，周围叶片大面积变黄（图2A）。发病后期，病斑上密生黑色小点，为病原菌的分生孢子盘（图2B）。染病叶片变黄易脱落，严重时植株叶片全脱落成光秆。果实、花萼、叶柄和花梗受侵染时会出现和叶片相同的症状。该病病原为蔷薇盘二孢（*Marssonina rosae*），分生孢子长卵圆形或近椭圆形，无色，双胞，分隔处略缢缩，2个细胞大小不等，略弯曲，两端钝圆，（17.5～25）μm×（5.0～7.5）μm（图2C）[2]。病原菌通常以菌丝体或分生孢子在病残植株或落叶、土壤上越冬，借助雨水、气流或喷灌水飞溅传播，昆虫也可传播。月季黑斑病的发生对湿度要求较高，当田间相对湿度在85%以上时开始发病，相对湿度在98%以上时病害严重发生。此外，在多雨潮湿的天气，有利于该病害迅速蔓延。在深圳地区，4～9月为黑斑病高发期[4]。

防治措施： 修剪病叶、疏枝增加通风条件；可用75%甲基托布津1 000倍液，或25%苯醚甲环唑3 000倍液，或25%腈菌唑2 000倍液喷雾防治。

（三）月季根部病害

月季根部病害发病初期不易被察觉，植株地上部分未同时表现发病症状，直至植株出现黄叶、落叶、长势减弱时才被发现，此时病害已非常严重[5]。立枯丝核菌（*Rhizoctonia* sp.）、镰刀菌（*Fusarium* sp.）（图3A）、齐整小核菌（*Selerotium rolfsii* Sacc.）等都能侵染月季根茎部，引起植株萎蔫，根系、根茎处发黑腐烂，最终导致植株死亡（图3B）。根腐病病原菌都是土壤习居菌，以菌丝体或菌核在土壤中或病根上越冬，病菌在土壤中可随地表水流进行传播，菌丝依靠生长在土中蔓延，侵染苗木根茎。病原菌喜高温高湿，病害多在高温多雨季节发生，在深圳地区，4～9月为高发期。

防治措施： 加强苗木检疫，严控带病种植输入；用50%多菌灵可湿性粉剂600倍液或75%甲基托布津可湿性粉剂1 000倍液灌根对新进苗木进行消毒；为了预防病害发生，可用70%五氯硝基苯，或30%噁霉灵水剂、98%棉隆微粒剂进行土壤消毒；加强苗木日常排水措施，防止积水；死树应及时清理，并进行土壤消毒；病害发生时，可用50%多菌灵可湿性粉剂600倍液或75%甲基托布津可湿性粉剂1 000倍液，或30%噁霉灵水剂600倍夜灌根可控制病害的蔓延。

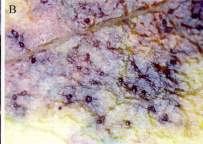
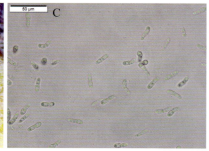

图2 月季黑斑病（A.叶片上的黑斑病；B.病斑上产生黑色分生孢子盘；C.蔷薇盘二孢分生孢子）

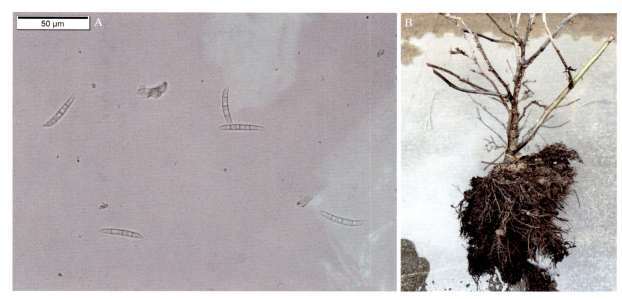

图3 月季根部病害（A.镰刀菌分生孢子；B.由镰刀菌引起的根腐病）

（四）月季长管蚜

月季长管蚜（*Macrosiphum rosirvorum*），属于半翅目蚜科，寄主复杂，主要以成虫和若虫群集于寄主植物的新梢、嫩叶、花梗和花蕾上刺吸危害（图4A）[6]。植物受害后，枝梢生长缓慢，花蕾和幼叶不易伸展，花朵变小，而且诱发煤污病，使枝叶变黑，严重影响了观赏价值。无翅雌蚜长卵形，黄绿色，有时橘红色；腹管长圆筒形，端部有瓦纹；尾片较长，长圆锥形（图4B）。月季长管蚜的发生与温度、湿度和降水有很大关系。在气温20℃左右，气候干燥，相对湿度70%～80%时繁殖速度最快，危害最严重。盛夏阴雨连天不利于蚜虫发生与危害。

防治措施： 修剪发生虫害的叶片、枝条、花蕾等，以减少侵染源；可用40%毒死蜱乳油1 000倍液、70%吡虫啉可湿性粉剂3 000～5 000倍液、1.8%阿维菌素乳油2 000倍液、4.5%高效氯氰菊酯乳油1 500倍液、25%吡蚜酮悬浮剂2 500倍液防治。

（五）蔷薇三节叶蜂

蔷薇三节叶蜂（*Arge geei*）属膜翅目三节

图4 月季长管蚜（A.月季长管蚜为害状；B.月季长管蚜无翅型）

叶蜂科[7]。叶蜂幼虫取食寄主叶片，叶片常被蚕食殆尽，仅残留主脉或叶柄，成虫产卵于嫩枝形成棱形伤口而不能愈合，极易被风折枯死。成虫头、触角、足均为黑色，胸部红黄色，腹部橘黄色，第1、2节短，第3节长，第3节约为前两节长度之和的6倍（图5A）。卵乳白至浅黄白色，肾形，表面光滑。雌虫产卵时，头多向下，将锯齿状产卵齿刺入枝条达髓部，将卵以"人"字形两列纵向排列依次产出卵。末龄幼虫头部亮褐色，体、足浅绿色，化蛹前浅黄色。幼虫孵出后在卵壳上静伏约30分钟，之后爬至枝条的嫩叶上，约1小时后开始取食。1~2龄幼虫有群集性，3龄后分散为小群体（图5B、图5C）。在深圳地区，蔷薇三节叶蜂一年发生4代，4~10月为高发期。

防治措施： 结合修剪，剪除卵枝并烧毁；初孵幼虫群集为害时期，人工摘除虫叶；产卵痕裂开后，用小刀刮除卵块；可用40%毒死蜱乳油1 000倍液、1.8%阿维菌素乳油2 000倍液、4.5%高效氯氰菊酯乳油1 000倍液、40%乐果乳油1 000倍液、80%敌敌畏乳油800倍液、0.5%甲维盐乳油1 000倍液防治。

（六）斜纹夜蛾

斜纹夜蛾（*Spodoptera litura*）属鳞翅目夜蛾科。斜纹夜蛾以幼虫危害，幼虫食性杂，且食量大，初孵幼虫在叶背为害，取食叶肉，仅留下表皮（图6A）；3龄幼虫后分散为害，造成叶片缺刻、残缺不堪甚至全部吃光，蚕食花蕾造成缺损，容易暴发成灾（图6B）。成虫体暗褐色，胸部背面有白色丛毛，前翅灰褐色，花纹多，内横线和外横线白色，呈波浪状，中间有明显的白色斜阔带纹（图6C）。卵扁平的半球状，初产黄白色，后变为暗灰色，块状

图5 蔷薇三节叶蜂（A.蔷薇三节叶蜂成虫交尾；B.蔷薇三节叶蜂低龄幼虫聚集为害；C.蔷薇三节叶蜂老熟幼虫）

图6 斜纹夜蛾（A.斜纹夜蛾低龄幼虫为害状；B.斜纹夜蛾幼虫为害花蕾；C.斜纹夜蛾成虫）

黏合在一起，上覆黄褐色绒毛。幼虫头部黑褐色，胸部多变，从土黄色到黑绿色都有，体表散生小白点，中胸至腹部第8节有近似三角形的半月黑斑一对。蛹长圆筒形，红褐色，尾部有一对短刺。该虫害在深圳地区全年都有发生，4~8月为高发期。

防治措施： 悬挂斜纹夜蛾成虫诱捕器；摘除卵团，捕杀幼虫；可用40%毒死蜱乳油1 000倍液、1.8%阿维菌素乳油2 000倍液、4.5%高效氯氰菊酯乳油1 000倍液、40%乐果乳油1 000倍液、80%敌敌畏乳油800倍液、0.5%甲维盐乳油1 000倍液防治。

（七）二斑叶螨

二斑叶螨（*Tetranychus urticae*）属于蜱螨亚纲叶螨科，是世界性的害螨，分布范围大，寄主植物种类广泛，严重为害蔬菜、果树和温室栽培等的经济作物。二斑叶螨可造成植株生长不良、落叶褪色、花叶畸形、抽枝发芽迟缓等现象，严重者甚至整株枯死，致使其观赏与经济价值大幅下降。

二斑叶螨个体发育包括卵、幼螨、第一若螨、第二若螨和成螨5个时期，幼螨和每个若螨期后都有一个静息期。卵透明，圆形，初期为乳白色，后变淡黄，将孵化前可见两个红色眼点。幼螨近半球形，淡黄或黄绿色，背部有两个红色眼点，足3对。若螨体卵圆形，体色比幼螨稍深，体背常现色斑，足4对，行动敏捷。雌成螨背面观呈卵圆形，体躯两侧各有黑斑1个，其外侧三裂，内侧接近体躯中部呈横"山"字形。雄成螨较雌螨小，背面观略呈菱形，体淡黄色或黄绿色，体末端尖削[8]（图7A）。

二斑叶螨从月季植株下部的叶片开始为害，然后向上蔓延至上部的叶片，且具有很强的结网群集特性，甚至结网将全叶覆盖并罗织到叶柄，在植株间搭接，并借此爬行扩散（图7B）。二斑叶螨多在月季叶背栖息为害，若螨取食叶背的叶肉细胞，成螨则以植株幼嫩部位为食。初期受害叶片叶柄主脉两侧出现大量针头大小失绿的黄褐色小点，后期出现灰白色或枯黄色的细小斑，嫩叶则皱缩、扭曲以致变形。随着危害加剧，叶片变成灰白色或暗褐色，少数叶片失绿变硬，似火烤状，严重影响叶片光合作用正常进行，致使叶片焦枯提早脱落，造成植株生长不良、叶片褪色、落叶、发芽迟缓等现象发生（图7C）。干旱天气有利于其繁殖，且繁殖速度快，若用水冲刷叶面可使虫害减轻。在深圳地区全年都可以发生，高温干旱有利于虫害发生。

防治措施： 修剪虫叶虫枝，减少侵染源；对叶背进行喷水，冲洗叶背使虫体掉落；可用40%毒死蜱乳油1 000倍液、1.8%阿维菌素乳油2 000倍液、15%哒螨灵乳油2 000倍液、73%克螨特乳油2 000倍液、43%联苯肼酯乳油2 000倍液防治[8,9]。

图7 二斑叶螨（A.二斑叶螨成螨；B.叶螨通过结网扩散；C.二斑叶螨为害状）

三、月季病虫害综合防治技术

月季病害防治按照"预防为主，综合防治"的植保方针，坚持"以农业防治、物理防治、生物防治为主，化学防治为辅"的治理原则，以规范月季种植的日常管理预防为主，采取综合、安全的防控措施。笔者根据月季主要病虫害的发生特点，制定了一份"月季主要病虫害防治月历"（表3）。

表3　月季主要病虫害防治月历

月份	病虫害防治要点
1月	本月病虫害总体发生轻。 主要病虫害有二斑叶螨、白粉病，黑斑病零星发生。 **防治要点**：结合修剪，对病虫害进行防治
2月	本月病虫害总体发生轻。 主要病虫害有二斑叶螨、白粉病，黑斑病零星发生。 **防治要点**：结合修剪，对病虫害进行防治
3月	本月病虫害总体发生较轻，但病虫害随气温的上升开始加重。 主要病虫害有二斑叶螨、白粉病，黑斑病、棉古毒蛾、双线盗毒蛾零星发生。 **防治要点**：开展全面的春季清园工作，减少病虫害侵染源
4月	4月开始，病虫害发生明显加重，特别是鳞翅目害虫，同时深圳进入雨水季节，应及时进行病虫害防治。 主要病虫害有斜纹夜蛾、双线盗毒蛾、月季长管蚜、金龟子、蔷薇三节叶蜂、白粉病、灰霉病，褐斑病零星发生，广翅蜡蝉开始发生，黑斑病发生率随气温及雨水的上升和增加有所提升。 **防治要点**：开展病虫害监测工作，早发现早防治；及时清除发生黑斑病的叶片；斜纹夜蛾高龄幼虫抗药性强，化学防治应抓住害虫的孵化期及低龄幼虫期。
5月	5月至10月为病虫害高发期，5月雨水较多，注意病虫害防治时机。 主要病虫害有斜纹夜蛾、双线盗毒蛾、月季长管蚜、广翅蜡蝉、金龟子、蔷薇三节叶蜂、黑斑病、灰霉病；褐斑病零星发生，根腐病开始零星发生。 **防治要点**：主要浇水时间及方式为避免在高温时段浇水；用多菌灵·福美双、噁霉灵等杀菌剂浇灌植株根部预防根腐病；注意对广翅蜡蝉成虫的防治，防止其在植株枝条上产卵，影响植株生长。
6月	6月气温较高，降水频繁，注意病虫害防治时机。 主要病虫害有斜纹夜蛾、双线盗毒蛾、月季长管蚜、蔷薇三节叶蜂、黑斑病、灰霉病、褐斑病，根腐病零星发生。 **防治要点**：可在降雨前后用多菌灵·福美双、噁霉灵等杀菌剂浇灌植株根部防治根腐病。
7月	7月多为高温高湿天气，月季根腐病高发期。 主要病虫害有斜纹夜蛾、双线盗毒蛾、月季长管蚜、蔷薇三节叶蜂、黑斑病、灰霉病、褐斑病、根腐病。 **防治要点**：可在降雨前后用多菌灵·福美双、噁霉灵等杀菌剂浇灌植株根部防治根腐病。
8月	8月仍为高温高湿天气，病虫害发生严重。 主要病虫害有斜纹夜蛾、双线盗毒蛾、月季长管蚜、蔷薇三节叶蜂、黑斑病、灰霉病、褐斑病、根腐病，蓟马开始发生。 **防治要点**：可在降雨前后用多菌灵·福美双、噁霉灵等杀菌剂浇灌植株根部防治根腐病，蓟马防治要及时，注意检查叶背是否有蓟马，蓟马发生严重时叶片皱缩、变褐色。
9月	9月雨水天气开始减少，病虫害率发生有所降低。 主要病虫害有斜纹夜蛾、双线盗毒蛾、蔷薇三节叶蜂、蓟马、褐斑病、黑斑病，斜纹夜蛾发生率有所降低。 **防治要点**：注意蓟马的发生情况。
10月	10月天气开始干燥，病虫害发生率有所降低，二斑叶螨随气候干燥开始普遍发生。 主要病虫有二斑叶螨、棉古毒蛾、双线盗毒蛾、蔷薇三节叶蜂、蓟马、褐斑病、黑斑病，褐斑病、黑斑病发生率有所下降，白粉病开始发生。 **防治要点**：摘除病虫叶，并及时装袋销毁；清理植株基部叶片，可减轻二斑叶螨的发生；注意浇水方式，避免直接喷洒叶片，减少黑斑病病菌传播。

续表

月份	病虫害防治要点
11月	11月随着气温降低，虫害发生减轻。 主要病虫害有二斑叶螨、棉古毒蛾、双线盗毒蛾、黑斑病、白粉病。 **防治要点**：摘除病虫叶，并及时装袋销毁；结合修剪，对病虫害进行防治。
12月	12月随着气温继续降低，虫害发生轻。 主要病虫害有二斑叶螨、白粉病，黑斑病零星发生。 **防治要点**：摘除病虫叶，并及时装袋销毁；结合修剪，对病虫害进行防治。

（一）严格检疫，消灭侵染源

引种新苗时严格执行检疫措施，病虫苗应及时隔离或销毁。及时清除病、虫残体，并集中销毁，减少侵染源，避免病虫扩散。种植前对土壤进行消毒处理，如用30%噁霉灵水剂800倍液+40%毒死蜱乳油1 000倍液喷施土壤。

（二）选用抗病品种

月季品种间抗病性差异很大，尽量选用抗病品种[110,111]。"全球首发新品种'深圳红'月季的适应性研究和应用"课题组根据月季品种的抗病性、植物生长状态，筛选了'深圳红''安吉拉''爱弗的玫瑰''珊瑚果冻''美妙绝伦''伊丽莎白·斯图尔特''牡丹月季''粉天鹅''红色单瓣绝代佳人'9个月季品种，这些品种对深圳夏季高温高湿气候有较强的适应性，并对月季黑斑病、根腐病有较强的抗性。

（三）加强月季生长日常管理

（1）适时定植，定植适期的确定与品种及种苗的来源等有很大关系。

（2）加强肥水管理，增强树势，主要增施有机肥、磷肥、钾肥，适当控制氮肥，使植株生长健壮，提高植株的抗病能力。

（3）合理密植，保持良好通风和阳光充足条件。夏季可适当增设遮阳网；切忌种植在过分庇荫区域，导致植株枝条细弱无力。

（4）月季耐旱，忌积水，浇水要干、湿交替，不干不浇，浇要浇透；夏季需及时浇水，但不宜大水大肥，雨季要及时排水。

（5）月季是多年生灌木，选择适宜的土壤对它的生长发育至关重要。月季喜排水性、透气性良好的土壤，可以促进月季根系发育和生长，而且这样的环境也有利于有益微生物的增加，从而保护月季根系不受病菌的危害。

（6）修剪是月季生产管理上的重要环节之一，修剪包括整枝、抹芽、摘心和疏蕾等。通过修剪过密枝、病虫枝、残花等，利于通风透光，生长旺盛，减少感染病虫的机会。

（四）做好日常病虫害监测

有的病虫害在条件适宜时，发病速度快且难防控，如黑斑病、白粉病、二斑叶螨等，因此要做好月季生长日常病虫害监测，要及时发现、诊断病虫害，并立即采取有效的防治措施。

（五）化学防治

为遏制病虫害的扩展蔓延，选用合适药剂进行控制。药剂防治时应尽量选用低毒、高效、低残留药剂，不同药剂合理轮换使用。

（1）在病害发生初期，可选用50%多菌灵可湿性粉剂600倍液、75%百菌清可湿性粉剂600倍液、80%代森锰锌可湿性粉剂1 000倍液、70%甲基托布津可湿性粉剂1 000倍液等之中1~2种药剂进行病害预防。病害发生后期，可选用25%粉锈宁悬浮剂1 000倍液、25%己唑醇悬浮剂2 000倍液、25%丙环唑乳油1 000倍液、50%露娜森悬浮剂3 000倍液防治白粉病；选用25%己唑醇悬浮剂2 000倍液、25%丙环唑乳油1 000倍液、25%苯醚甲环唑水乳剂3 000倍液、25%腈菌唑乳油2 000倍液防治黑斑病及其他叶斑病。

（2）根腐病可用30%多菌灵·福美双可湿性粉剂1 000倍液，或30%噁霉灵水剂800倍液浇灌植株根部。

（3）鳞翅目、膜翅目害虫可用40%毒死蜱乳油1 000倍液、1.8%阿维菌素乳油2 000倍液、4.5%高效氯氰菊酯乳油1 000倍液、40%乐果乳油1 000倍液、80%敌敌畏乳油800倍液、0.5%甲维盐乳油1 000倍液防治。

（4）半翅目害虫可用40%毒死蜱乳油1 000倍液、70%吡虫啉可湿性粉剂3 000～5 000倍液、1.8%阿维菌素乳油2 000倍液、4.5%高效氯氰菊酯乳油1 500倍液、25%吡蚜酮悬浮剂2 500倍液防治。

（5）叶螨可用40%毒死蜱乳油1 000倍液、1.8%阿维菌素乳油2 000倍液、15%哒螨灵乳油2 000倍液、73%克螨特乳油2 000倍液、43%联苯肼酯乳油2 000倍液防治。

参考文献

[1] 黄俊军.深圳地区月季常见病虫害的防治[J].北京园林,2006,22(3):45-47.
[2] 陆家云.植物病原真菌学[M].北京:中国农业出版社,2001.
[3] 杨忠义,赵伟,罗尧幸,等.月季白粉病孢子形态观测与病害调查[J].山西农业科学,2018,46(3):449-452.
[4] 姜子德,戚佩坤,李晓凡,等.月季黑斑病的流行与防治[J].植物保护学报,1996,23(2):115-120.
[5] 许天委,郝慧华.热带雨林植物病虫害防治[M].杭州:浙江大学出版社,2018.
[6] 雷昌菊,涂业苟,吴先福,等.月季长管蚜的生物学特性及防治[J].江西植保,2007,30(1):29-30.
[7] 王健生,孙举永,赵洪斌,等.蔷薇三节叶蜂的生物学研究[J].昆虫知识,1996,33(2):87-89.
[8] 龚舒,刘光华,甘泳红.月季上二斑叶螨的发生与防治研究进展[J].安徽农业科学,2018,46(5):18-20.
[9] 柯伟政,段庭庭,叶如光,等.9种杀螨剂对月季二斑叶螨的防效研究[J].南方园艺,2020,31(4):30-34.
[10] 朱杰辉,张宏志,陈己任,等.月季黑斑病发生和危害及抗性育种的研究进展[J].湖南农业大学学报(自然科学版),2017,43(1):47-51.
[11] 庄得凤,李晓丽,程洪森,等.抗白粉病月季资源的田间筛选[J].中国农学通报,2017,33(25):138-145.

极端干湿循环下新型填埋场生态覆盖系统水力响应研究

魏薇[1]，陈中奎[2]，陈虹圻[3]，郭浩文[4]

（1.深圳市下坪环境园；2.深圳市岩智科技有限公司；3.香港科技大学；4.中国科学院广州能源研究所）

摘要：本研究开展了模拟极端气候条件的模型试验和数值模拟分析，以评估使用再生混凝土骨料（RCA）的三层垃圾填埋场覆盖系统的水力响应。通过数值模拟对模型试验进行反分析，探讨了底层和气候条件对三层垃圾填埋场覆盖系统性能的影响。实测数据与数值预测结果一致，在接近饱和的初始状态下干燥14天后，植被覆盖层的基质吸力比裸土覆盖层高出近80%。即使在模拟香港百年一遇的极端降雨之后，植被覆盖层也保持了较高的吸力。这是由于植物的蒸散作用在初始阶段产生了较高的吸力，导致植草覆盖层的入渗速率比裸土覆盖层低30%。数值参数分析结果表明，湿润气候和半湿润气候条件下，三层垃圾填埋场覆盖系统的有效粒径（d_{10}）分别为0.02mm和0.2mm。

关键词：垃圾填埋场；极端气候；终场覆盖系统

Hydraulic Responses of a Novel Eco-environmental Landfill Cover System under Extreme Drying-wetting Cycles

Wei Wei[1], Chen Zhongkui[2], Chen Hongqi[3], Guo Haowen[4]

(1.Shenzhen Xiaping Env-park; 2.Shenzhen Yanzhi Tech. Co. Ltd; 3.The Hong Kong University of Science and Technology; 4.Guangzhou Institute of Energy Conversion, Chinese Academy of Sciences)

Abstract: In this study, a one-dimensional (1D) soil column test simulating humid climatic conditions was carried out to evaluate the hydrological performance of a three-layer landfill cover system using recycled concrete aggregates (RCA). Numerical simulations were conducted to analyze the model test and investigate the effects of the bottom layer and climate conditions on the performance of the three-layer landfill cover system. Consistent results were obtained between the measured data and numerical results. The matric suctions in the vegetated cover were nearly 80% higher than the bare cover after drying for 14 days from a nearly saturated condition. Even after the simulated extreme rainfall of Hong Kong with a return period of 100-year, a higher suction was also well-retained in vegetated cover. This was due to the initial high suction induced by evapotranspiration of plants, which led to the infiltration rates into grassed cover being up to 30% lower than the bare one. The results from the numerical parametric analysis suggest a bottom soil layer with an effective particle size (d_{10}) value of 0.02 mm and 0.2 mm to be used in the three-layer landfill cover system under humid and semi-humid climates, respectively.

Keywords: Landfill; Extreme weather condition; Final cover system

一、引言

随着人口的增长和城市化进程的加快，城市生活垃圾的产生和管理已成为世界各国普遍关注的问题。对于城市生活垃圾的处理，由于其低成本和简单性，填埋仍然被认为是主要的解决方案之一[1, 2]。土工膜通常用于覆盖现代堆填区，以防止水渗透。然而，土工膜的缺陷、孔洞或界面不稳定会显著影响其性能[3, 4]。

在过去的几十年里，具有毛细屏障效应（CCBE）的盖层被用作传统盖层的替代方案[5-8]。这种类型的覆盖是由粗颗粒土层和粗颗粒土层下的细颗粒土层组成的双层系统。在非饱和条件下，两层土壤之间不同的水力特性可以帮助减少水通过界面的向下运动[9-12]。由于CCBE在长期耐用性、简单的设计和低成本方面的优势[13, 14]，它在过去几年中引起了人们的关注。然而，尽管CCBE已被证实在干旱和半干旱气候下能有效减少水的渗透，但其在潮湿气候下的表现并不令人满意[15, 16, 8]。因此，提出了一种新的全天候三层垃圾填埋场覆盖系统，该系统由传统双层CCBE下的低渗透土层组成，并在潮湿气候下进行了验证[17-20]。再生混凝土等建筑垃圾在岩土工程中被重复利用，以减少环境污染和保护自然资源[21-23]。再生混凝土骨料（RCA）比天然骨料更多孔，更粗糙，并且具有更低的进水值[21]。由于RCA的水力特性与天然土壤相似[24]，因此它们有可能用于建造垃圾填埋场覆盖物。Rahardjo等（2013）[24]报道，使用RCA构建的CCBE通过提高保水能力有效地减少了降雨入渗。研究发现，在毛细管屏障系统中，RCA是一种适合的、可持续的天然土壤替代品。此外，Harnas等（2014）[25]也发现，使用RCA作为毛细管屏障的细粒层，可以比天然沙质土构建的毛细管屏障在突破前储存更多的水。然而，以往对RCA构建的CCBE的研究都是在相对较小的降水量和较短的回归期下进行的。在气候变化引起的强降雨（如100年回复期的降雨强度）下，垃圾填埋场覆盖系统的RCA性能尚不明确和量化。

考虑到植物的生态和美学效益，它已被广泛用于垃圾填埋场的修复。使用植被的生物工程技术可以提高垃圾填埋场覆盖物的性能，因为使用它是一种生态友好且低成本的解决方案[26, 27]。既往研究发现，植物根系蒸腾（ET）吸水性显著影响水分入渗和土壤基质吸力[28-31]。植物还可能通过根部对土体持水曲线（SWRC）和透水性的影响，增强CCBE中细粒和粗粒土层的水力特性对比[32, 33]。降雨条件下，细粒土层的入渗和储水可以在干燥期因植物蒸腾而被清除[8]。他们能够提高垃圾填埋场覆盖系统的储存–释放能力。然而，大多数相关研究都是在单层土壤中进行的。为促进可持续发展，建议在岩土工程中结合使用回收的建筑废物和植物。

本文以我国大量城市生活垃圾填埋场即将由于库容枯竭而封场为背景，旨在评估利用建筑垃圾建筑的植被三层垃圾填埋场的水力性能，以不同粒径的建筑垃圾作为覆盖材料的新型覆盖系统。采用室内1D柱试验，研究植物对蒸腾诱导的土壤基质吸力和三层填埋场覆盖系统入渗的影响。利用COMSOL Multiphysics进行了数值反分析，验证了试验数据。最后，通过数值参数研究，探讨了层厚和气候条件对三层垃圾填埋场覆盖系统性能的影响。本文成果有助于解决垃圾填埋场恶臭扰民和地下水污染等环境问题，实现垃圾填埋场区域土地资源和建筑垃圾的再生利用，有效缓解我国"垃圾围城"的现象，并在一定程度上助力全球的可持续发展。

二、试验布置及方法

(一) 试验材料特性

图1是本研究中用于土柱试验和模型槽试验的材料的粒径分布（PSD）。采用 ASTM D422（ASTM, 2007）[34]的方法测定了细再生混凝土骨料（FRC）、粗再生混凝土骨料（CRC）和粉质垃圾土的PSD。FRC 和 CRC 是来自于深圳一家建筑垃圾回收厂。建筑垃圾中的木材、塑料、金属等杂质通过格栅振动台进行了去除。为了减小粒径尺寸，用颚式破碎机将原混凝土碎料粉碎。最后，将物料送出，通过圆锥破碎机粉碎，生产出不同粒度的RCA（即FRC和CRC）。FRC 的粒径小于 2mm，粉砂含量为 6%，含砂量为 94%。CRC 的粒径范围为 7～30mm，含砾量为 100%。CRC 的粒径明显高于 FRC，导致 RCA 的饱和渗透率从 10^{-1}m/s 降至 10^{-6}m/s。FRC 和 CRC 的这种组合可以形成渗透系数的差别进而形成较强的毛细屏障效应[5]。在三层垃圾填埋场覆盖系统中使用 FRC 和 CRC，有助于减轻填埋场存储容量上的负担，促进可持续性。根据PSD，粉质垃圾土的 d_{10} 为 0.0045mm，d_{30} 为 0.015mm，d_{60} 为 0.063mm，粒径均小于 0.5mm。PSD 和压实度（即95%）将确保垃圾土具有渗透系数为 10^{-9}m/s 的低透水性，足以满足底层的防渗功能。

覆盖材料按照统一土壤分类系统（USCS）（ASTM, 2011）[35]进行分类。FRC 和 CRC 被归为黏性砂（SC）和差级配砾石（GP），而垃圾土被归为黏性粉砂（ML）。根据ASTM标准D698（ASTM, 2012）[36]进行试验得到FRC和垃圾土的压实曲线。CRC 的最大干密度按照 ASTM 标准 D4253（ASTM, 2014）[37]来确定。根据 ASTM D2434（ASTM, 2010）[38]和 ASTM D5084（ASTM, 2006）[39]，分别测量了FRC、CRC 和垃圾土的饱和渗透系数 k_s。本研究用到的材料基本参数均列在了表1中。

图 2 是 FRC、CRC 和垃圾土的实测土体持水曲线（SWRCs）。使用 Ng 和 Pang（2000）[40]开发的改良压力板装置测量了 FRC 和垃圾土的干湿 SWRC。采用悬挂柱法测定了 CRC 的干湿 SWRC。同时，测量的 SWRC 采用 van Genuchten 方程（1980）[41]进行了拟合（表1）。垃圾土的进气值（AEV）为 10kPa。CRC 的 AEV（即 0.1kPa）低于 FRC（即 4kPa）。这是由于材料粒径的减小导致了大孔隙的减少。CRC 的进水值为 0.6kPa，满足 Yang 等（2006）[42]和

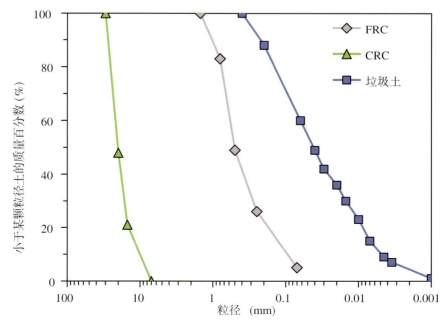

图1 细粒再生混凝土（FRC）、粗粒再生混凝土（CRC）和垃圾土的粒径分布

Abdolahzadeh等人（2011）[43]对CCBE粗粒层的　　　推荐值（0.3～1kPa）。

表1 研究中使用的土壤和再生混凝土骨料的基本特性

特性指标	FRC		CRC		垃圾土	
土壤统一分类法（USCS）	SC		GP		ML	
比重，G_s	2.45		2.45		2.51	
孔隙率	0.52		0.62		0.69	
标准压实曲线						
最大干密度，ρ_d（kg/m³）	1 670		1 570		1 550	
最优含水率（%）	12.2		—		24	
饱和渗透系数，k_s（m/s）	6.6×10^{-5}		2.5×10^{-1}		1.7×10^{-8}	
van Genuchten（1980）拟合参数						
干燥/湿润	干燥	湿润	干燥	湿润	干燥	湿润
饱和体积含水率，θs（%）	38.8	31.3	46	43	50.8	39.7
残余体积含水率，θr（%）	5	5	3	3	4	9
α（1/kPa）	0.12	0.35	5.1	5.7	0.06	0.05
n	1.3	1.2	2.4	2.7	1.3	1.3
m	0.25	0.18	0.58	0.63	0.2	0.25

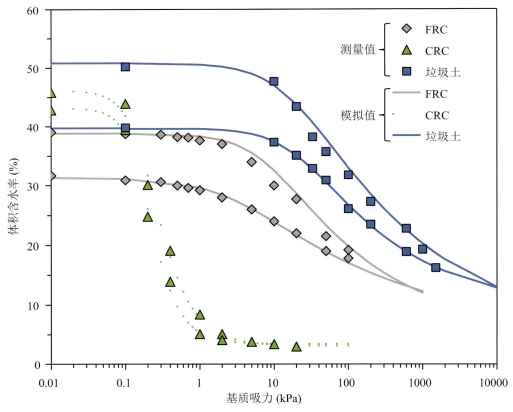

图2 测量和拟合的FRC、CRC和垃圾土的SWRCs

本文选择了Cynodon dactylon（百慕大草）作为研究对象，因为它在中国南方等亚热带和热带气候下被广泛种植[44-46]。由于其高耐旱性，这种草也常用于边坡和垃圾填埋场的工程修复[47]。

（二）试验仪器布设及试验步骤

为了研究采用RCAs的三层垃圾填埋场覆盖系统的有效性，在环境控制室进行了一系列1D土柱试验，控制试验环境温度为24～26℃（即香港秋季平均温度），相对湿度为45%～50%。图3是本研究中使用的土柱的布设照片。在本试验中，设置了两个相同的土柱。其中一根柱子移植了Cynodon dactylon（百慕大草，G），而另一根柱子则是以无植被的（B）作为参考。柱子由有机玻璃制成，内径0.3m，高1.4m。柱体采用由0.4m垃圾土、0.2m CRC和0.4m FRC自下而上组成的相同层状覆盖体系进行压实。每个土柱从下到上依次压实土层。土层压实时采用分层压实，每层厚度为50mm，以达到均匀性和所需的干密度。FRC和垃圾土层按照ASTM D698（ASTM, 2012）[36]介绍的程序压实至95%的压实度（DOC），而CRC层（仅含砾石）在干燥状态下压实至95%的DOC。对每一层，三柱间的平均DOC差异均小于3%。压实后，每根柱子表面用塑料膜密封两天，达到水分均衡后再移栽植被。另外，试验前还对草的叶面积指数（LAI）和根深进行了测量。

对所有柱体最初都进行了良好的水分浇灌，每天浇灌200mL的水量，浇灌了4个月，以供植物生长[48, 49]。然后，所有的柱从下到上进行饱和，直到所有张力计的读数降至接近0kPa，并且水以恒定的速率通过土层底面渗透出来。之后，所有土柱暴露在干燥条件下经历14天。土柱干燥后进行水浸试验，试验期间，在每根柱的土体表面施加0.1m恒定水头，持续24小时，这相当于超过香港百年一遇的降雨量[50]，选择此降雨量是用来研究极端气候条件下植物对垃圾填埋场覆盖系统性能的影响。试验过程中，连续记录了三层垃圾填埋场覆盖层的土体基质吸力、体积含水量（VWC）、入渗量、渗滤量和LAI。采用5个装配式张力计和EC-5水分传感器分别测量了0.1m、0.3m、0.5m、0.7m和0.9m深度的土体基质吸力和VWC。该张力计可自动测量0～90kPa的土体基质吸力，精度为0.1kPa。关于此张力计的详细介绍可参见Chen等人（2013）[51]的研究。EC-5型水分传感器是采用频域技术，通过测量土壤的介电常数来确定土壤的VWC。

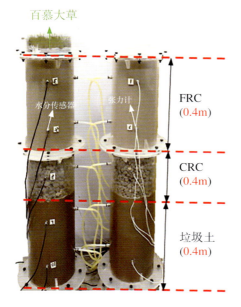

图3 土柱试验布设及仪器安装

（三）数值模拟分析

1. 三层垃圾填埋场覆盖系统的水文模型

利用COMSOL Multiphysics软件（COMSOL 5.6, 2018）对垃圾填埋场覆盖层进行瞬态渗流分析。模拟采用Ni等人（2018）[52]开发的数值模型。

对于非饱和草质土的瞬态渗流，水的运移可以用修正的Darcy-Richards方程表示：

$$\frac{d\theta(h)}{dt} = \frac{d}{dx}\left(k(h)\frac{dh}{dz}\right) + \frac{d}{dz}\left(k(h)\left(\frac{dh}{dz}+1\right)\right) - S_g(h,z) \quad (1)$$

式中，x和z是空间维度；t是时间（秒）；θ、k分别为体积含水量（m³/m³）和土体渗透函数（m/s）；h为水压水头（m）；$S_g(h,z)$是汇项，它等于在给定的时间间隔内植物土壤元素蒸发量[53]。

$$S_g(h,z) = \alpha(h,z) \cdot G(\eta) \cdot PT \quad (2)$$

式中，$G(\eta)$是关于根分布$\eta(z)$的函数；PT为潜在蒸腾；$\alpha(h,z)$为蒸腾还原函数，取值范围为$0 \sim 1$[54]，可表示为：

$$\alpha(h,z) = \begin{cases} 0 & h \leq h_{wp} \\ \frac{h - h_{wp}}{h_{fc} - h_{wp}} & h_{wp} \leq h \leq h_{fc} \\ 1 & h_{fc} \leq h \end{cases} \quad (3)$$

式中，h_{wp}为永久萎蔫点水压头（m）；h_{fc}是与现场容量相对应的压力水头（m）。

非饱和土的水力特性可以用 van Genuchten（1980）的方程来描述。非饱和土的持水曲线（SWRC）和渗透函数表示为：

$$S_r = \left[\frac{1}{1 + (\alpha h)^n}\right]^m \quad (4)$$

$$\theta = \theta_r + (\theta_s - \theta_r) S_r \quad (5)$$

$$k = k_s S_r^2 \left[1 - \left(1 - S_r^{\frac{1}{m}}\right)^m\right] \quad (6)$$

式中，S_r为饱和度；θ_r为残余含水量（m³/m³）；θ_s为饱和含水量（m³/m³）；α、m、n为 van Genuchten方程的拟合参数；k_s为土体饱和渗透系数（m/s），其与土壤粒径和孔隙比相关[55]：

$$k_s = 2.4622 \left[d_{10}^2 \frac{\phi^3}{(1-\phi)^2}\right]^\omega \quad (7)$$

式中，d_{10}为有效粒径（mm）；ϕ为孔隙率；ω为材料参数。

2. 有限元离散化和边界条件

对于物理试验的反分析，土柱模型的有限元离散化如图4所示。网目尺寸采用0.01m。根

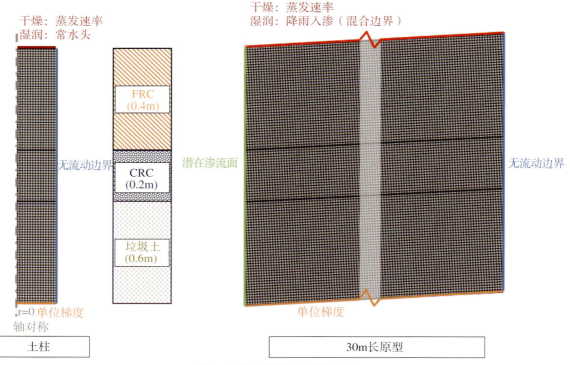

图4 有限元离散化与边界条件

据土柱试验过程，分为两个阶段：7天干燥和24小时浸水。干燥期顶部边界方面采用估算蒸发速率的通量边界，浸水期固定水头0.1m。右边界不透水，左边界设为对称轴。将底边界的水力梯度设为1来模拟水的渗流。

在数值参数研究中，建立了现场尺度模型，进一步研究生物工程填埋场覆盖物导流长度（图4）。模型的最大网格尺寸为0.01m，最小网格尺寸为0.002m。参数研究的建模过程分为三个阶段：①初始稳定状态；②在降雨前有7天的干燥期，以建立吸力剖面；③具有设计强度的12小时降雨事件。数值模型中的左边界为自由排水边界，右边界设为无流水状态。底部边界被指定为与列模型相同。顶边界干燥时考虑恒定蒸发速率，降雨入渗时采用混合边界条件。降雨入渗模型在土壤表面不饱和时采用诺伊曼边界，饱和后采用狄利克雷边界。

3. 数值参数研究计划

表2是本文数值参数研究的总结。在现场尺度模型上进行了两组参数化研究。第一个系列研究了颗粒大小和覆盖层底层厚度对生物工程垃圾填埋场覆盖物转移长度的综合影响。雨量为每小时36mm，持续12小时，相当于香港百年一遇的极端雨量（湿润气候）。在该系列中，底层的d_{10}为0.006～0.019mm，对应的饱和渗透系数为$1.7×10^{-8}$～$1.7×10^{-7}$ m/s。同时，根据前人对填埋场覆盖层的物理和数值研究，采用了0.2m、0.3m、0.4m、0.5m、0.6m等几种厚度。第二个系列的目的是在不同的气候条件下为生物工程填埋场覆盖物选择合适的底层粒径。除了系列1中的湿润气候外，还考虑了半湿润和半干旱气候。选择西安和兰州分别作为半湿润和半干旱气候的代表城市。根据之前的设计方程[56]，半湿润气候下的设计降水强度为7.3mm/h，半干旱气候下的设计降水强度为3.8mm/h。

表2 数值模拟方案

序号	算例ID	底层土的d_{10} (mm)	底层土的k_s (m/s)	底层土的厚度 (m)	气候条件*	备注
1	k1H	0.006	$1.7×10^{-8}$	0.2, 0.3, 0.4, 0.5, 0.6	湿润	粒径和底层厚度对生物工程填埋场覆盖物导流长度的综合影响
	k2H	0.009	$3.4×10^{-8}$			
	k5H	0.013	$8.5×10^{-8}$			
	k10H	0.019	$1.7×10^{-7}$			
2	k10SH	0.019	$1.7×10^{-7}$	0.3	半湿润	不同气候条件下生物工程填埋场覆盖层粒径的选择
	k20SH	0.027	$3.4×10^{-7}$			
	k50SH	0.042	$8.5×10^{-7}$			
	k100SH	0.060	$1.7×10^{-6}$			
	k500SA	0.134	$8.5×10^{-6}$		半干旱	
	k1000SA	0.190	$1.7×10^{-5}$			
	k2000SA	0.268	$3.4×10^{-5}$			
	k5000SA	0.424	$8.5×10^{-5}$			
	k10000SA	0.600	$1.7×10^{-4}$			

*注：选取香港、西安和兰州的气候条件分别代表湿润、半湿润和半干旱气候。

三、结果与分析

（一）干燥条件下草对土体基质吸力响应的影响

图5是干燥过程中裸柱（B）和植草柱（G）中基质吸力的测量和数值模拟计算变化图。裸柱和植草柱的初始吸力曲线几乎相同，接近0kPa。这是由于植物生长4个月后长时间的积水，目的是形成相似的初始状态，以便进行比较。干燥14天后，各柱吸力均有明显上升。可以发现，各柱内基质吸力沿土层深度增加逐渐减小。裸柱中，基质吸力从0.1m深度时的40kPa降至0.3m深度时的32kPa，0.5m深度时的19kPa，0.7m深度时的6kPa和0.9m深度时的3kPa。植草柱在0.1m处吸力为66kPa，0.3m处为58kPa，0.5m处为29kPa，0.7m处为12kPa，0.9m处为6kPa。这是由于土壤蒸发或植物蒸腾作用存在于土壤表面，因此地表附近的土壤水分首先从蒸腾（ET）中被去除。总体而言，植草柱的土壤吸力高于裸柱，特别是在较浅深度（即0.4m顶部），植草柱的吸力比裸柱高近80%。这些观察到的结果与Ng等人（2013）[57]和Garg等人（2015）[58]研究的结果一致。他们还发现，在干燥过程中，植被土壤的土壤吸力明显高于裸露土壤。土壤的吸力越大，也就意味着有越多的水从土柱子中流失。结果表明，在干燥过程中，植物可以通过蒸散发吸收更多的降雨储存在土壤中的水分，增强覆盖系统的"储存－释放"能力。建议在填埋场覆盖层中使用植物，以提高在湿润气候下的恢复力。

除植被覆盖深度较浅外，数值结果与试验结果基本吻合。主要原因是假设植物根系在根区均匀分布，可能高估了ET诱导的根系吸水量，从而导致根区土壤吸力较高。实测结果与计算结果吻合较好，说明所建立的数值模型可以模拟三层填埋场覆盖系统的吸力变化。

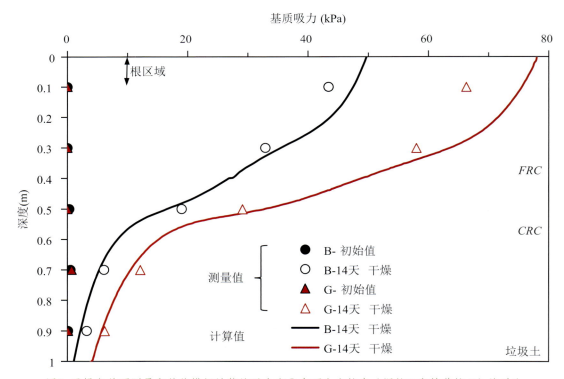

图5 干燥条件下测量和数值模拟计算的吸力变化在两个土柱中（裸柱B和植草柱G）的对比

（二）极端湿润条件下草对水分入渗的影响

图6对比了24小时内裸柱（B）和植草柱（G）之间实测的累积入渗随时间的变化。这种积水条件相当于香港百年一遇的降雨量[50]。对于两柱，发现累积渗透水量以降低的速率提高。在最初的8小时内，进入裸柱的渗透量从0显著增加到 3.6×10^{-2} m³。16小时后，浸水量增加到 4.9×10^{-2} m³。植草柱的渗水量在8小时后增加到 2.9×10^{-2} m³，在积水结束时（即24小时）增加到 4×10^{-2} m³。可以发现，在整个积水试验过程中（即24小时），裸柱的累积入渗量始终大于植草柱。主要原因是经过14天的初始干燥后，植草柱的吸力高于裸柱。较高的基质吸力可以通过降低水的渗透性来减弱水的渗透[59]，这说明植物在减少水分入渗方面有显著的作用。

如图6所示，通过累积入渗水量与时间的微分，确定B柱和G柱的入渗速率。可以观察到，裸柱的入渗速率从开始时的 2.8×10^{-5} m/s 迅速下降到4.5小时的 1.9×10^{-5} m/s。Zhan等人（2007）[60]和Ng等人（2016）[19]在之前的研究中也发现了类似的结果。在他们的试验中，土壤入渗速率随时间流逝呈指数递减。这主要是由于深层土体中基质吸力减小，近表层水力梯度降低所致。随着积水的持续，其向CRC层的渗透速率几乎没有变化。这是由于粗粒材料的高透水性，如CRC。浸水8小时后，随着湿润锋从CRC中层向渗水性较低的底层垃圾土层移动，入渗速率进一步降低（表1），这与Feng等人（2022）的研究结果一致。他们还发现，垃圾填埋场覆盖土层的入渗情况与均匀土层的入渗情况形成对比[19,60]。植草柱的入渗速率比裸柱低20%。这是因为植物蒸散发在干燥过程中引起较高的基质吸力，这容易降低透水性[61]。在植草柱中，水分入渗速率与持续时间之间也存在类似的双峰关系，这可能是由于不同土层的水力特性存在差异。结果表明，在极端降雨条件下，植物通过蒸散发增强初始吸力，有效防止水分入渗。

图7显示了裸（B）和植草（G）三层堆填区覆盖系统在24小时填埋前后（相当于香港百年一遇的降雨量[50]）基质吸力的实测（M）和计算（C）变化。在浸水前，干燥14天后植草柱的基质吸力远高于裸土的实测值，最上层

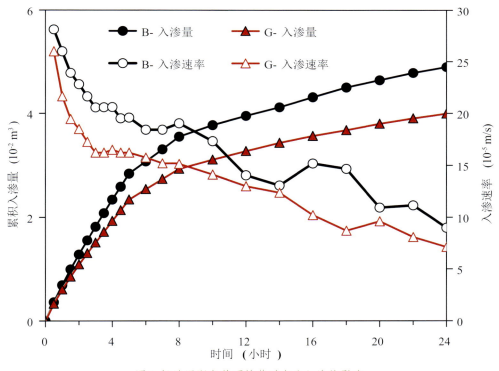

图6 极端湿润条件下植草对水分入渗的影响

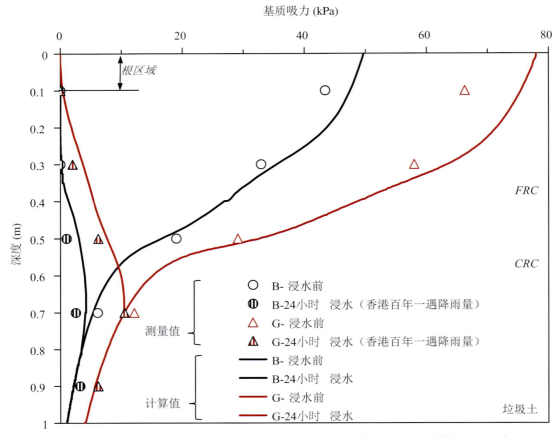

图7 极端湿润条件下测量和数值模拟计算的吸力在两个土柱中（裸柱B和植草柱G）的对比

FRC层的吸力明显高于裸土。这主要归因于植物的蒸散作用。初始吸力越大，渗透系数越低，可以减少水的入渗（图6）。浸水48小时后，裸柱顶部两层的吸力测量值几乎消失。由于水的入渗，底部垃圾土层0.7m处测得的土壤吸力也从6kPa大幅降低至2kPa。而在0.9m深度处，基质吸力保持不变。这意味着即使在香港百年一遇的降雨条件下，水也没有通过三层堆填区覆盖系统入渗。

对于植草柱（即G），虽然FRC层和CRC层的吸力明显减小，但底部垃圾土层的吸力保持不变，在0.7m和0.9m深度分别为11kPa和6kPa。植草柱中FRC层和CRC层的土壤吸力比裸柱高5kPa。这主要是由于干燥后柱内的草蒸腾引起较高的基质吸力。观测结果表明，植物可以大大提高三层覆盖系统减少水分入渗的有效性。

数值结果表明，两柱在浸水前后基质吸力的变化相似。计算的土吸力曲线与实测结果有较好的一致性。在浸水前，计算结果表明，植草柱的土壤吸力大于裸柱。这可能与植物蒸腾有关。浸水24小时后，两柱上部FRC层土壤吸力下降至0kPa左右。植草柱吸力较大是由于根系吸水引起的初始土壤吸力较大。有利于降低FRC的透水性，提高FRC与CRC层间透水性的对比。这将有利于RCA构建的上部CCBE的改进。因此，裸柱垃圾土层吸力减小到3kPa以下，而植草柱垃圾土层在0.7m深度以下的土壤吸力没有减小。测量和数值结果清楚地表明，即使在香港100多年一次的强降雨情况下，使用RCA的植被三层覆盖系统也能防止水的渗透。

（三）底层土厚度和粒径对填埋场覆盖系统侧向导流长度的影响

图8为香港百年一遇降雨12小时后，底层d_{10}对不同层厚覆盖系统侧向导流长度（DL）的

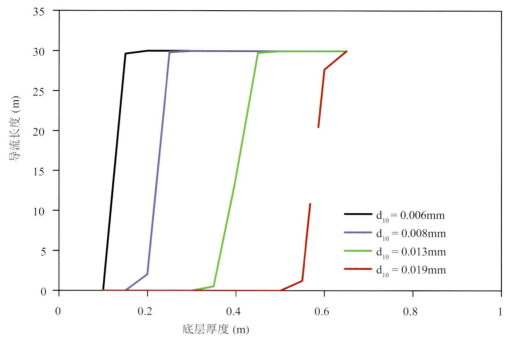

图 8 植被覆盖系统在不同厚度情况下的导流长度和底层土层的 d_{10}

影响。覆盖系统的坡度长度为 30m，倾角为 3°。d_{10} 为 0.006mm 时，覆盖系统的 DL 为 0m，直到底层厚度增加到 0.1m。这是因为底层土壤不足以保持水分，所以雨水可能渗入覆盖系统。如图 7 所示，在土柱试验中计算得到的湿润锋已经通过覆盖体系顶部 0.1m。当层厚增加到 0.15m 时，侧向导排长度显著提高到近 30m（即覆盖系统的侧向导排长度）。这意味着底层 d_{10} 为 0.006mm，厚度大于 0.15m 的三层覆盖体系可以有效防止极端降雨下的渗水。当 d_{10} 提高到 0.008mm 时，对于 DL 也可以观察到类似的变化。DL 从 0m 急剧上升到 30m，底层厚度从 0.15m 增加到 0.3m。可以发现，0.008mm 的 DL 明显低于 0.006mm，特别是当底层厚度小于 0.3m 时。主要原因是 d_{10} 为 0.008mm 时，土壤的透水性比 d_{10} 为 0.006mm 时大了近 1 倍。因此，当 d_{10} 为 0.008mm 时，底层湿润锋的移动速度要比 d_{10} 为 0.006mm 时快得多。当层厚大于 0.3m 时，两种情况下的深度均为 30m，主要受坡长（即 30m）的限制。

对于 0.013mm 的情况，即使底层厚度增加到 0.35m，DL 仍接近于 0m。当厚度增加到 0.45mm 时，DL 逐渐增大到 30m。然而，当 d_{10} 为 0.019mm 时，底层厚度为 0.55m 之前，DL 保持为 0m。当底层厚度增加到 0.65m 时，DL 渐变接近 30m。可以发现，两个较大的 d_{10} 工况（即 d_{10} 为 0.013mm 和 0.019mm）的 DL 明显低于较小的 d_{10}。较小的 d_{10} 工况之间的差异小于较大的 d_{10} 工况之间的差异。这是因为这两种情况的底层透水性都比较低，分别是 d_{10} 土壤的 5 倍和 10 倍，分别为 0.006mm。

这意味着，由于土壤渗透性低，SWRC 高，三层填埋场覆盖系统可以采用更薄的底层和更小的土壤颗粒来减少水的渗入。这些结果也表明，增加底层厚度可以通过保持更长的 DL 来显著改善三层填埋场覆盖系统的性能。当土壤颗粒较粗时，可以选择较厚的底层。土层越厚，储水越多，横向导流时渗水时间越长，排水量越大。

（四）气候条件对填埋场覆盖系统导流长度的影响

图 9 为考虑不同底层土壤 d_{10} 的湿润、半湿润、半干旱气候条件对覆盖系统侧向导流长度（DL）的影响。数值分析中考虑了不同气候条件下降雨的百年表周期。不同气候的降雨数据分别来自香港（湿润）、西安（半湿润）和兰

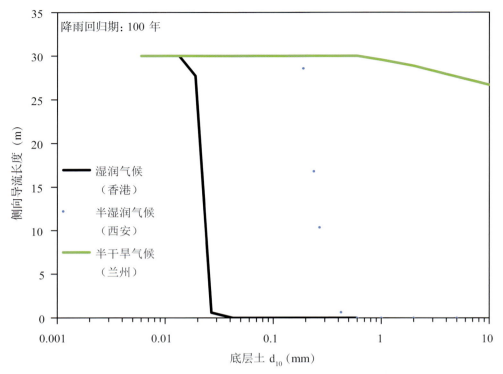

图9 数值计算的不同气候条件下植被覆盖系统百年一遇降水的导流长度

州（半干旱）。对于湿润气候，当d_{10}小于0.02mm时，坡长接近30m。当d_{10}增大到0.04mm时，深度下降到0m。为了在潮湿气候下保持其有效性，三层填埋场覆盖系统需要有一层颗粒相对较小的土壤（即小于0.02mm）。对于半湿润气候，在d_{10}大于0.2mm之前，DL一直保持在30m。半湿润气候条件下，同一底层的深度显著高于湿润气候条件下的深度（最高30m）。这是由于湿润气候下的降雨强度是半湿润气候下的10倍，表明湿润气候下有更多的降雨渗入覆盖系统。结果表明：在100年半湿润气候回复期条件下，三层覆盖体系可以采用$d_{10} > 0.2$mm的粗粒土作为底层，以防止水分渗漏；如图9所示，即使底层d_{10}增加到1mm，三层填埋场覆盖系统的深度也不会发生变化。之后，当d_{10}为10mm时，DL逐渐减小至27m。这意味着在三层填埋场覆盖系统中，不需要使用细土作为底层。在半干旱区，d_{10}接近10mm的粗粒土也适合保持三层填埋场覆盖系统的有效性。因此，可以采用d_{10}小于10mm的砾石等粗粒土作为覆盖体系的底层，使三层覆盖体系转变为具有较厚粗粒土层的典型CCBE。这与以往的研究一致[11,16]，在半干旱和干旱区，CCBE可以有效地减少水分入渗。结果还表明，在湿润和半湿润气候条件下，由于CCBE的透水性差异，无法提供足够的导流长度，因此必须采用三层填埋场覆盖系统。

四、结论

本文通过一维土柱的物理模型试验，研究了植物对三层填埋场覆盖系统在极端干湿条件下的水力响应的影响。通过数值模拟对模型试验进行反分析，进一步探讨了底层厚度、粒径和气候条件对覆盖系统性能的影响。

通过土柱试验，在接近饱和状态下干燥14天后，植被覆盖层的吸力比裸土覆盖层的吸力高出近80%。实测数据与数值结果吻合较好。

即使在24小时的长时间积水后，植被覆盖层仍能保持较高的土壤吸力，相当于香港百年一遇的降雨量。这是由于植物的蒸散作用在初始阶段产生了较高的吸力，导致植草覆盖层的入渗速率比裸土的覆盖层低30%。因此，植物更有效地保持较高的土壤吸力，以提高其在潮湿气候下的恢复力。

数值参数分析表明，底层厚度和d_{10}对草地覆盖系统的有效性具有显著影响。建议在覆盖系统中使用厚度至少为0.6m且d_{10}值为0.02mm的底层土壤，因为它可以形成足够的侧向导排长度，以防止潮湿气候下的水渗透。

对于半湿润气候，建议采用d_{10}为0.2mm的底层三层填埋场覆盖系统，以保持其在百年复发期降雨下的有效性。然而，在半干旱区极端降雨条件下，厚粗粒土层的双层CCBE被证明具有令人满意的性能，而不使用低渗透底层。

参考文献

[1] European Environment Agency (EEA). Managing municipal solid waste – A review of achievements in 32 European countries[R]. Environmental Assessment Report No. 2, Copenhagen. 2013.

[2] U.S. Environmental Protection Agency (USEPA). Advancing sustainable materials management: Facts and figures 2013[R]. Report EPA530-R-15-002, Washington DC. 2015.

[3] FOX P J, THIELMANN S S, STERN A N, et al. Interface shear damage to a HDPE geomembrane. I: Gravelly compacted clay liner[J]. Journal of Geotechnical and Geoenvironmental Engineering, 2014, 140(8): 04014039.

[4] BHOWMIK R, SHAHU J T, DATTA M. Failure analysis of a geomembrane lined reservoir embankment[J]. Geotextiles and Geomembranes, 2018, 46(1): 52-65.

[5] ROSS B. The diversion capacity of capillary barriers[J]. Water Resources Research, 1990, 26(10): 2625-2629.

[6] RAHARDJO H, SANTOSO V A, LEONG E C, et al. Performance of an instrumented slope covered by a capillary barrier system[J]. Journal of Geotechnical and Geoenvironmental Engineering, 2012, 138(4): 481-490.

[7] 陈云敏. 环境土工基本理论及工程应用[J]. 岩土工程学报, 2014, 36(1): 1-46.

[8] ZHAN L T, LI G Y, JIAO W G, et al. Field measurements of water storage capacity in a loess-gravel capillary barrier cover using rainfall simulation tests[J]. Canadian Geotechnical Journal, 2017, 54(11): 1523-1536.

[9] 邓林恒, 詹良通, 陈云敏, 等. 含非饱和导排层的毛细阻滞型覆盖层性能模型试验研究[J]. 岩土工程学报, 2012, 34(1): 75-80.

[10] 张文杰, 耿潇. 垃圾填埋场毛细阻滞型腾发封顶工作机理及性能分析[J]. 岩土工程学报, 2016, 38(3): 454-459.

[11] ZHANG W J, SUN C, QIU Q W. Characterising of a capillary barrier evapotranspirative cover under high precipitation conditions[J]. Environmental Earth Sciences, 2016, 75: 513.

[12] NG C W W, CHEN R, COO J L, et al. A novel vegetated three-layer landfill cover system using recycled construction wastes without geomembrane[J]. Canadian Geotechnical Journal, 2019, 56(12): 1863-1875.

[13] MORRIS C E, STORMONT J C. Parametric study of unsaturated drainage layers in a capillary barrier[J]. Journal of Geotechnical and Geoenvironmental Engineering, 1999, 125(12): 1057-1065.

[14] 焦卫国, 詹良通, 季永新, 等. 黄土–碎石毛细阻滞覆盖层储水能力实测与分析[J]. 岩土工程学报, 2019,41(6): 1149-1157.

[15] RAHARDJO H, TAMI D, LEONG E C. Effectiveness of sloping capillary barriers under high precipitation rates[C]. Proceedings of the 2nd International Conference on problematic soils, Petaling Jaya, Selangor, Malaysia. 2006.

[16] BOSSÉ B, BUSSIÈRE B, HAKKOU R, et al. Field experimental cells to assess hydrogeological behaviour of store-and-release covers made with phosphate mine waste[J]. Canadian Geotechnical Journal, 2015, 52(9): 1255-1269.

[17] NG C W W, LIU J, CHEN R, et al. Physical and numerical modeling of an inclined three-layer (silt/gravelly sand/clay) capillary barrier cover system under extreme rainfall[J]. Waste Management, 2015, 38: 210-221.

[18] NG C W W, LIU J, CHEN R. Numerical investigation on gas emission from three landfill soil covers under dry weather conditions[J]. Vadose Zone Journal, 2015, 14(8): vzj2014.12.0180.

[19] NG C W W, COO J L, CHEN Z K, et al. Water infiltration into a new three-layer landfill cover system[J]. Journal of Environmental Engineering, 2016, 142(5): 4419-4429.

[20] 吴宏伟. 大气－植被－土体相互作用: 理论与机理[J]. 岩土工程学报, 2017, 39(1): 1-47.
[21] HARNAS F R, RAHARDJO H, LEONG E C, et al. Physical model for the investigation of capillary-barrier performance made using recycled asphalt[J]. Geotechnical Testing Journal, 2016, 39(6): 977-990.
[22] HOSSAIN M U, WU Z, POON C S. Comparative environmental evaluation of construction waste management through different waste sorting systems in Hong Kong[J]. Waste Management, 2017, 69: 325-335.
[23] KIANIMEHR M, SHOURIJEH P T, BINESH S M, et al. Utilisation of recycled concrete aggregates for light-stabilisation of clay soils[J]. Construction and Building Materials, 2019, 227: 116792.
[24] RAHARDJO H, SANTOSO V A, LEONG E C, et al. Use of recycled crushed concrete and Secudrain in capillary barriers for slope stabilization[J]. Canadian Geotechnical Journal, 2013, 50(6): 662-673.
[25] HARNAS F, RAHARDJO H, LEONG E C, et al. Experimental study on dual capillary barrier using recycled asphalt pavement materials[J]. Canadian Geotechnical Journal, 2014, 51(10): 1165-1177.
[26] LIN S, NG C W W, XU J, et al. Effects of shrub on one-dimensional suction distribution and water infiltration in a three-layer landfill cover system[J]. Journal of Zhejiang University SCIENCE A, 2019, 20(7): 546-552.
[27] NG C W W, LEUNG A K, NI J J. Plant-Soil Slope Interaction[M]. Taylor & Francis, New York. 2019.
[28] SINNATHAMBY G, PHILLIPS D H, SIVAKUMAR V, et al. Landfill cap models under simulated climate change precipitation: impacts of cracks and root growth[J]. Géotechnique, 2014, 64(2): 95-107.
[29] 焦卫国, 詹良通, 季永新, 等. 植被对土质覆盖层水分运移和存储影响试验研究[J]. 岩土工程学报, 2020, 42(7): 1268-1275.
[30] 郭浩文, 吴宏伟, 张琪, 等. 植被生长对填埋场三层覆盖系统防渗性能的影响[J]. 工程地质学报, 2022, 30(5): 1731-1743.
[31] GUO H, CHEN X, SONG D, et al. Effects of solar radiation and fine roots on suction of Amorpha fruticose-vegetated soil[J]. Journal of Mountain Science, 2023, 20(6): 1790-1804.
[32] SCHOLL P, LEITNER D, KAMMERER G, et al. Root induced changes of effective 1D hydraulic properties in a soil column[J]. Plant and Soil, 2014, 381: 193-213.
[33] CHEN R, HUANG J W, CHEN Z K, et al. Effect of root density of wheat and okra on hydraulic properties of an unsaturated compacted loam[J]. European Journal of Soil Science, 2019, 70(3): 493-506.
[34] ASTM D422. Standard test method for particle size analysis of soils[S]. West Conshohocken, PA, USA: ASTM, 2007.
[35] ASTM D2487. Standard practice for classification of soils for engineering purposes (Unified Soil Classification System)[S]. West Conshohocken, PA, USA: ASTM, 2011.
[36] ASTM D698. Standard test method for laboratory compaction characteristics of soil using standard effort[S]. ASTM, In Annual Book of ASTM Standards. ASTM International, West Conshohocken, PA. 2012.
[37] ASTM D4253. Standard test methods for maximum index density and unit weight of soils using a vibratory table[S]. ASTM, In Annual Book of ASTM Standards. ASTM International, West Conshohocken, PA. 2014.
[38] ASTM D5084. Standard test methods for measurement of hydraulic conductivity of saturated porous materials using a flexible wall permeameter[S]. West Conshohocken, PA, USA: ASTM, 2010.
[39] ASTM D2434. Standard test method for permeability of granular soils (Constant Head)[S]. West Conshohocken, PA, USA: ASTM, 2006.
[40] NG C W W, PANG Y W. Influence of stress state on soil water characteristics and slope stability[J]. Journal of Geotechnical and Geoenvironmental Engineering, 2000, 126(2): 157, 166.
[41] VAN GENUCHTEN M. A closed-form equation for predicting the hydraulic conductivity of unsaturated soils[J]. Soil Science Society of America Journal, 1980, 44: 892-898.
[42] YANG H, RAHARDJO H, LEONG E C. Behavior of unsaturated layered soil columns during infiltration[J]. Journal of Hydrologic Engineering, 2006, 11(4): 329-337.
[43] ABDOLAHZADEH A M, LACROIX V B, CABRAL A R. Evaluation of the effectiveness of a cover with capillary barrier effect to control percolation into a waste disposal facility[J]. Canadian Geotechnical Journal, 2011, 48(7): 996-1009.
[44] SKERMAN P J, RIVEROS F. Tropical grasses (No. 23)[M]. Food & Agriculture Org. 1990.
[45] HU L, WANG Z, DU H, et al. Differential accumulation of dehydrins in response to water stress for hybrid and common bermudagrass genotypes differing in drought tolerance[J]. Journal of Plant Physiology, 2010, 167(2):103-109.
[46] HAU B C, CORLETT R T. Factors affecting the early survival and growth of native tree seedlings planted on a degraded hillside grassland in Hong Kong[J]. Restoration Ecology, 2003, 11:483-488.
[47] GEO (Geotechnical Engineering Office). Technical guidelines on landscape treatment for slopes[S]. Hong Kong, China:

Geotechnical Engineering Office, 2011.

[48] NG C W W, NI J J, LEUNG A K, et al. Effects of planting density on tree growth and induced soil suction[J]. Géotechnique, 2016, 66(9): 711-724.

[49] FENG S, LIU H W, CAI Q P, et al. Effects of grass type on hydraulic response of the three-layer landfill cover system[J]. Waste Management & Research, 2022, 40(7): 882-891.

[50] LAM C C, LEUNG K Y. Extreme rainfall statistics and design rainstorm profiles at selected locations in Hong Kong[R]. Royal Observatory, Hong Kong, 1995.

[51] 陈锐, 刘坚, 吴宏伟, 等. 一种装配式新型张力计的研制[J]. 岩土力学, 2013, 34(10): 3028-3032.

[52] NI J J, LEUNG A K, NG C W W. Modelling soil suction changes due to mixed species planting[J]. Ecological Engineering, 2018, 117: 1-17.

[53] FEDDES R A, KOWALIK P, KOLINSKA K M, et al. Simulation of field water uptake by plants using a soil water dependent root extraction function[J]. Journal of Hydrology, 1976, 31(1-2): 13-26.

[54] FEDDES R A, HOFF H, BRUEN M, et al. Modeling root water uptake in hydrological and climate models[J]. Bulletin of the American Meteorological Society, 2001, 82(12): 2797-2809.

[55] CHAPUIS R P. Predicting the saturated hydraulic conductivity of sand and gravel using effective diameter and void ratio[J]. Canadian Geotechnical Journal, 2004, 41(5): 787-795.

[56] 梅超, 刘家宏, 王浩, 等. 城市设计暴雨研究综述[J]. 科学通报, 2017, 62(33): 3873-3884.

[57] NG C W W, WOON K X, LEUNG A K, et al. Experimental investigation of induced suction distribution in a grass - covered soil[J]. Ecological Engineering, 2013, 52: 219-223.

[58] GARG A, COO J L, NG C W W. Field study on influence of root characteristics on soil suction distribution in slopes vegetated with Cynodon dactylon and Schefflera heptaphylla[J]. Earth Surface Processes and Landforms, 2015, 40(12): 1631-1643.

[59] NG C W W, MENZIES B. Advanced unsaturated soil mechanics and engineering[M]. London and NY: Talor & Francis, 2007.

[60] ZHAN T L, NG C W W, Fredlund D G. Field study of rainfall infiltration into a grassed unsaturated expansive soil slope[J]. Canadian Geotechnical Journal, 2007, 44(4): 392-408.

[61] SCANLAN C A, HINZ C. Insight into the processes and effects of root induced changes to soil hydraulic properties[C]. Proceedings of the 19th world congress of soil science, soil solutions for a changing world, Brisbane, Australia, 2010, 2: 41-44.

高级氧化-硫自养反硝化用于渗滤液处理站 MBR 出水深度处理的实验研究

肖雄[1]，孟了[1]，何梓乐[2]，刘彤宙[2]，李华英[1]，何月[1]，黄俊标[1]，钟锋[1]，郝欣[1]，李梦瑶[1]

[1.深圳市下坪环境园；2.哈尔滨工业大学（深圳）]

摘要： 本研究围绕采用高级氧化方法去除垃圾渗滤液 MBR 出水中 COD、硫自养反硝化及含铁物质同步脱氮除磷的技术思路，通过小试和中试实验验证了不经过膜分离处理达到渗滤液排放要求的技术和经济可行性。研究结果表明，单独臭氧氧化反应 240 分钟可将 MBR 出水 COD 从约 450mg/L 降至 30mg/L；投加颗粒活性炭作为催化剂有助于缩短反应时间，降低耗电量。硫自养反硝化滤池可将 MBR 出水的总氮浓度从 55～110mg/L 降低至 24mg/L 以下，出水硝氮全部去除，无亚硝氮残留，平均总氮去除负荷为 0.34kg/（m^3·d）。本研究所得结果为减小乃至杜绝膜分离浓缩液的产生提供另一条技术思路和相应的数据支撑。

关键词： 垃圾渗滤液；MBR 出水；高级氧化；硫自养反硝化；去除 COD；脱氮除磷

Experimental Study on Deep Treatment of MBR Effluent in Landfill Leachate Treatment Facility Using Advanced Oxidation-sulfur Autotrophic Denitrification

Xiao Xiong[1], Meng Liao[1], He Zile[2], Liu Tongzhou[2], Li Huaying[1], He Yue[1], Huang Junbiao[1], Zhong Feng[1], Hao Xin[1], Li Mengyao[1]

(1. Shenzhen Xiaping Environmental Park; 2. Harbin Institute of Technology, Shenzhen)

Abstract: This study aims to examine the technical and economical feasibility of using advanced oxidation, sulfur autotrophic denitrification, and Fe precipitated phosphorus removal process to treat MBR effluent rather than employing NF or RO treatment. Experimental results showed that sole ozone oxidation reaction for 240 minutes can reduce the COD of MBR effluent from about 450mg/L to 30mg/L; adding granular activated carbon as a catalyst can help shorten reaction time and reduce power consumption. The sulfur autotrophic denitrification filter can reduce the total nitrogen concentration of MBR effluent from 55~110mg/L to below 24mg/L, remove all nitrate nitrogen from the effluent, and leave no residual nitrite nitrogen. The average total nitrogen removal load is 0.34kg/(m^3·d). The outcomes of this study are helpful in providing insights and supporting data for finding an alternative for membrane separation treatment which produces concentrates.

Keywords: Landfill leachate; MBR effluent; Advanced oxidation; Sulfur autotrophic denitrification; COD removal; Nitrogen and phosphorus removal

一、引言

卫生填埋处理是我国过去二十多年城市生活垃圾无害化处理的主要方式。垃圾渗滤液是伴随生活垃圾处理产生的主要污染之一。一般而言，垃圾渗滤液中COD_{Cr}、BOD_5、BOD_5/COD_{Cr}会随填埋场的"年龄"增长而降低，但氨氮含量却增加，导致微生物营养元素比例严重失调，可生化性降低，处理难度非常大。

生化处理方法由于处理成本低、二次污染小，是我国垃圾渗滤液处理的核心工艺。虽然经生化处理后，大部分污染物可以得到削减，但由于渗滤液碳氮比低，难降解污染多，营养不均衡，其处理出水中仍有有机物、总氮、总磷等污染物残留，一般无法直接排放，需要进行后续的深度处理。因此，目前垃圾渗滤液处理的主流技术路线是"预处理+两级生化处理+MBR+纳滤+反渗透"。纳滤处理主要是截留分子量在200～1 000Da（1Da=1/12g）范围内的大分子物质，对溶解态有机物、氮、磷去除能力有限。垃圾渗滤液污染浓度高时，经纳滤处理后仍难以达到《生活垃圾填埋场污染控制标准（GB 16889—2024）》规定的排放要求。在这种情况下，通常不得不采用反渗透膜分离工艺作为保障。但无论纳滤还是反渗透膜分离深度处理，在使用中都难以回避膜分离浓缩液污染物浓度高、生物降解性差、妥善处理难度大的现实问题。因此有必要在膜分离保障手段之外探索一条费用相对较低、不产生二次污染、操作相对简便的纳滤出水甚至MBR生化出水的深度处理工艺，进一步去除其中的有机物和氮磷污染，达到垃圾渗滤液排放要求。

对下坪环境园渗滤液处理厂运行情况的调研表明，垃圾渗滤液经过"预处理+两级AO生化处理+MBR"处理后，主要污染物浓度为COD 250～500mg/L，氨氮2～15mg/L，总氮30～120mg/L，总磷约5mg/L。其中，氨氮已经达到《生活垃圾填埋场污染控制标准（GB 16889—2024）》表2规定的排放限值。而对于COD、总氮、总磷可以说，其距离达到排放限值只差"最后几公里"，值得去研究采用化学和生物手段协同处理达标的可能性。MBR出水中残留的COD主要是溶解性的、分子量较小的难降解有机物，总氮主要是硝态氮，总磷主要是磷酸根。文献调研发现，高级氧化处理可以有效去除溶解性、小分子量难降解有机物，且具有较好实用性。研究和应用较多的高级氧化技术有臭氧催化氧化、芬顿氧化和电氧化。臭氧氧化是通过臭氧在非均相催化剂作用下产生的羟基自由基（·OH）快速氧化分解废水中的难降解有机污染物。芬顿氧化是通过双氧水（H_2O_2）与亚铁离子（Fe^{2+}）混合后发生芬顿反应，产生·OH，再通过·OH氧化分解难降解有机污染物。电催化氧化是以电为能量来源，在电场的阳极表面利用直接氧化和间接氧化作用来氧化降解难降解有机污染物，将其分解为小分子物质，甚至直接矿化。针对废水残留的硝态氮和磷酸根，利用硫自养反硝化的生物反应特性和含铁矿物的化学反应特性实现同步脱氮除磷，具有很好的应用前景。自养反硝化微生物可以利用负价态硫为电子供体，以无机碳为碳源，实现硝态氮的反硝化。含铁矿物中的铁在反硝化过程中会氧化产生的Fe^{3+}能够在脱氮的同时达到除磷的目的。

基于以上分析，本研究以下坪环境园垃圾渗滤液处理过程的MBR出水为处理对象，围绕采用高级氧化方法去除COD、硫自养反硝化及含铁矿物同步脱氮除磷的技术思路，分析不经过膜分离处理达到渗滤液排放要求的可行性。从实验室小试开展可行性研究和条件优化实验，其后开展吨/日级别的中试稳定性试验。研究并验证的技术思路可为解决垃圾渗滤液MBR出水中有机物，氮磷残留给膜分离处理造成压力，减小乃至杜绝膜分离浓缩液的产生提供另一条技术思路和相应的数据支撑。

二、实验材料与方法

（一）实验用水及化学试剂

本研究在小试实验中的处理对象为下坪环境园渗滤液处理一厂（以下简称"下坪一厂"）的MBR出水，在中试实验中的处理对象为渗滤液处理二厂（以下简称"下坪二厂"）的MBR出水。两厂MBR出水的水质情况如表1所示。小试实验所用化学试剂主要为H_2O_2、七水硫酸亚铁（$FeSO_4 \cdot 7H_2O$）、硫酸、烧碱。这些试剂均从下坪环境园渗滤液处理厂获取，均为工业级。

表1 下坪一、二厂 MBR 出水水质

水质指标	COD（mg/L）	氨氮（mg/L）	总氮（mg/L）	总磷（mg/L）
下坪一厂MBR出水	250～450	2	30～70	4～6
下坪二厂MBR出水	300～500	1	70～120	2～2.5
GB 16889 表2排放限值	100	25	40	3

（二）小试实验

1. 臭氧催化氧化实验

采用空气臭氧发生器（北京同林 3S-T10）产生的臭氧为臭氧源，分别探究了4种催化剂（硅钙铝基改性颗粒催化剂、碳化硅基改性粉末催化剂、颗粒活性炭和粉末活性炭）在不同臭氧投加速率、不同催化剂投加量、不同处理时间条件下，采用臭氧非均相催化氧化方式处理下坪一厂MBR出水。4种催化剂的基本信息如表2所示。

表2 臭氧催化氧化用的4种催化剂基本信息

性质	催化剂		性质	活性炭	
	硅钙铝基改性颗粒	碳化硅基改性粉末		颗粒活性炭	粉末活性炭
成分	纳米硅钙铝基高纯复合氧化物、羟基纳米氧化铁	碳化硅粉体、硅溶胶、铝溶胶、羟基纳米氧化铁	成分	木质活性炭	木质活性炭
粒径	6～8mm	20～100μm	目数	8～20	325
堆积密度（kg/m^3）	1 250	3 100	堆积密度（kg/m^3）	450～480	450～480
比表面积（m^2/kg）	0.782	42.687	碘值	800	800～1 000
销售单价（万元/t）	约2	约20	销售单价（万元/t）	0.9～1.5	0.9

2. 芬顿氧化实验

在烧杯小试实验中考察了采用直接芬顿氧化方式去除MBR出水中COD的效能。实验水样仍是下坪一厂MBR出水。考察的因素包括反应的初始pH值（用硫酸溶液或烧碱溶液调酸或调碱）、H_2O_2投加量、亚铁投加量、反应时间。

3. 电氧化实验

使用小型硼掺杂金刚石（BDD）阳极折流式废水处理实验装置（新锋科技 XS100-003ZC）处理下坪一厂MBR出水。主要考察了电氧化反应的工作电压对COD去除的影响，实验中还观察了处理水pH值和水温的变化情况。

4. 硫自养反硝化处理水中总氮实验

使用购自商品来源的硫自养反硝化颗粒填料（其基本性质如表3所示），在柱状连续流小试反应器中处理下坪一厂MBR出水，考察硫自养反硝化对MBR出水中总氮的去除效能和主要操作条件，包括空床停留时间（EBCT）和水力反冲洗强度。

表3 硫自养反硝化颗粒填料的基本性质

性质	特征
硫含量	约70%
粒径	3～6mm
表观特征	球形，带中空小孔
堆积密度	1.15t/m³
脱氮消耗比例	$1g \leq NO_x\text{-}N \leq 3g$ 填料
含泥量	$\leq 0.5\%$
盐酸可溶率	$\leq 0.5\%$

5. 利用废填埋气脱硫吸附剂作反硝化和除磷填料的实验

使用下坪环境园填埋气脱硫处理后废弃的吸附剂作为潜在除磷填料，考察了其单独脱氮除磷和与市售硫自养反硝化填料联合对下坪一厂MBR出水脱氮除磷的性能。实验装置和操作方法与硫自养反硝化小试实验相同。

（三）中试实验

基于现场实际工作条件，本研究的中试实验工作安排在下坪二厂，使用下坪二厂渗滤液处理系统的MBR出水作为处理对象。基于小试研究取得成果，本部分研究将在中试规模下（吨/日级别）考察臭氧催化氧化和硫自养反硝化MBR出水的效果，考察臭氧投加速率、颗粒活性炭投量、反应时间、硫自养填料空床停留时间（EBCT）等工艺条件变化对COD和总氮去除的影响，并基于中试数据作出初步的经济分析。中试实验中使用的臭氧氧化和硫自养反硝化装置示意图如图1所示。

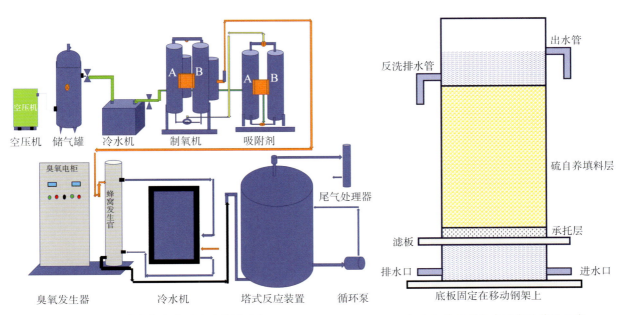

a. 臭氧氧化中试实验装置示意　　　b. 硫自养反硝化中试实验装置示意

图1 臭氧氧化和硫自养反硝化中试实验装置结构示意

三、结果与讨论

（一）高级氧化去除MBR出水中COD的小试研究

1. 臭氧催化氧化

实验中采用了不投加臭氧和投加速率为12mg/（L·min）、15mg/（L·min）、18mg/（L·min）四个臭氧投加条件。硅钙铝基改性颗粒催化剂投加量为100g/L、200g/L、300g/L三个水平，碳化硅基改性粉末催化剂、颗粒活性炭、粉末活性炭的投加量为0.5g/L、1g/L、2g/L三个水平。实验中，下坪一厂MBR出水的COD浓度为355～420mg/L。实验结果显示，单独硅钙铝基改性颗粒、碳化硅基改性粉末或颗粒活性炭对COD吸附去除效果非常微弱；而粉末活性炭由于其具有巨大的比表面积，有很强的吸附作用，可实现对COD最高达43.8%的去除，但仍无法达到GB 16889表2规定的COD排放限值（即100mg/L）。在12mg/（L·min）和15mg/（L·min）这2个臭氧投加速率条件下，在240分钟的反应时间后，无论使用或不使用催化剂均无法使COD降至100mg/L以下。在臭氧投加速率为18mg/（L·min）时，相比于单独臭氧氧化，使用各种催化剂后，MBR出水中COD去除率均有不同程度的提高（图2）。以碳化硅基改性粉体催化剂或颗粒活性炭作为催化剂时，出水COD能达到GB 16889表2规定的COD排放限值（即100mg/L）。由于颗粒活性炭购买价格较低（表2）且供货来源更加广泛，在后续研究中确定使用颗粒活性炭为较优的臭氧氧化用催化剂。

2. 芬顿氧化

芬顿氧化实验所用处理水样仍是取自下坪一厂的MBR出水。基于对反应初始pH值、H_2O_2投加量、亚铁投加量、反应时间的影响的系统考察实验结果（图3），得到较优的组合为初始pH值6、H_2O_2投量20mM、亚铁投量5mM、反应时间60分钟。固然以往研究表明酸性环境条件（pH值3）有利于芬顿反应的进行，但考虑到实际使用时若调酸至pH值3，需要投加大量硫酸，且实验中pH值6时的COD去除相比pH值3时无明显降低，故确定较优的初始pH值为6。在芬顿反应中，H_2O_2将Fe^{2+}氧化为Fe^{3+}，同时产生·OH。而生成的Fe^{3+}经水解形成不溶性的羟基化合物，可以通过吸附去除部分有机物。当亚铁投量低时，·OH的产生量小，COD去除率不高。适当增大亚铁投量可以提高芬顿体系的氧化能力。但当Fe^{2+}投加过量时，大量Fe^{2+}可催化H_2O_2快速分解产生大量·OH，·OH自

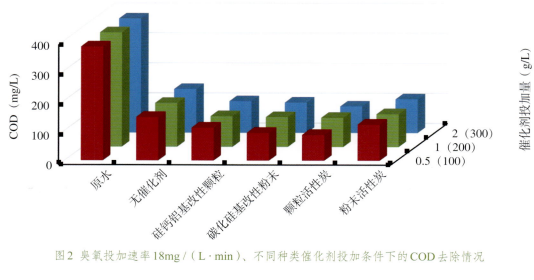

图2 臭氧投加速率18mg/（L·min）、不同种类催化剂投加条件下的COD去除情况

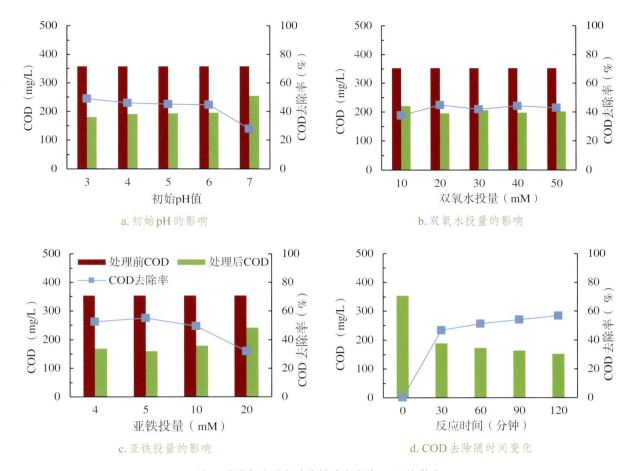

图3 不同实验因素对芬顿反应去除COD的影响

身互相反应导致体系中自由基浓度降低，降低COD去除效率。本研究实验确定的较优的亚铁投量为5mM。实验过程显示，反应时间超过30分钟后，对芬顿氧化反应的影响已经不大，在反应进行60分钟时，体系的反应已经基本完成，有机污染物有很大程度的降解。

3.电氧化

本研究中使用小型硼掺杂金刚石（BDD）阳极处理下坪一厂的MBR出水。BDD电极是一种新型高效的多功能电极，具有化学惰性（常温下不与任何酸碱介质反应），不易结垢等特点，适用于高浓度、强酸碱、高毒性、难降解有机废水的处理。实验中COD去除的反应速率和去除效果随着工作电压的增大而提高（图4a）。当工作电压不低于6V时，反应25分钟后，出水COD即可降至100mg/L以下，达到GB 16889表2的排放限值。当工作电压为4V时，出水COD无明显变化，反应过程中基本无电流，说明此时电压过低不足以产生电流，体系中未发生电催化氧化效果。提高电流强度对于降解有机污染废水是很明显的，较高的电流密度代表较快的电极反应速度。但是过高的电流密度会使阳极极化和析氧反应加快，并同时产生大量的焦耳热。虽然提高工作电压可使COD去除率提高，同时也使得耗电量增加。不同工作电压（6V、8V、10V、12V）的反应过程中，温度随时间的延长而升高，工作电压越大，温度提高速率越大，温度越高（图4b）。这说明对处理系统施加较高密度电流在导致污染物降解的同时，其能量溢散也加热了废水，这也与实验中观察到的巨大的耗电量形成印证。不同工作电压（6V、8V、10V、12V）的pH值均呈现先下降后升高的变化趋势，工作电压越高，

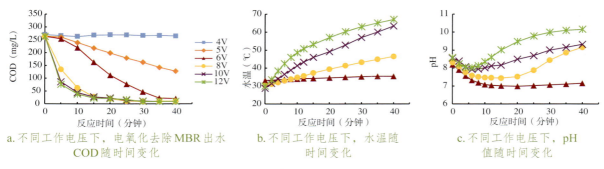

图4 不同工作电压对电氧化去除COD及pH和水温的影响

pH值下降幅度越小，而上升的幅度和速率越高（图4c）。

4. 三种高级氧化方式的比较

基于小试实验结果和从工程实现难度对三种高级氧化方式处理垃圾渗滤液MBR出水的比较如表4所列。综合来看，臭氧催化氧化法在处理效果、工程可行性和经济性方面都较为合适。在后续的中试实验中，将用以颗粒活性炭作为催化剂的臭氧催化氧化法处理MBR出水中的COD。

表4 臭氧氧化、芬顿氧化、电氧化的处理效果和工程实施的比较

处理方法	小试结果	工程实施的考虑
臭氧氧化	在较优条件下，可实现处理出水COD低于100mg/L，达到GB16 889表2的排放限值	主要消耗为催化剂的成本和耗电量
芬顿氧化	无法使处理出水COD达到GB16 889表2的排放限值	需要用到危化品双氧水，采购、运输和存放都有一定的安全隐患和难度。芬顿反应后产生大量需要被处理的铁泥，增加一定的处理成本
电氧化	在较优的工作电压下，反应25分钟可以将COD降至100mg/L以下，达到GB16 889表2的排放限值	耗电量大。电催化氧化反应器制作要求较高，需要耐酸碱和耐高温

（二）硫自养反硝化去除MBR出水中总氮的小试研究

1. 空床停留时间（EBCT）对去除MBR出水中总氮的影响

实验中共使用4个柱状连续流反应器，实验用水为下坪一厂MBR出水。待反应器成功挂膜运行稳定后，分别通过调节流量设定EBCT分别为1小时、2小时、3小时和4小时。出水总氮和硝氮浓度随着EBCT的延长而降低（图5a和图5b）。EBCT为1小时，出水总氮浓度基本高于40mg/L，无法达到GB 16889表2的排放限值，出水仍残留10~20mg/L的硝氮。这是因为EBCT过短，反应器内的自养微生物不能将电子供体及营养盐完全利用，造成硝氮去除不完全。EBCT为3小时和4小时，出水总氮保持在30mg/L以下，出水硝氮保持在较低水平，即5mg/L以下，有较好的脱氮效果。出水亚硝氮浓度随着EBCT的延长而降低，EBCT越短，亚硝氮残留情况越严重（图5c）。EBCT为4小时时，出水亚硝氮浓度处于较低水平，可认为无亚硝氮积累情况发生。出水硫酸盐浓度随着EBCT的延长而提高，EBCT越长，硫酸盐产生量越大（图5d）。EBCT为4小时时，出水硫酸盐浓度为528mg/L。在硫自养反硝化过程中，

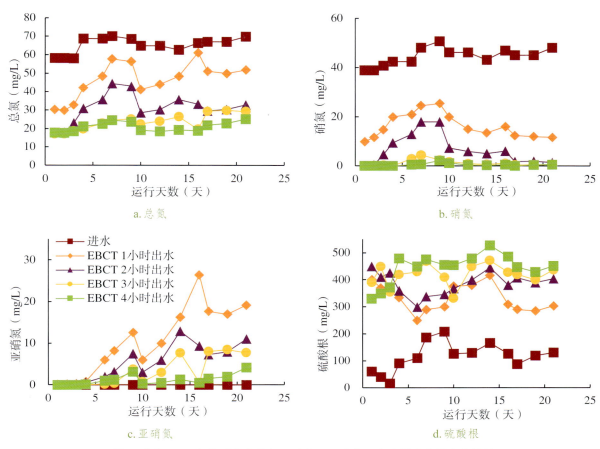

图5 不同EBCT条件下出水总氮、硝氮、亚硝氮、硫酸根浓度的变化情况

单质硫充当电子供体，在微生物的作用下被氧化最终形成硫酸盐，水中的硝氮得到电子最终变成氮气。因此该过程中生成的硫酸盐能够反映出硝氮的去除效果，EBCT越长，硝氮去除效果越好，硫酸盐产生量越大。综合实验结果，考虑出水总氮浓度和出水亚硝氮积累情况，确定最佳的EBCT为4小时，后续探究其他影响因素的实验中将在EBCT为4小时条件下进行。

2. 水力反冲洗强度对去除MBR出水中总氮的影响

硫自养反硝化过程中会有单质硫生成，黏附在生物膜表面，为了预防其在长时间运行后会出现堵塞，故对其进行反冲洗的研究。本研究采用上流式高速水流反冲洗。反应器1、2、3和4的EBCT均设为4小时，连续向装置中通入下坪一厂MBR出水，待反应器的硝氮去除率低于70%进行水力反冲洗。反应器1、2、3和4的水力反冲洗强度分别设定为3L/（$m^2·s$）、6L/（$m^2·s$）、9L/（$m^2·s$）和12L/（$m^2·s$）。不同水力反冲洗强度下，反洗后反应器料层中部填料的扫描电镜（SEM）影像如图6所示。SEM图像显示，水力反冲洗强度对冲洗生物膜的程度有明显影响。水力反冲洗强度越大，冲洗掉的生物膜越多，填料表面残留的微生物越少。水力反冲洗强度为3L/（$m^2·s$）时，冲洗力度较小，填料表面仍残留较多微生物，料层容易再次堵塞；水力反冲洗强度为12L/（$m^2·s$）时，填料表面的生物膜较为稀疏，冲走了较多微生物，利于缓解堵塞情况。

不同水力反冲洗强度对反应器对硝氮去除的快速恢复和长期影响如图7所示。4个水力反冲洗强度下，反应器的硝氮去除率都能在反冲洗后的3小时内恢复到100%。这说明系统内的自养反硝化微生物在反冲洗后不断增长繁殖，反硝化进程稳步进行。水力反冲洗强度为

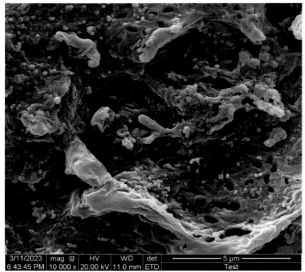
a. 水力反冲洗强度为 3 L/（m²·s）

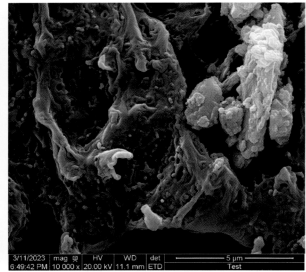
b. 水力反冲洗强度为 6 L/（m²·s）

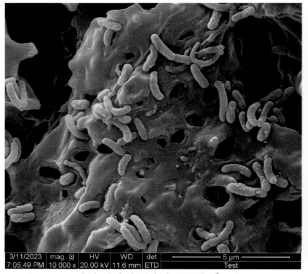
c. 水力反冲洗强度为 9 L/（m²·s）

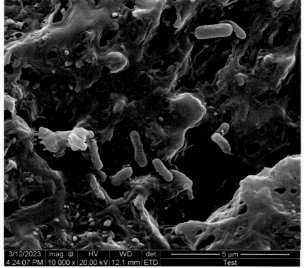
d. 水力反冲洗强度为 12 L/（m²·s）

图 6　不同水力反冲洗强度下反应器填料的 SEM 图像

6L/（m²·s）时，反应器在恢复脱氮性能的过程中出水硝氮浓度一直处于较低水平，硝氮去除率也较高。水力反冲洗强度为 3L/（m²·s）和 12L/（m²·s）时，反应器恢复脱氮性能所用的时间较长。这可能是由于过大的水力反冲洗强度导致大量生物膜被冲走，系统内生物量大量减少，微生物需要重新繁殖，同时过度反冲洗会增加运行能耗。过小的水力反冲洗强度则导致冲洗效果不佳，难以带走老化的生物膜和排气[1-5]。长期运行结果表明，4 个水力反冲洗强度下，反应器的硝氮去除效果均随着运行天数的增加而逐渐降低。水力反冲洗强度为 6L/（m²·s）时，反应器的硝氮去除效果一直保持较高水平。水力反冲洗强度为 3L/（m²·s）时，反应器的硝氮去除率最低，可能的原因是水力反冲洗强度过小，无法将填料表面老化的微生物膜和填料截留的悬浮物带出反应器，填料表面的微生物繁殖越来越快，同时填料截留了一定的悬浮物，导致孔隙率降低，造成"短流"情况的发生，填料利用率降低[6-9]。

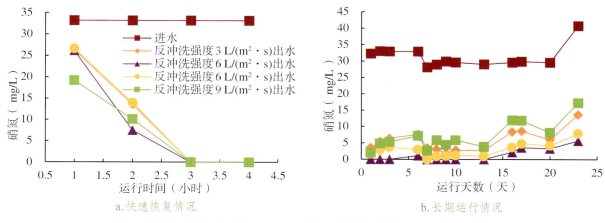

a. 快速恢复情况　　　　　　　　　b. 长期运行情况

图7　不同强度下水力反冲洗后反应器脱氮性能的快速恢复和长期运行情况

（三）利用废填埋气脱硫吸附剂对MBR出水同步脱氮除磷

目前，市售硫自养反硝化填料中尚无复合同步除磷功能的产品。硫自养反硝化与含铁矿物同步除磷的工作主要还处于实验研究阶段。从废物资源利用的角度出发，本研究将下坪填埋场填埋气脱硫处理后废弃的吸附剂作为潜在除磷填料，考察了其单独脱氮除磷和与市售硫自养反硝化填料联合脱氮除磷的性能。

1. 废填埋气脱硫吸附剂性质的表征

研究中使用的废填埋气脱硫吸附剂取自下坪填埋场填埋气净化处理站。废吸附剂的实物图片和扫描电镜分析如图8所示。经表征分析，得到其真实密度为2.5444g/cm³、堆积密度为0.0034g/cm³，其主要元素组成如表5所示，其中所含硫、铁、钙物质为主要成分。含硫物质可能具备硫自养反硝化能力，含铁和钙物质可能具备吸附或共沉淀除磷能力。

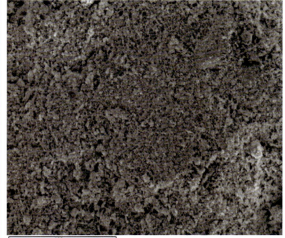

a. 实物图　　　　　　　　　b. SEM图

图8　废填埋气脱硫吸附剂实物图片和扫描电镜分析图

表5　废填埋气脱硫吸附剂的主要元素组成

元素	C	O	Mg	Si	S	Ca	Ti	Fe
质量百分比（%）	9.54	37.95	0.42	0.54	8.61	24.53	0.49	17.92

2. 单独使用废填埋气脱硫吸附剂对MBR出水脱氮除磷

首先单独使用废吸附剂，考察其对下坪一厂MBR出水中总氮和总磷的去除性能。实验仍然采用与硫自养反硝化相同的柱状连续流反应器。挂膜启动成功后，连续向装置中通入MBR出水，EBCT设定为24小时。实验结果如图9所示。结果表明，废吸附剂用作反硝化填料时具有一定的脱氮能力。相比于进水，出水总氮去除率为30%左右；硝氮去除率最高可达52.21%，最低也有22.58%。同时，出水没有亚硝氮残留情况发生。但是废吸附剂的脱氮效率很低，说明其无法被单独用作反硝化填料对污水进行高效脱氮。废吸附剂有良好的除磷性能，总磷去除率在83%以上。在EBCT为24小时条件下，总磷浓度从平均进水浓度2.64mg/L降至0.37mg/L，远低于GB 16889表2的排放限值。这可能是由于吸附剂中主要成分是铁盐和钙盐。众所周知，铁盐和钙盐对水中的溶解性无机磷有良好吸附和共沉淀去除能力。

3. 联合使用硫自养反硝化填料和废填埋气脱硫吸附剂对MBR出水脱氮除磷

虽然废填埋气脱硫吸附剂具有良好的除磷性能，但脱氮能力方面无法满足要求。如将硫自养反硝化填料和废填埋气脱硫吸附剂联合使用则有望达到较理想的脱氮除磷效果。本研究使用柱状连续流反应器，考察了联合使用硫自养反硝化填料和废填埋气脱硫吸附剂对MBR出水的脱氮除磷性能。实验中，以硫自养反硝化填料和废吸附剂均匀混合后作为反硝化填料，重新启动4个反应器。每个反应器填充的废弃吸附剂与硫自养填料的质量比分别为1∶9、2∶8、3∶7和4∶6。挂膜启动成功后，连续向装置中通入MBR出水，EBCT设定为4小时。实验结果如图10所示。

结果表明，4个填充质量比的反应器出水硝氮都处于较低水平，均有良好的脱氮效果，填充质量比为1∶9的反应器硝氮去除效果最好。但是填充质量比为2∶8、3∶7和4∶6时，出水亚硝氮较高。在实验的第2天和第16天对反应器进行反冲洗，反洗后反应器需要时间恢复脱氮性能，而废吸附剂质量填充比越高，反应器恢复的时间越长，出水亚硝氮的浓度越高。废吸附剂填充质量比越高，反应器出水总磷浓度越低，除磷效果越好。这是由于废弃吸附剂中主要成分是铁盐，吸附剂填充比例越大，铁盐溶出越多，对含磷化合物的吸附能力越强，反应器除磷效果越好。

综合以上实验结果，可以看出联合使用硫自养反硝化填料和废填埋气脱硫吸附剂完全可以对MBR出水实现同步脱氮除磷。硫自养反硝化填料和废吸附剂的质量比为9∶1时能达到比较理想的脱氮效果，同时除磷性能方面也可以满足GB 16889表2的排放要求。

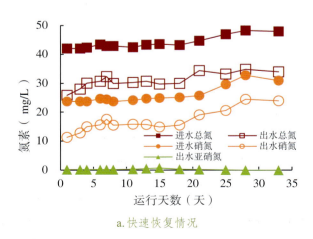

a. 快速恢复情况

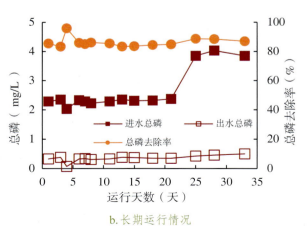

b. 长期运行情况

图9 EBCT为24小时下废吸附剂对MBR出水的脱氮除磷性能

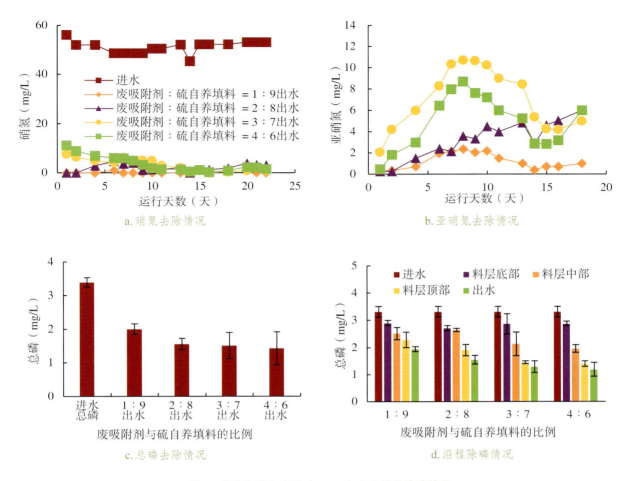

图10 不同填料配比下对MBR出水的脱氮除磷性能

（四）臭氧催化氧化去除MBR出水中COD的中试情况

基于小试实验的结果，并在中试装置试运行的基础上，中试实验的臭氧氧化最长时间设为240分钟。基于中试用臭氧发生器的臭氧产率，臭氧投加速率设置了4mg/（L·min）、5mg/（L·min）、6mg/（L·min）三个水平。与小试相同，颗粒活性炭投量设置了0.5g/L、1g/L、2g/L三个水平，还设置单独臭氧氧化的实验组。中试实验使用下坪二厂渗滤液处理系统的MBR出水作为处理对象。中试实验的典型结果如图11所示。

在臭氧投加速率为6mg/（L·min），不投加颗粒活性炭的条件下，单独臭氧氧化反应180分钟可将COD从初始的约450mg/L降至100mg/L左右；延长反应时间至240分钟，出水COD降至30mg/L，达到GB 16889表2规定的COD排放限值（即100mg/L）。保持臭氧加速率为6mg/（L·min）并投加2g/L颗粒活性炭时，反应180分钟，出水COD已降至54mg/L，达到排放限值。延长时间至240分钟，出水COD为约33mg/L。结果表明，在中试规模中，如果反应时间充分单独臭氧氧化即可将MBR出水处理至100mg/L以下，达到排放限值。投加颗粒活性炭作为催化剂能提高臭氧催化氧化去除COD的能力，有助于缩短反应时间，降低耗电量。MBR出水中的难降解有机物中可能还含有有机氮成分，在臭氧氧化降解COD的同时，这部分有机氮会转化成无机氮。实验结果表明（图11b），MBR出水经臭氧氧化处理，总氮的浓度没有明显变化，硝氮浓度随着反应的进行而升高；氨氮浓度则

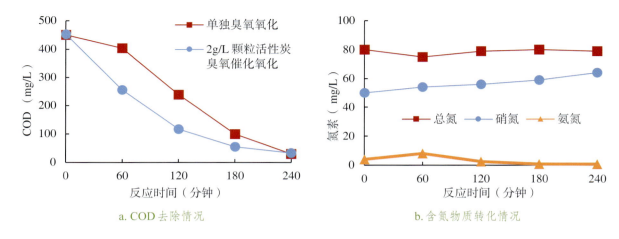

图 11 臭氧催化氧化中试实验中COD去除和氮素转化情况

先升高再降低，说明反应过程中存在有机氮无机化转化，最终生成硝氮。

（五）硫自养反硝化去除MBR出水中总氮的中试情况

硫自养反硝化中试装置采用上流式反硝化滤池形式，滤池中装填以硫单质为主要成分的硫自养反硝化填料，使用下坪二厂渗滤液处理系统的MBR出水作为处理对象。中试实验运行过程中，按照水力负荷的不同将实验划分为3个阶段：启动阶段、实验阶段Ⅰ、实验阶段Ⅱ。每1~2天监测进出水总氮、硝氮和亚硝氮数据。启动后逐步提升水力负荷，考察硫自养反硝化滤池脱氮效能。

在启动阶段（第1~10天），处理水量为2t/d，EBCT为7小时，进水总氮浓度为100~180mg/L、硝氮浓度为80~150mg/L，水力负荷较低，有利于微生物在硫自养填料上附着。从第3天开始，滤池脱氮效果显著上升，出水总氮和硝氮去除率分别提高至34.4%和41.9%，说明硫自养微生物成功挂膜。至第7天，滤池脱氮效果达到最佳状态，硝氮去除率接近100%，总氮去除率约75%，填料表面出现均匀的棕黄色生物膜。为了促进生物膜的附着和生长，启动前8天均未进行反冲洗。第9天的滤池脱氮性能出现下降，进行第一次水力反冲洗以恢复脱氮性能。反冲洗后稳定运行一天，在第10天提高处理水量，缩短EBCT。

在实验阶段Ⅰ（第11~28天），处理水量为4t/d，EBCT为3.5h，进水总氮浓度为80~120mg/L、硝氮浓度为55~70mg/L。反硝化滤池出水总氮浓度低于25mg/L，硝氮基本全部去除，无亚硝氮残留，反硝化进程彻底，达到GB 16889表2规定的总氮排放限值（即40mg/L）。此时平均总氮去除负荷为0.27kg/（m³·d）。

在实验阶段Ⅱ（第29~39天），处理水量提高至6t/d，EBCT缩短至2.3小时，进水总氮浓度为55~110mg/L，硝氮浓度为35~90mg/L。反硝化滤池出水硝氮仍然低于检出限，全部去除，无亚硝氮残留，出水总氮浓度低于24mg/L。这一阶段平均总氮去除负荷提升至0.34kg/（m³·d），滤池仍保持了较好的脱氮性能，硝氮去除率维持在100%（图12）。

中试实验中进出水氨氮浓度处于较低水平，可以忽略不计。三个阶段中，氨氮、亚硝氮和硝氮浓度的总和低于总氮浓度，表明水中存在一定量的有机氮。在实验阶段Ⅰ和Ⅱ中，出水硝氮和亚硝氮浓度为0mg/L，表明残留总氮中以有机氮为主要成分。据相关研究，采用异养反硝化滤池处理二级生化出水，处理后出水依然含有31.2%~39.8%的溶解性有机氮（DON），尤其在C/N为3的条件下，出水DON及可生物利用溶解性有机氮（ABDON）浓度达到最大[10,11]，有机氮难以通过反硝化滤池被完全去除。这与

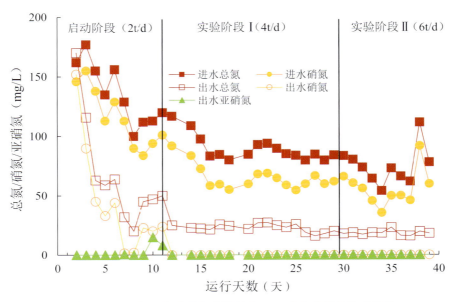

图 12 EBCT 为 24 小时下废吸附剂对 MBR 出水的脱氮除磷性能

本研究中出水存在一定量的有机氮结果一致。

（六）基于中试的运行费用分析

1. 臭氧催化氧化去除 MBR 出水中 COD 的运行费用分析

臭氧催化氧化中试的电耗成本主要由臭氧系统中的设备电耗、水泵电耗所组成，每批次可处理废水量为 800L，运行时长为 4 小时，臭氧催化氧化中试装置处理一吨水的总耗电量为 55.4kW·h。电价按照工业用电价格即 0.7 元/(kW·h)，则每吨水的耗电费用为 38.8 元。参照工程上臭氧装置的经验能耗，取规模效应系数 0.6，则工程规模吨水电费为 38.8×0.6=23.3 元。假设颗粒活性炭作为催化剂的更换周期为每处理 10t 水更换一次。颗粒活性炭市场价格为 9000 元/t，反应器有效容积为 800L，所需颗粒活性炭质量为 1.6kg，则处理每吨水的颗粒活性炭费用为 1.4 元。因此，基于本研究中试实验得到臭氧催化氧化处理 MBR 出水的运行费用为 24.7 元/t。

下坪二厂目前使用的 MBR 出水的深度处理工艺为纳滤膜分离。纳滤浓缩液采用芬顿氧化+活性炭吸附+BAF 硝化/反硝化全量处理。根据下坪二厂运营单位提供的信息，现有 MBR 出水后的深度处理（含纳滤浓缩液处理）的药剂费用折算到 MBR 产水量为 22.9～28.7 元/t。因下坪二厂尚未分单元计量电耗，电费支出尚未计算入内。

综合以上分析，与下坪二厂现有工艺相比，臭氧催化氧化包含电费和药剂费的运行费用与下坪二厂现有 MBR 后的深度处理药剂费用相当。如计入电费，则臭氧催化氧化相比于下坪二厂现有深度处理工艺具有费用优势。

2. 硫自养反硝化去除 MBR 出水中总氮的运行费用分析

硫自养反硝化中试装置的运行成本主要包含两部分：设备运行电耗和填料消耗费用。中试装置运行期间主要的耗电设备为两个进水泵和一个反冲洗泵，一次提升进水泵满载功率为 0.55kW，每天运行时间为 1.5 小时，二次提升进水泵满载功率为 0.03kW，每天运行时间为 24 小时。由于反冲泵运行次数较少，且每次运行时间较短，其电耗费用可以忽略不计，假设实际运行功率是满载功率的 0.8 倍，按照电价为 0.7 元/(kW·h) 计算，可得处理每吨废水的耗电量为 0.21kW·h，处理每吨废水的设备运行电费为 0.15 元。

根据填料厂家提供的工程经验值，该硫自养填料的消耗比例情况为去除 1kg 硝氮最多消耗3kg填料。假设本硫自养中试装置的硝氮削减浓度为30mg/L，出水无硝氮和亚硝氮残留，处理水量为6t/d，填料的市场价格6 500元/t，去除1kg硝氮所需的填料成本为19.5元。可得当前处理废水的填料消耗费用为0.58元/t。因此，硫自养反硝化中试装置运行总成本（含电费和填料消耗）为0.73元/t水。由于场地因素和规模因素，所选用的泵的功率偏大，进水泵数量偏多，在运行期间，二次提升进水泵通过回流部分水来控制流量，一定程度上增加了运行费用。

硫自养反硝化与异养反硝化的主要差异在于电子供体、硝酸盐还原过程的不同。硫自养反硝化滤池结构和形式与异养反硝化滤池并无差别。两种工艺的成本差异主要源于电子供体的成本。本项目硫自养中试装置去除1kg硝氮所需的填料成本为19.5元，投加甲醇的异养反硝化滤池去除1kg硝氮的碳源成本经验值约为16元[12]。

虽然硫自养的填料成本比异养反硝化滤池稍高，但是以甲醇为反硝化滤池的电子供体时，生物质产量最高，会导致后续污泥处理成本增加，而且甲醇属危险品，在污水处理工程中应用的安全管理更加严格。在温室气体CO_2产生量方面，异养反硝化过程中70%以上的碳源转化为CO_2，使其具有较高的CO_2排放量。由于硫自养反硝化过程不消耗有机碳源，故不产生CO_2排放；反而在反硝化过程中自养菌为维持自身生长，需要捕集一定量的CO_2，因此硫自养反硝化属固碳过程，有利于温室气体减排。

四、结论

（1）臭氧催化氧化、芬顿氧化和电氧化均对MBR出水COD有去除效果。综合考虑到工程实施的便利和经济性，采用臭氧催化氧化处理MBR出水较为合适。

（2）市售硫自养反硝化填料具备良好的去除总氮性能。在连续流反应器空床时间为4小时条件下，可以很好地去除硝氮，同时避免了亚硝氮积累。

（3）填埋气净化使用产生的废脱硫吸附剂具备脱氮除磷能力，但单独使用时脱氮效果无法达到处理要求，除磷效果良好。

（4）中试实验中，臭氧投加速率为6mg/(L·min)，反应240分钟，单独臭氧氧化可将MBR出水COD从约450mg/L降至30mg/L，达到排放限值。投加2g/L颗粒活性炭，反应180分钟，臭氧催化氧化可将MBR出水COD降至54mg/L。投加颗粒活性炭作为催化剂能提高臭氧催化氧化去除COD的能力，有助于缩短反应时间，降低耗电量。

（5）中试实验中，硫自养反硝化滤池装置的处理水量可达6t/d，EBCT为2.3小时，进水总氮浓度从55～110mg/L降低至24mg/L以下。出水硝氮全部去除，无亚硝氮残留。平均总氮去除负荷为0.34kg/（m³·d）。

（6）与下坪二厂现有工艺相比，臭氧催化氧化中试计算得出的包含电费和药剂费的运行费用与下坪二厂现有MBR后的深度处理药剂费用相当。如计入电费，则臭氧催化氧化相比于下坪二厂现有深度处理工艺具有费用优势。

（7）硫自养反硝化滤池的建设费用与异养反硝化相当。硫自养反硝化填料消耗费用略高于甲醇异养反硝化的碳源费用。但是从甲醇的安全运输和储存及使用过程的碳减排方面来看，硫自养反硝化滤池具备一定优势。

参考文献

[1] GORRA R, COCI M, AMBROSOLI R, et al. Effects of substratum on the diversity and stability of ammonia-oxidizing communities in a constructed wetland used for wastewater treatment[J]. Journal of Applied Microbiology, 2007, 103: 1442-1452.

[2] WANG J, SONG X, WANG Y, et al. Microbial community structure of different electrode materials in constructed wetland incorporating microbial fuel cell[J]. Bioresource Technology, 2016: S487278097.

[3] 任争鸣, 常佳丽, 刘雪洁, 等. 硫铁耦合系统深度脱氮除磷中试研究[J]. 中国给水排水, 2017(13): 104-108.

[4] YE L, ZHANG T. Bacterial communities in different sections of a municipal wastewater treatment plant revealed by 16S rDNA 454 pyrosequencing[J]. Applied Microbiology and Biotechnology, 2013, 97(6): 2681-2690.

[5] WANG T, GUO J, SONG Y, et al. Efficient nitrogen removal in separate coupled-system of anammox and sulfur autotrophic denitrification with a nitrification side-branch under substrate fluctuation[J]. Science of The Total Environment, 2019, 696: 133929.

[6] 马景德. FeS自养反硝化与厌氧氨氧化耦合总氮去除及微生物特征[D]. 广州: 华南理工大学, 2019.

[7] 付彩霞. 不同硫源自养反硝化效果与微生物菌群结构的研究[D]. 哈尔滨: 哈尔滨工业大学, 2016.

[8] ZHOU W, LI Y, LIU X, et al. Comparison of microbial communities in different sulfur-based autotrophic denitrification reactors[J]. Applied Microbiol Biotechnol, 2017, 101(1): 447-453.

[9] LÜ X, SONG J, LI J, et al. Tertiary denitrification by sulfur/Limestone packed biofilter[J]. Environmental Engineering Science, 2017, 34(2): 103-109.

[10] WANG X, HU M, XIA Y, et al. Pyrosequencing analysis of bacterial diversity in 14 wastewater treatment systems in China[J]. Applied and Environmental Microbiology, 2012, 78(19): 7042-7047.

[11] HU H D, LIAO K W, GENG J J, et al. Removal characteristics of dissolved organic nitrogen and its bioavailable portion in a post denitrifying biofilter: Effect of the C/N ratio [J]. Environmental Science & Technology, 2018, 52: 757-764.

[12] 高博, 郦和生, 曹宗仑, 等. 硫自养反硝化技术应用研究进展[J]. 化工环保, 2023, 43(2): 162-168.

餐厨垃圾水解酸化液制备碳源及用于垃圾渗滤液反硝化处理的实验研究

肖雄[1]，孟了[1]，黄俊标[1]，李华英[1]，何月[1]，钟锋[1]，钟美霞[2]，刘彤宙[2]

[1.深圳市下坪环境园；2.哈尔滨工业大学（深圳）]

摘要："无废城市"建设对深圳市餐厨垃圾处理和资源化利用提出更高要求，但目前深圳市大型餐厨垃圾处理设施的资源化利用水平亟待提高，需要探索新的技术路线。餐厨垃圾中富含无毒无害的有机质，如能充分发挥其生物和化学资源属性则可显著提升资源化利用水平，而用作废水处理系统生物脱氮的替代碳源是餐厨垃圾水解酸化液的重要潜在应用场景。本研究围绕利用餐厨垃圾制备碳源用于垃圾渗滤液生物脱氮的技术思路，通过小试实验考察了餐厨垃圾厌氧水解酸化的关键影响参数，探索了不同固液分离方式对于餐厨垃圾水解酸化液的固液分离效果，并应用餐厨垃圾水解酸化液对实际垃圾渗滤液进行反硝化生物脱氮，并与其他碳源进行了比较。研究所得结果为探索以餐厨垃圾水解液作为补充碳源，"以废治废"与废水生物脱氮协同处理提供了一条技术思路和相应的数据支撑。

关键词：餐厨垃圾；水解酸化；碳源；垃圾渗滤液；反硝化

Experimental Study on the Preparation of Carbon Source from Food Waste Hydrolysis-acidification Liquid and its Application into Denitrification Treatment of Landfill Leachate

Xiao Xiong[1], Meng Liao[1], Huang Junbiao[1], Li Huaying[1], He Yue[1], Zhong Feng[1], Zhong Meixia[2], Liu Tongzhou[2]

(1. Shenzhen Xiaping Environmental Park；2. Harbin Institute of Technology, Shenzhen)

Abstract: The construction of a "Zero-Waste City" has put forward higher requirements for the treatment and resource utilization of kitchen waste in Shenzhen. However, the resource utilization level of large-scale kitchen waste treatment facilities in Shenzhen urgently needs to be improved, and new technological routes need to be explored. Kitchen waste is rich in non-toxic and harmless organic matter. If its biological and chemical resource properties can be fully utilized, the level of resource utilization can be significantly improved. Once being treated by hydrolysis and acidification, using it as an alternative carbon source for biological denitrification in wastewater treatment systems is an important potential application scenario fo kitchen waste. This study investigated the key influencing parameters of anaerobic hydrolysis and acidification of kitchen waste in lab-scale setups. The solid-liquid separation efficacies of different solid-liquid separation methods on the hydrolysis and acidification solution of kitchen waste were also explored. In addition, the liquor of hydrolysis and acidification treated kitchen waste was applied to the actual landfill leachate for denitrification. The outcomes of this study would provide a technical approach and corresponding data support for synergistic treatment of wastewater and solid waste through using kitchen waste hydrolysate as a supplementary carbon source.

Keywords: Kitchen waste; Hydrolysis and acidification; Carbon source; Landfill leachate; Denitrification

一、引言

（一）"无废城市"建设对深圳市餐厨垃圾处理和资源化利用提出更高要求

深圳市于2020年9月正式实施《深圳市生活垃圾分类管理条例》，强制生活垃圾按照易腐垃圾、可回收物、有害垃圾、其他垃圾四大类分类投放、分类收集、分类运输、分类处置。易腐垃圾包含餐饮业和食堂产生的餐厨垃圾、家庭餐厨垃圾、果蔬垃圾，其总量约占生活垃圾的45%。目前，深圳市已经实现较高水平的餐厨垃圾集中收集，收集到的餐厨垃圾基本可以得到处理，但资源化利用水平不高[1]。《深圳市"无废城市"建设试点实施方案》提出到2035年，深圳市生活垃圾回收利用率领先国际先进水平的目标，并强调提升餐厨垃圾综合利用技术，提高资源化利用效率。这都给深圳市的餐厨垃圾处理处置和资源化利用工作提出更高的要求。

（二）深圳市大型餐厨垃圾处理设施的资源化利用水平亟待提高，需要探索新的技术路线

深圳市已有的大型餐厨垃圾处理设施主要采取"三相分离-焚烧"和"湿式厌氧产沼气"的技术路线。"三相分离-焚烧"将餐厨垃圾进行"油-水-固"分离，餐厨垃圾中的大部分固态有机质进入焚烧处理，仅能利用其中的热值资源，但有机质面向生物和化学应用途径的资源属性无法发挥[2]。"三相分离-焚烧"的技术路线距离减污降碳的可持续发展理念仍有较大的提升空间，有必要做出调整。餐厨垃圾经湿式厌氧处理后产生的沼气可供发电，沼渣需按照固废处理或者以堆肥或微生物转化形式进一步利用，沼液处理难度则很大。沼液具有污染物浓度高、氨氮含量高、碳氮比不协调的特点，高浓度氮素的去除难度大，处理流程长，导致沼液的处理设施占地并不小于厌氧产沼设施[3]。深圳市土地资源紧缺，厌氧处理后，沼液处理难度大、处理流程长的问题客观上制约了深圳市餐厨垃圾处理能力和水平的提升，需探索新的适用性强的技术路线和系统解决方案。

（三）餐厨垃圾中富含无毒无害的有机质，如能充分发挥其生物和化学资源属性则可显著提升资源化利用水平

餐厨垃圾中除部分不可生物降解的杂质，主要来源是剩菜剩饭和烹饪下脚料，有机质含量高，基本无毒无害。自古以来，剩菜剩饭用于饲喂家禽家畜和堆肥的长期实践表明，厨余垃圾中各主要元素（碳、氮、磷、硫、氢）的组成比例使其具有明显的生物和化学资源属性。发挥这些资源属性的关键环节在于将厨余垃圾中大分子有机质转化为小分子有机物，进而可以易于利用[4]。大分子有机质分解转化的基础理论是成熟的，主要是经过水解和酸化两个以微生物活动驱动为主的过程。水解阶段主要是颗粒态有机物在微生物酶作用下转化为溶解性大分子物质，之后进一步分解为小分子溶解态物质（多糖、蛋白质等）；酸化阶段主要是多糖、蛋白质等溶解态有机物在微生物作用下转化为单糖和氨基酸，而后转化为丙酮酸，丙酮酸通过不同微生物反应路径进而转化为乳酸或者分子量更小的酸、丙酸、丁酸等挥发性脂肪酸（VFAs）。通过对餐厨垃圾进行厌氧水解酸化处理制备有机碳源加以利用，具备显著提升其资源化利用水平的技术可行性[5]。

（四）用作废水处理系统生物脱氮的替代碳源是餐厨垃圾水解酸化液的重要潜在应用场景

深圳市典型制造业工业废水和焚烧厂、填埋场渗滤液普遍存在碳氮失调、难降解有机物生化性差的问题。处理过程中需要投加大量碳源，改善处理系统微生物营养环境，完成生物脱氮，因而导致废水处理成本过高，甚至影响到生产系统的经济可持续运行。如能利用餐厨

垃圾水解酸化液作为废水生化处理系统的替代碳源，"以废治废"，既有利于提升厨余垃圾资源化利用水平，又有利于降低污废水处理费用。

基于以上分析，本研究以下坪环境园内某餐厨垃圾处理设施经过预处理的餐厨垃圾浆液为原料，开展了餐厨垃圾厌氧水解酸化的关键影响参数的小试实验研究；针对含有高浓度悬浮物的水解酸化液，考察不同固液分离方式对餐厨垃圾水解酸化液的固液分离效果；还在实验室批量实验中考察了经过固液分离的餐厨垃圾水解酸化液用于实际垃圾渗滤液生物脱氮的反硝化性能，并与垃圾渗滤液处理中常用的甲醇和复合碳源两种碳源的性能进行了比较。研究所得结果探索以餐厨垃圾水解液作为补充碳源，为"以废治废"与废水生物脱氮协同处理提供了一条技术思路和相应的数据支撑。

二、实验材料与方法

（一）实验用餐厨垃圾

本研究小试实验使用的餐厨垃圾源于深圳市下坪环境园内的某餐厨垃圾处理设施。实验中所用的物料为经过分离、破碎、除油等预处理的浆液。由于实验分批进行，每批餐厨垃圾成分和性质会有稍微差异，其基本性质如表1所示。

表1 实验所用餐厨垃圾浆液的基本性质

指标	数值（mg/L）	指标	数值（mg/L）
TCOD	72197 ± 500	总氮	2107 ± 100
SCOD	36778 ± 500	氨氮	281 ± 10
VFAs	3214 ± 100	总磷	543 ± 20
乳酸	32200 ± 100	正磷酸盐	279 ± 10
多糖	4065 ± 200	TS	7%
蛋白质	3822 ± 100	pH值	4.14 ± 0.01

本研究的餐厨垃圾厌氧产酸小试实验中分别使用酸化液和酸化菌作为接种物。作为接种物的酸化液取自上述餐厨垃圾处理设施的酸化罐；所用的接种酸化菌采购于商业供应商，为灰白色固体粉末，主要成分是乳酸菌、芽孢杆菌、酵母菌等。

（二）厌氧水解酸化小试实验

本研究在实验室规模下采用批式实验装置进行了餐厨垃圾的厌氧水解酸化小试实验。厌氧水解酸化装置的主体为有效容积为5L的发酵罐。发酵罐两侧分别有进样口和取样口，便于实验时进样和取样。发酵罐顶部有排气口连接集气袋，可防止密闭装置内的气压过大，同时收集气体用于后续测定总产气量。发酵罐表面使用加热带控制和保持温度。采用智慧型pH值传感器用于在线监测pH值和温度。采用与装置尺寸配套的搅拌器搅拌，搅拌速率为100rpm。使用定时器控制搅拌时间，采用运行2小时停止1小时的规律性间断搅拌模式对发酵罐内的物料进行搅拌。

厌氧水解酸化实验开始之前分别加入餐厨垃圾浆料和接种物，接种物为酸化菌时，添加酸化菌量为10g；接种物为酸化液时，接种比为1∶3。之后在不同的温度和pH值条件下进行厌氧产酸实验。在整个发酵过程当中，每隔

1～3天取一次样，取约30mL发酵液于离心管中，样品经8 000r/min离心10分钟后，取上清液过0.45μm的滤膜，滤液用于测定有关指标。

（三）水解酸化液固液分离的小试实验

本研究针对餐厨垃圾水解酸化液悬浮固体（SS）浓度高、需要大幅降低SS浓度的情况，在实验室规模下进行了水解酸化液固液分离的小试实验。考虑到气浮分离处理是常用的废水中固体杂质分离手段；膜分离可能有比较好的分离效果，但用有机膜分离餐厨垃圾水解酸化液可能会产生明显的膜污染，宜选用陶瓷膜或碳化硅膜等无机膜，故在本研究的实验中分别考察了气浮分离、平板陶瓷膜过滤分离和碳化硅膜错流过滤分离对水解酸化液中SS的去除效果。

1. 气浮分离实验

气浮分离实验装置主要由气泵、溶气罐、气泡释放器、气浮分离反应器、循环回流管五个部分组成。部分循环水进入溶气罐，在高压作用下形成溶气水，溶气水中的溶解气体经过降压由释放器以微小气泡释放，气浮分离反应器中的悬浮物颗粒附着在气泡表面一起上浮至水面，从而实现污染物与水的分离，得到悬浮物含量低的水解酸化液。实验中考察了混凝剂（PAC）投加量、气浮处理时间这2个主要运行操作参数。

2. 平板陶瓷膜过滤分离实验

实验中采用氧化铝平板陶瓷膜，膜孔径尺寸为100nm，适用pH值范围为1～14，适用温度范围为-20～60℃，可操作压力范围是-0.1～0.3MPa，膜面积为0.06m²。实验装置主要由膜池、平板陶瓷膜组件、进出水系统和曝气系统组成。膜池尺寸为250mm×250mm×400mm；曝气管置于膜池底部，其作用为吹扫膜表面聚集的SS；气泵曝气量为20L/min；通过蠕动泵抽吸出水；真空表用于监测压力；量筒用于测定产水体积。本实验采用间歇运行，每次运行5小时，后静置；反冲洗周期为1小时，使用产水作为反冲洗水，进行反冲洗1分钟。

3. 碳化硅膜错流过滤分离实验

碳化硅膜过滤分离的实验装置主要构成部分有碳化硅陶瓷膜组件、离心泵、空气压缩机。碳化硅膜直径为40mm，单个通道直径为4mm，通道数量为37，有效膜面积为0.1154m²，膜孔径为500nm。离心泵用于抽吸出水，空气压缩机用于空气反冲洗。实验中将跨膜压差控制在0.09MPa，每小时进行一次空气反吹，连续运行5小时。

（四）水解酸化液用于垃圾渗滤液生物脱氮的反硝化性能小试实验

本研究在实验室规模下考察了餐厨垃圾水解酸化液用于垃圾渗滤液生物脱氮的反硝化性能。实验所用水解酸化液取自下坪环境园内某餐厨垃圾处理设施的酸化罐，并经过滤处理去除其中的SS。实验所用反硝化污泥取自下坪环境园渗滤液处理二厂的缺氧池。该渗滤液处理厂分阶段先后投加不同外加碳源，第Ⅰ阶段（第1～41天）使用甲醇，第Ⅱ阶段（第42～57天）使用葡萄糖，第Ⅲ阶段（第58～83天）使用复合碳源，第Ⅳ阶段（第84～100天）使用水解酸化液。实验中分别考察并比较了甲醇、复合碳源、水解酸化液的反硝化性能。反硝化实验用污泥为在该种碳源下经过驯化后的污泥。实验中通过测定污泥的反硝化速率和比耗氧速率来分别反映其反硝化性能和活性。

1. 反硝化速率测定

实验开始前，取驯化后的污泥，对污泥进行淘洗3次。在人工配制的水中加入等量的硝酸钠溶液，使硝态氮浓度为300±10mg/L，再加入碳源，使得初始碳氮比分别为0、2、4、6、8、10。反硝化实验装置使用容积1L的玻璃烧杯作为反应器，用磁力搅拌器进行搅拌，实验的搅拌速度设定为45rpm。在整个实验过程中，每间隔一定时间取样一次，样品经过0.45μm滤膜过滤后，进行各项指标的测定。根据所得到的数据绘制硝态氮浓度–时间曲线，得到的直线斜率用于进一步计算与MLSS的比值即为反硝化速率。

2. 活性污泥比耗氧速率

将污泥置于250mL锥形瓶中，曝气至溶解氧达到8mg/L后停止曝气。将密封锥形瓶置于磁力搅拌器上使得污泥完全混合，迅速插入溶解氧仪（用保鲜膜将溶解氧仪探头尾部与瓶口处密封，防止空气进入）测定溶解氧，每隔30秒记录一次溶解氧读数，直至溶解氧浓度降至2mg/L以下。根据所得到的数据绘制溶解氧–时间曲线，得到的直线斜率即为耗氧速率，其与MLSS比值即为比耗氧速率。

（五）分析测试方法

水解酸化液中的挥发性脂肪酸（VFAs）的测定采用气相色谱法；乳酸的测定采用超高效液相色谱法；多糖采用蒽酮–硫酸法进行分析；蛋白质采用Lowry–Folin法进行分析。本研究中，MLSS、MLVSS、TS、VS、COD、NH_4^+–N、TN、PO_4^{3-}、TP、pH值等指标采用国家标准方法进行测定。研究中，污泥微生物群落高通量测序工作委托测序公司完成。

（六）数据处理

餐厨垃圾厌氧水解酸化处理过程中，COD转化率的计算可通过水解率和酸化率来评估。主要是依据发酵产物中溶解性COD（SCOD）与挥发性脂肪酸（VFAs）、乳酸的COD当量浓度之和来计算的。具体来说，不同有机酸的COD转化系数如下：乙酸为1.066、丙酸为1.512、丁酸和异丁酸均为1.816、戊酸和异戊酸为2.037，而乳酸为1.070。计算见式（1）和式（2）：

$$水解率 = \frac{SCOD}{TCOD} \times 100\% \quad (1)$$

式中，SCOD为发酵液中的溶解性化学需氧量（mg/L）；TCOD为发酵液中的总化学需氧量（mg/L）。

$$酸化率 = \frac{COD_{VFAs} + COD_{乳酸}}{TCOD} \times 100\% \quad (2)$$

式中，COD_{VFAs}为VFAs的COD当量浓度之和（mg/L）；$COD_{乳酸}$为VFAs的COD当量浓度之和（mg/L）；TCOD为发酵液中的总化学需氧量（mg/L）。

三、结果与讨论

（一）餐厨垃圾厌氧水解酸化的关键影响参数

水解酸化反应过程大致可分为水解阶段、部分发酵阶段、产乳酸阶段、产VFAs阶段。水解酸化的主要工艺参数如停留时间、温度、pH值等均会对其各阶段的进程和产物生成特性造成影响。本部分研究以使用餐厨垃圾通过水解酸化制备含有较高浓度的VFAs或乳酸为目标，探究关键影响参数。此外，考虑到餐厨垃圾水解酸化液将作为外加碳源用于废水（如垃圾渗滤液）的生物脱氮，餐厨垃圾中所含的有机氮和有机磷应当尽可能转化为无机态，从而减少对废水处理系统脱氮除磷效果的影响。

1. 停留时间的影响

本部分实验探究了三种接种情况下停留时间对餐厨垃圾浆液水解酸化过程的影响，分别为空白（不投加接种物）、接种酸化液、接种酸化菌。反应装置内反应物的TS为7%左右，反应过程中不控制pH值，温度保持在25℃左右。反应物的水解率（即SCOD/TCOD的比例）反映了其在厌氧过程中的水解程度，酸化率（即VFAs和乳酸总量占TCOD的比率）反映了餐厨垃圾有机物转化成小分子有机酸的程度。从实验观察到的SCOD/TCOD和酸化率的变化来看

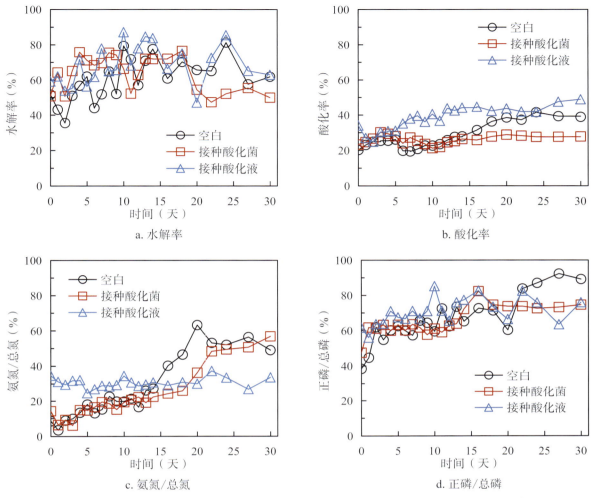

图1 餐厨垃圾厌氧水解酸化反应中水解率、酸化率、氨氮/总氮、正磷/总磷随时间变化情况

（图1a和1b），餐厨垃圾水解主要发生在启动反应后的前10天，酸化主要发生在第10～20天。反应物中氨氮/总氮和正磷/总磷比例的变化反映了有机氮磷向无机态转化的情况。实验结果表明，有机氮的转化速率明显慢于有机磷。有机氮无机化转化的进程可以延续到厌氧反应的第20天左右，虽然对浆液中总氮和氨氮的检测分析结果存在一定波动，但基本可以看出到30天反应结束，有机氮最高可达到50%～60%的转化率。有机磷无机化转化在厌氧反应启动后的前5天可大部分完成，到30天反应结束可达80%～90%的转化率。

2. 温度的影响

本部分实验以酸化菌为接种物，考察了分别保持温度为25℃和35℃两种情况下的餐厨垃圾浆液水解酸化过程。反应装置内反应物的TS为7%左右，反应过程中不控制pH值。实验结果表明，提高保温温度至35℃虽然对促进水解的作用不明显，但明显提高了酸化率，加快了有机氮的无机化转化，提升了有机磷的无机化转化率（图2）。

3. pH值控制条件的影响

本部分实验以酸化菌为接种物，保持温度35℃，考察了不控制pH值，保持pH值<4（初始时使用稀盐酸调节），保持pH值>5（初始使用氢氧化钠溶液调节）3种情况下的餐厨垃圾浆液水解酸化过程。反应装置内反应物的TS为7%左右。实验结果显示（图3a），保持pH值<4

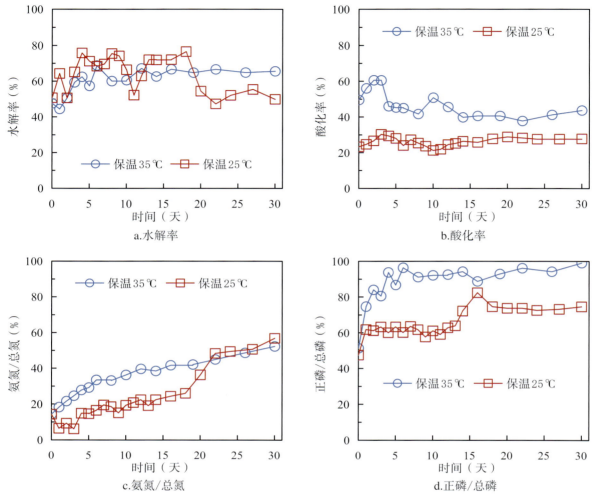

图2 保温温度对餐厨垃圾厌氧水解酸化反应中水解率、酸化率、氨氮/总氮、正磷/总磷的影响

条件下,向反应器加入稀盐酸后,在第1天pH值明显下降而后基本保持在pH值3.5左右;不控制pH值条件下,pH值先在第1天内下降,后又逐渐上升,第10天之后基本稳定在pH值5左右;保持pH值>5条件下,pH值逐渐上升,到第19天时达到最大值7.34,此后开始下降。

不同pH值控制条件的水解率变化情况基本一致(图3b)。不控制pH值实验组的酸化率略高于其他2个pH值控制的实验组,保持pH值<4时的水解率和酸化率都是最低(图3c),这可能是由于低pH值条件对水解和酸化微生物形成抑制[6]。这一点也反映在有机氮磷的无机化转化上。保持pH值<4时的氨氮/总氮比例最低(图3d),可能的原因是该pH值条件下,水解微生物受到抑制,餐厨垃圾中的蛋白质的分解速度明显减慢,导致有机氮向氨氮的转化降低。相比于不控制pH值,保持pH值<4时,正磷/总磷的比例也明显低(图3e),这也应是由于在低pH值条件下,餐厨垃圾水解受到抑制。在pH值>5的条件下,正磷在前期快速溶出,但随着反应器中的pH值不断地升高,正磷酸盐浓度在第12天时开始急速下降,这可能是正磷与餐厨垃圾中的金属离子(钙、镁等)形成晶体析出所致。

(二)水解酸化液固液分离

餐厨垃圾通过厌氧处理后得到的水解酸化液中有较高的悬浮物和杂质,SS浓度通常在100 000mg/L以上,即便经过离心分离实现90%的SS去除效率,离心出水的SS浓度也上万。如

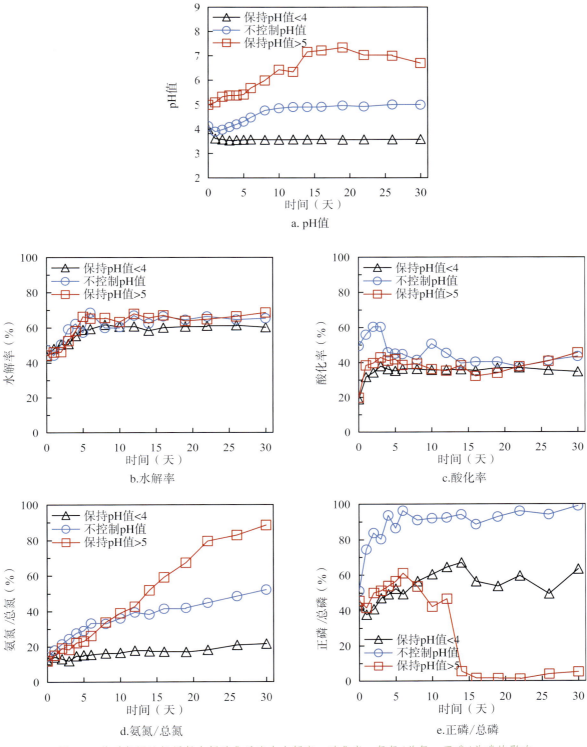

图3 pH值对餐厨垃圾厌氧水解酸化反应中水解率、酸化率、氨氮/总氮、正磷/总磷的影响

此高浓度SS的水解酸化液如果作为碳源直接投加至污水处理系统中可能会抑制反硝化微生物的活性[7]。因此，采用恰当的分离技术进一步去除SS至关重要。本部分实验中考察了气浮分离、平板陶瓷膜过滤分离、碳化硅膜错流过滤分离对已经经过离心分离的水解酸化液中SS的

去除效果。

1. 气浮分离

实验中考察了不同PAC投量情况下，在气浮处理时间30分钟内经过离心处理后的水解酸化液的SS和COD及氮磷去除情况。从实验结果可以看出，在不同的PAC投量条件下，水解酸化液中的SS在30分钟气浮处理时间内从11 200～15 400mg/L降至1 300～4 400mg/L，均得到明显去除（图4a和4b）。SS的去除主要发生在前20分钟（特别是前10分钟），第20至第30分钟的去除效率相对较低。当不投加PAC时，气浮处理也能去除SS，30分钟气浮处理将其浓度从12 100mg/L降至4 400mg/L，去除率为63%。当PAC投加量为75mg/L时，SS去除效果最好，30分钟气浮处理使其浓度由11 200mg/L降至1 300mg/L，去除率为88%。而当PAC投量分别为50mg/L、100mg/L、125mg/L、150mg/L时，SS去除率分别为76%、82%、78%、84%，并无明显改善或劣化。

气浮处理同时明显降低了水解酸化液中的TCOD（图4c），从60 000～70 000mg/L降至30 000～33 000mg/L，去除率约50%。这部分去除的TCOD应是以固态或吸附态存在于SS中，与SS同步去除。水解酸化液中SCOD基本没有去除（图4d）。与COD去除情况类似，经过气浮处理的水解酸化液中总氮和总磷浓度都明显下降，应是由于以固态或吸附态存在于SS中的氮和磷与SS同步被去除。水解酸化液中以溶解态存在的氨氮和正磷基本没有去除。

图5显示了离心处理后水解酸化液在PAC投量为75mg/L时，原液和气浮10分钟、20分钟、30

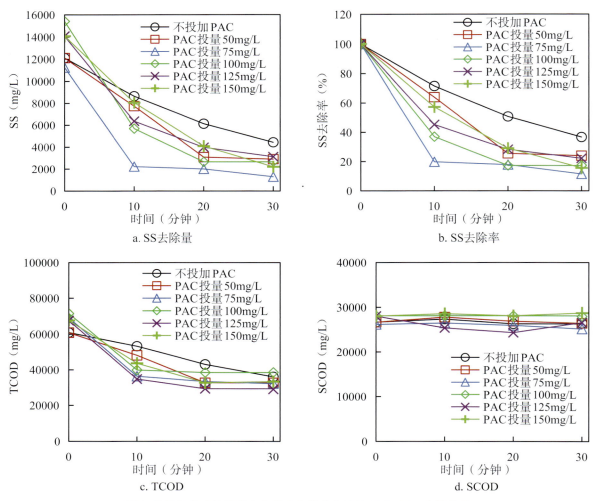

图4 气浮分离对经过离心处理后水解酸化液的SS和COD去除效果

图 5　PAC 投量为 75mg/L 时，离心处理后水解酸化液原液和不同气浮分离时间的产水

分钟的产水。气浮处理前的原水和处理30分钟产水的各项指标如表2所示。气浮处理产水的SS量基本可以满足投入生化处理系统的要求；VFAs 和乳酸基本没有去除，保留了碳源利用价值；除总汞和总镍有微量检出外，其他重金属均未检出，不会对生化处理系统形成重金属胁迫。

表2　PAC 投量为 75mg/L 时，离心处理后水解酸化液原液和气浮处理30分钟产水的水质指标

指标（mg/L）	气浮前	气浮后	去除率（%）
pH 值	3.70	3.65	—
悬浮物	11 252	1 294	88.50
总化学需氧量	69 225	32 350	53.27
溶解性化学需氧量	26 205	25 200	3.84
总氮	2 345	1 345	42.65
有机氮	1 653	1 026	37.91
氨氮	358	354	1.12
总磷	324	266	17.85
正磷酸盐	201	201	0
VFAs	9 823	9 790	0.34
乳酸	10 942	10 474	4.28
总汞	4.45×10^{-3}	5.90×10^{-3}	—
烷基汞	低于检测限	低于检测限	—
总镉	低于检测限	低于检测限	—
总铬	低于检测限	低于检测限	—
六价铬	低于检测限	低于检测限	—
总砷	低于检测限	低于检测限	—
总铅	低于检测限	低于检测限	—
总镍	0.955	0.850	—

2. 平板陶瓷膜过滤分离

图6显示了离心处理后，水解酸化液原液和经过平板陶瓷膜过滤分离后的产水情况，原液和产水的各项指标如表3所示。经过平板陶瓷膜过滤分离后的水解酸化液中的绝大部分SS被去除，残留浓度仅为150mg/L，SS去除率达到99.03%。产水的SS完全可以满足作为碳源的要求。VFAs和乳酸基本没有去除，保留了碳源利用价值；除总汞和总镍有微量检出外，其他重金属均未检出，不会对生化处理系统形成重金属胁迫。

图6 离心处理后，水解酸化液原液和平板陶瓷膜过滤分离产水

表3 离心处理后，水解酸化液原液和平板陶瓷膜过滤分离产水的水质指标

指标（mg/L）	气浮前	气浮后	去除率（%）
pH值	3.70	3.65	—
悬浮物	15 400	150	99.03
总化学需氧量	76 900	42 451	44.80
溶解性化学需氧量	51 885	42 451	18.18
总氮	1 420	976	31.27
有机氮	967.8	638.4	34.04
氨氮	282.2	265.6	5.88
总磷	363.1	282.1	22.31
正磷酸盐	275.3	272.7	0.94
VFAs	9 710	9 621	0.92
乳酸	11 046	11 027	0.17
总汞	4.45×10^{-3}	4.40×10^{-3}	1.12
烷基汞	低于检测限	低于检测限	—
总镉	低于检测限	低于检测限	—
总铬	低于检测限	低于检测限	—
六价铬	低于检测限	低于检测限	—
总砷	低于检测限	低于检测限	—
总铅	低于检测限	低于检测限	—
总镍	1.05	0.700	—

3. 碳化硅膜错流过滤分离

图7显示了离心处理后，水解酸化液原液和经过平板陶瓷膜过滤分离后的产水情况。经过碳化硅膜错流过滤分离后的水解酸化液中的绝大部分SS被去除，残留浓度仅为94mg/L，SS

去除率达到99.4%。产水的SS完全可以满足作为碳源的要求。产水的其他水质指标与平板陶瓷膜过滤分离类似，此处不再赘述。

（三）水解酸化液用于垃圾渗滤液生物脱氮的反硝化性能

本部分研究在实验室批实验条件下考察了经过固液分离的餐厨垃圾水解酸化液用于实际垃圾渗滤液生物脱氮的反硝化性能，并与垃圾渗滤液处理中常用的甲醇和复合碳源两种碳源的性能进行了比较。三种碳源反硝化性能实验所使用的污泥取自渗滤液处理厂缺氧池，处理厂生活系统在实验期间先后使用过甲醇、复合碳源和水解酸化液作为碳源。反硝化实验用污泥为在该种碳源下经过驯化后的污泥。

使用甲醇碳源反硝化时，除无碳源投加组的NO_x-N浓度无明显变化外，COD/N为2、4、6、8、10组的NO_x-N浓度均随着反应时间有不同程度降低。当COD/N=2时，反硝化反应在第6小试基本终止，NO_x-N去除率仅为50%左右，说明需要进一步提高碳源投加量。当COD/N=4、6、8、10时，反硝化反应进程无明显差异，可以在20小时左右的反应时间内将NO_x-N基本去除，说明COD/N=4时，甲醇已可满足反硝化反应的顺利发生。使用复合碳源反硝化时，COD/N为2、4、6、8、10组的NO_x-N浓度均随着反应时间有不同程度降低。当COD/N=8或10时，反硝化反应进程无明显差异，可以在20小时左右的反应时间内将NO_x-N基本去除，说明COD/N=8是复合碳源较优的投加比例。使用餐厨垃圾水解酸化液作为碳源进行反硝化时，反硝化进程明显加快，基本上可以在4小时完成比较明显的反硝化反应。可能的原因是反硝化反应所用污泥是用不同碳源驯化过的，使用餐厨垃圾水解酸化液碳源驯化后的污泥微生物性能得到了提升，从而改善了其反硝化特性。使用餐厨垃圾水解酸化液作为碳源时，较优的碳氮比为COD/N=4或6（图8）。

甲醇、复合碳源和餐厨垃圾水解酸化液分别在不同碳氮比条件下的反硝化速率如图9a

图7 离心处理后，水解酸化液原液和碳化硅膜错流过滤分离产水

所示。相比于甲醇和复合碳源，水解酸化液保持了较高的反硝化速率，一方面可能是因为水解酸化液中碳源成分相对复杂，这些复杂的有机物可以被多种微生物同时利用，从而保持较高的反硝化活性；另一方面可能是投加水解酸化液之后的反硝化污泥性质得到了极大的改善。本研究中还采用了活性污泥比耗氧速率（SOUR）实验来反映和比较不同碳源驯化后的污泥的活性，结果如图9b所示。可以看到，经过水解酸化液碳源驯化后的微生物的总比耗氧速率显著高于甲醇和复合碳源驯化后的污泥。这反映出投加水解酸化液碳源后，微生物获得充足的碳源，从而其代谢活动增强。本研究还考察了水解酸化液作为碳源投加使用前后门水平下的微生物种群分布，结果如图10所示。可以看到，拟杆菌门微生物（Bacteroidota）在水解酸化液驯化后的污泥中相对丰度显著增加，从之前的4%增加至驯化后的42%。拟杆菌门微生物在降解复杂有机物等方面具有重要作用，此类微生物丰度的提升反映出污泥微生物的活性得到了促进[8]。变形菌门微生物（Proteobacteria）被认为是参与反硝化反应的主要微生物种类[9]，其在水解酸化液驯化后的污泥中相对丰度由19%增加至23%，也反映出反硝化微生物增加。

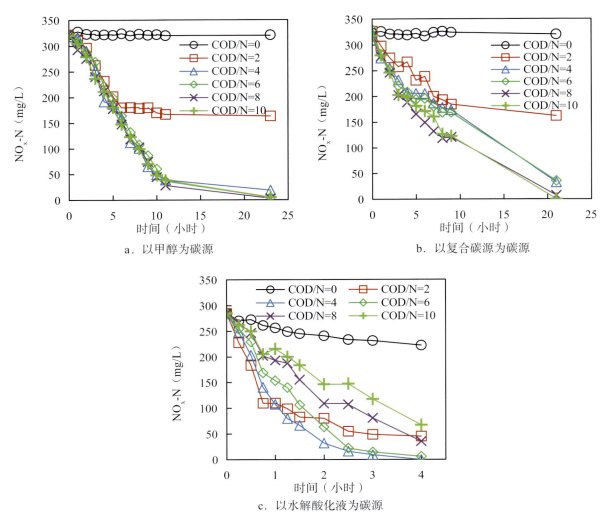

a. 以甲醇为碳源

b. 以复合碳源为碳源

c. 以水解酸化液为碳源

图8 分别以甲醇、复合碳源和水解酸化液作为碳源时，批实验中的反硝化情况

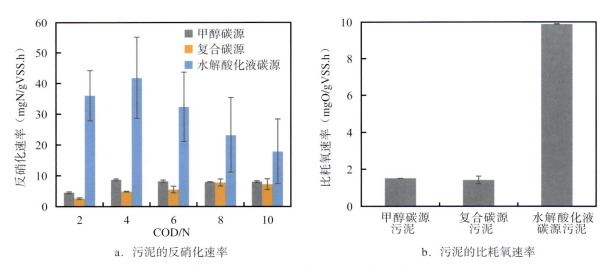

a. 污泥的反硝化速率

b. 污泥的比耗氧速率

图9 使用不同碳源时，污泥的反硝化速率和比耗氧速率

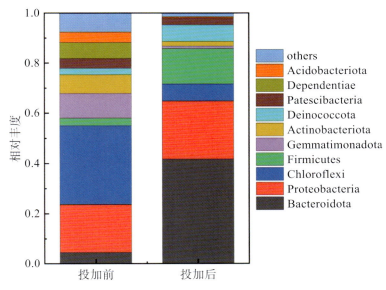

图10 使用水解酸化液碳源前后污泥的微生物种群分布变化

四、结论

（1）餐厨垃圾水解主要发生在厌氧反应后的前10天，酸化主要发生在第10～20天。

（2）保温25℃和35℃两种情况下，餐厨垃圾水解酸化反应均能顺利发生。相比于保温25℃，保温35℃对促进水解的作用不明显，但明显提高酸化率，加快有机氮的无机化转化，提升有机磷的无机化转化率。

（3）pH值＜4时，对水解和酸化菌产生抑制，保持pH值＞4可以获得较好的水解酸化效果。

（4）在较优的反应条件下，即保温35℃，保持pH值＞4，在厌氧反应的第15天，可实现水解率约65%，酸化率约50%，氨氮/总氮约40%，正磷/总磷约95%。

（5）针对经过离心处理后水解酸化液的SS，气浮分离可以在30分钟处理时间内将SS从11 200～15 400mg/L降至5 000mg/L以下；平板陶瓷膜过滤分离和碳化硅膜错流过滤分离对SS的去除效果很好，SS残留浓度约100mg/L。

（6）经过三种固液分离方式处理后，产水中VFAs和乳酸基本没有去除，保留了碳源利用价值；除总汞和总镍有微量检出外，其他重金属均未检出，不会对生化处理系统形成重金属胁迫。

（7）经过固液分离的餐厨垃圾水解酸化液完全可以用于实际垃圾渗滤液的反硝化。在使用各自碳源驯化过的污泥作为反硝化污泥时，餐厨垃圾水解酸化液反硝化速率明显快于甲醇和复合碳源。

（8）使用水解酸化液碳源改善了污泥的微生物活性。活性污泥比耗氧速率明显提高。污泥微生物群落中，起到复杂有机物降解作用的拟杆菌门微生物（Bacteroidota）相对丰度显著提高，从4%提高到42%；参与反硝化反应的主要微生物种类变形菌门微生物（Proteobacteria）丰度也增加了，从19%增加至23%。

参考文献

[1] 陈云, 李杰伟, 吕丹丹, 等. 深圳市餐厨垃圾无害化处理和资源化利用现状及建议[J]. 广东化工, 2020, 47(9): 137-138.

[2] 陈海燕, 伍鹏, 陈卫东. 餐厨垃圾预处理与生活垃圾焚烧的协同处理工艺分析[J]. 中国资源综合利用, 2022, 40(1): 155-157.

[3] 王凯军, 王婧瑶, 左剑恶, 等. 我国餐厨垃圾厌氧处理技术现状分析及建议[J]. 环境工程学报, 2020, 14(7): 1735-1742.

[4] PARITOSH K, KUSHWAHA S K, YADAV M, et al. Food waste to energy: An overview of sustainable approaches for food waste management and nutrient recycling[J]. BioMed Research International, 2017: 1-19.

[5] 炊春萌, 李保国, 刘莉, 等. 餐厨垃圾厌氧发酵研究进展[J]. 食品与发酵科技, 2020, 56(4): 60-64.

[6] 史春龙, 李焕乘, 叶亨利. VFA对餐厨垃圾两相厌氧发酵处理效率的影响[J]. 环境保护与循环经济, 2022, 42(10): 9-11.

[7] 唐嘉陵. 餐厨垃圾发酵碳源制备及其生物脱氮利用性能研究[D]. 西安: 西安建筑科技大学, 2017.

[8] WANG Y, TANG Y, YUAN Z. Improving food waste composting efficiency with mature compost addition[J]. Bioresour. Technol., 2022, 349: 126830.

[9] GAO Y, WANG X, LI J, et al. Effect of aquaculture salinity on nitrification and microbial community in moving bed bioreactors with immobilized microbial granules[J]. Bioresour. Technol., 2020, 297: 122427.

深圳市厨余垃圾分类利用的物质流特征与优化策略

黄靖洁[1,2]，肖雄[3]，魏薇[3]，沈桂燕[1,2]，王韬[2]，杜欢政[2]，徐利军[1]，苑文仪[1]

（1.上海第二工业大学；2.同济大学；3.深圳市下坪环境园）

摘要： 本文利用物质代谢分析方法解析了近期深圳市厨余垃圾分类处置与资源化利用状况，有效反映了深圳市的厨余垃圾的分类成效和处理技术路径。研究从资源循环和环境影响两个维度开展市域厨余系统的量化评价，计算了原料回收利用率、能源回收利用率、固渣分出率和污水产生率四项指标。结果显示，2024年上半年深圳市以肥料和粗蛋白等形式循环利用厨余垃圾的原料回收利用率达到27.9%，能源回收利用率达到29.1%，厨余垃圾处理的固渣分出率和污水产生率分别为20.5%、52.3%。深圳市积极开展了多种厨余垃圾技术工艺的创新探索，未来需要提升技术和产业集中度，进一步优化垃圾治理的制度环境和市场环境，强化区域协同和产业协同，破解厨余垃圾处理成本偏高和场地不足等难题。

关键词： 厨余垃圾；处理工艺；物质流分析；资源循环利用

Material Flow Analysis and Optimization Strategy for Separate Utilization of Food Waste in Shenzhen City

Huang Jingjie[1,2], Xiao Xiong[3], Wei Wei[3], Shen Guiyan[1,2], Wang Tao[2], Du Huanzheng[2], Xu Lijun[1], Yuan Wenyi[1]
(1.Shanghai Polytechnic University; 2.Tongji University; 3. Shenzhen Xiaping Environmental Park)

Abstract: Material flow analysis was employed to examine the status quo and performance of food waste treatment and recycling in Shenzhen. From the perspective of resource recycling and environmental impact, there were four indicators quantitatively assessed, including material recycling rate, energy recycling rate, solid residue separation rate, and sewage generation rate. In the first half of 2024, the some 27.9% of food waste in Shenzhen was materially recycled for fertilizer and crude protein. The energy recycling rate from food waste was 29.1%, and the solid residue separation rate and sewage generation rate were 20.5% and 52.3%, respectively. Shenzhen has made innovative and forward-looking progress in food waste recycling. In the future it is necessary to concentrate the treatment compacity onto more efficient technologies and larger scale facilities. Food waste regulations and markets can be further optimized, and regional and industrial collaborations be promoted in order to overcome high cost and land limitations for waste recycling.

Keywords: Food waste; Treatment technologies; Material flow analysis; Resource recycling

一、引言

深圳市作为中国特色社会主义先行示范区，始终走在城市管理与可持续发展的前沿，其在生活垃圾的治理中同样展现出"敢为人先"和"创新驱动"的鲜明特色。厨余垃圾作为生活垃圾的重要组成部分，占生活垃圾总量的50%以上，包括家庭厨余垃圾、餐厨垃圾、果蔬垃圾和废油脂等。高效处理厨余垃圾仍是当下亟待解决的问题。随着生活垃圾分类工作的不断深入，自2017年3月，国家发展改革委员会、住房和城乡建设部联合发布了《生活垃圾分类制度实施方案》（以下简称《方案》），中国生活垃圾分类进入"强制时代"[1]，从最初的自愿参与，逐步过渡到法律规定下的强制执行，垃圾分类已经走过了七个春秋。2020年4月29日，《中华人民共和国固体废物污染环境防治法》第二次修订通过，明确要求建立生活垃圾分类制度，遵循政府主导、全民参与、城乡统筹、因地制宜、简便易行的原则[2]。

本研究以厨余垃圾中产生量最大的家庭厨余垃圾和餐厨垃圾为重点研究对象，截至2024年7月，深圳市共有在役餐厨垃圾和家庭厨余垃圾处理设施41座，从业企业26家。深圳市厨余垃圾处理工艺主要分布在龙岗区、南山区和光明区。其中，三相分离主要分布在南山区、龙岗区和盐田区；厌氧消化分布在龙岗区和光明区；好氧制肥分布在龙岗区和南山区。深圳市日处理能力为7 229t，主要处理工艺如图1所示，其中，三相分离、厌氧产沼和好氧堆肥是当下主流的厨余垃圾处理工艺，分别占总处理能力的29.1%、28.6%和15.3%。深圳市形成了家庭厨余和餐厨垃圾成熟处理技术与创新工艺多元探索的格局，以及大中小型企业共生互补的产业生态。

厨余垃圾进入处理系统之前，需要经过收集、储存和预处理等环节。目前，如何从源头减少厨余垃圾以增加环境效益的研究仍相对较少。张婷婷[3]在关于北京市生活垃圾处理策略的研究中提出，为了达到2025年的减排目标，必须将可回收资源和厨余垃圾进行单独收集和处理。其在厨余垃圾和可回收资源分离研究中可知，减排率高达72.0%。厨余垃圾具有含水量高、有机质丰富、易腐烂等特点[4, 5]，处理不当，对土壤、水体和空气都会造成一定程度的污染，严重威胁生态环境和居民健康。Yang

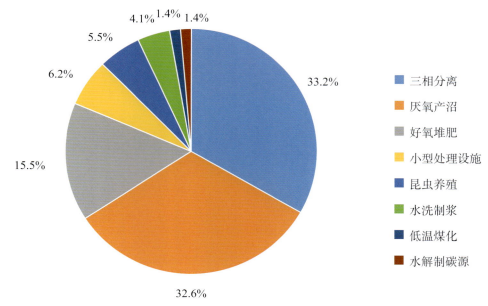

图1 深圳市厨余垃圾各类处理工艺的日处理能力

等[6]研究了中国生活垃圾填埋过程中温室气体（GHG）排放的四种情景，在无填埋气收集措施的情景下，生活垃圾填埋场中温室气体排放量高达641～998kg CO_2-eq/t。研究表明，厨余垃圾的含水率和干物质含量是影响GHG排放的关键因素，分离厨余垃圾和提高焚烧比例有助于减少填埋总排放量。李帅等[7]选取湖南省娄底市的厨余垃圾处置过程作为研究对象，运用生命周期评价（LCA）方法分析该过程对环境和能源的影响，评估各功能单元的环境影响贡献，并结合经济性分析提出优化方案。同时在沼渣处理研究中得知，沼渣堆肥比焚烧的碳排放降低了54.0%，其他废气排放降低了76.0%，同时可供应上万吨有机肥，因此，厌氧消化与好氧堆肥的结合将是厨余垃圾资源化利用技术的发展方向。厨余垃圾的资源化利用是当下"无废城市"建设的必然趋势。杨光等[8]研究了我国生活垃圾分类推动下厨余垃圾资源化技术的现状与挑战，提出厌氧消化、好氧生物处理和昆虫饲料转化等技术在应用中存在资源化程度低、环境影响显著及经济效益差等问题。为此，构建了包括21项指标的多维绩效评价体系，对14项典型技术进行定量评价。结果显示，厌氧消化和昆虫饲料转化技术得分分别为58.4和59.7，高于好氧生物处理（49.2）。李欢等[9]以回收利用率、碳排放和全周期费用为指标，比较了混合焚烧、厌氧消化、好氧堆肥和饲料化四种处理模式。研究表明，以饲料化、厌氧消化、好氧堆肥、混合焚烧的顺序为厨余垃圾处理的合理方案。

就深圳市而言，其对于生活垃圾治理领域提出了一系列创新型和前瞻性的举措，并取得一定成效，但在技术水平、处理效率和资源化利用等方面仍存在优化空间。本文分别从物质流分析、技术工艺和资源化利用三个维度对深圳市厨余垃圾的处理进行系统分析，通过原料回收利用率、能源回收利用率、固渣分出率和污水产生率四个指标对其进行量化评价，并就技术路线和管理模式的优化升级提出建议，结合新形势下的发展要求，对深圳厨余垃圾处理现状及问题进行剖析，为厨余垃圾的治理工作提供可行的参考，推动实现更高效的资源循环和低碳发展的目标。

二、物质流研究方法与评价指标

（一）研究方法

1. 系统边界与数据来源

在本研究中，物质流模型的逻辑边界涵盖了餐饮企业和居民社区等垃圾产生源头到垃圾分类处理、资源回收和终端处置的全过程。其中包括多个工艺和产物，主要工艺有厌氧产沼、好氧制肥、水洗制浆、低温焙化、黑水虻养殖、水解制碳源、三相分离等处理过程。这些工艺会资源化成不同的产物，本文主要包括肥料、粗蛋白、浆料等材料型产物，毛油、煤化物、沼气和沼渣等能源型产物。2024年1月至7月作为研究分析时间段，取日均值（t/d）作为厨余垃圾的物质流单位。

深圳市环卫系统的生活垃圾数据来源于城管部门的统计；再生资源系统的生活垃圾分流量数据来源于深圳市商务部门的统计。其中不同工艺的厨余垃圾数据，由不同地区的企业提供，其中，三相分离的有3家企业，厌氧消化的有3家企业，好氧制肥的有2家企业，水解制有机酸的有2家企业，水洗制浆的有1家企业，低温煤化的有1家企业，采用黑水虻养殖工艺的有1家企业。

2. 物质流分析框架与工艺描述

典型的物质流分析框架包括系统输入端、系统本身及系统输出端3个部分，因此根据研究目标，将深圳市厨余垃圾物质流分析框架分为垃圾输入端、垃圾分类系统和物料输出端三个部分[10]。

垃圾输入端由深圳市各餐饮企业和居民社区等每日产生的全部厨余垃圾构成，是生活垃圾的主要构成部分。本研究选择不同处理原料和处理工艺对原生家庭厨余垃圾、餐厨垃圾等垃圾种类进行分类处理，通过再生资源路径回收将厨余垃圾分别采用不同的处理工艺处理，使其资源再生不同的能源和材料等物料产品，进一步进行资源化利用[11]。

本研究中，对于物料的输出端，将其分为能源型、材料型、废物和耗散四种类型物料产品[12]。能源型物料，例如毛油、沼气和煤化物等，这类物料属于生物质能，其可以通过净化处理和废物处理转换为多种形式的能源进一步实现资源回收利用。材料型物料，例如有机肥、粗蛋白和碳源等，这类物料通常来源于有机废弃物的处理过程，通过资源再生企业转换技术将废物中的营养元素或有机物质提取进一步实现资源循环利用。废物及耗散等物料，例如废渣、污水和杂质等，通常为生产加工过程中产生的无用的副产品，这类物料难以直接回收利用，资源含量低、处理难度大且潜在的污染危害高。因此，在物料输出端，利用分类收集的有害垃圾可实现再生资源物料的循环化利用。

（1）三相分离。三相分离技术是一种用于处理厨余垃圾的技术，是通过将厨余垃圾分离成有机质、液体和固体三个部分。三相分离工艺主要为厨余垃圾预处理工艺，主要工艺流程包括接料粗分、挤压脱水、浆液缓存、三相提油等预处理工艺[13]，同时与固相焚烧处置和液相共同协调处理。

（2）厌氧消化。厨余垃圾的厌氧消化技术处理是一种有效的资源化处理方法，它通过在无氧条件下利用微生物代谢活动将有机物质转化为甲烷和二氧化碳等气体[14]，实现垃圾的无害化、资源化和减量化。厌氧消化具有和三相分离工艺类似的预处理模式，在后端资源化利用中主要有浆液酸化、厌氧发酵、产沼发电。其中，三相分离出的大多杂质都通过焚烧处理处置，毛油部分公司外运，部分企业将其用作生物柴油作为能源型材料进行资源化利用，离心脱水后的沼液大多在厂内处理，沼渣焚烧处置或者用作土壤改良剂[15]。

（3）好氧制肥。好氧制肥是一项公认的高效处理有机垃圾的技术，与其他技术相比，其能有效实现厨余垃圾的减量化、资源化和无害化[16]。通过微生物在有氧环境中对有机物进行分解，转化为高效的有机肥料。好氧制肥主要为物料接收、分选破碎、有机浆液好氧发酵、三相分离以及固相有机物经高温高压烘干后制有机肥或添加微量元素后做低蛋白饲料[17]，在此过程中，分选后杂质焚烧处置，三相分离出的污水部分企业选择外输至污水厂处理，也有一些企业在厂内处理制成液体肥料，产生的毛油大多外运或用作工业级混合油后，出口至国际做航空煤油。

（4）水解制有机酸。水解制有机酸又可以叫作厨余垃圾碳源化，将厨余垃圾酸化液作为生活污水和垃圾渗滤液等污水处理的外加碳源[18]。厨余垃圾碳源化技术是将传统的厌氧发酵工艺使用停留在水解酸化阶段，产生含有大量的挥发性脂肪酸（VFA）乳酸、溶解性有机物等可降解有机物，具有极佳的可生化性[19]。具体流程为预处理、油脂回收、强化破解、定向产酸、酸化液纯化，核心为水解产酸，将厨余垃圾低成本地转化为高浓度、易生物降解的有机酸化液[20, 21]。

（5）低温煤化。低温煤化工艺是一种热化学处理方法，它在无氧或低氧环境下将有机物质加热分解，生成固体煤化产物（类似于炭）、液体（生物油）和气体（主要是甲烷和一氧化碳）。这种工艺通常在相对较低的温度（300～700℃）下进行，远低于传统热解或焚烧工艺的温度[22]。

（6）黑水虻养殖。黑水虻养殖工艺是一种主要利用黑水虻这种昆虫来处理厨余垃圾的技术。这种工艺通过将厨余垃圾与黑水虻的幼虫结合，实现有机废物的转化和资源化利用[23]。黑水虻养殖的主要工艺流程为物料接收、分选破碎、有机浆料投菌制浆、黑水虻虫卵孵化、养殖黑水虻幼虫，养殖分筛后的虫沙烘干后，经加工可用作有机肥，鲜虫可烘干加工后作昆虫干粉，替代鱼粉成为优质的饲料原料[24, 25]，也可干化后直接喂养鸡、鸭、鱼以及观赏鸟、龟类、蛙类等经济动物。

（7）水洗制浆。水洗制浆系统主要有物料接收、粗分选、除砂除杂、固液分离和油脂提取系统等水洗工艺，设备在处置的过程中有效地将混杂垃圾筛选分离[26]。预处理后的有机浆料资源化利用率高，可送往下游企业作为制肥或昆虫养殖的原料，实现厨余垃圾无害化、减量化的处理要求，使效益收益最大化。

（二）物质流评价指标

物质流分析是指一定时空范围内，遵循质量守恒原理，对特定系统中物质的存量与流量进行定量描述，从而追踪物质在系统中流动的源、路径和汇的研究方法[27]。本文基于垃圾分类工作和物质流平衡的基本要求，对厨余垃圾的资源回收利用情况作出定量分析，以下采用原料回收利用率、能源回收利用率、固渣分出率和污水产生率四个指标进行评价。

1. 原料回收利用率

原料回收利用率是一项基于物质回收利用实绩的评价指标，在引导我国垃圾分类工作"由虚向实"转变方面具有重要作用，其反映了资源循环利用的效率和可持续性[28]。较高的回收利用率意味着更多的厨余垃圾被转化为可用的有机肥料、能源或其他再生资源，从而减少了垃圾填埋和焚烧的需求。

$$r_m = \frac{\sum_i MRD_i}{\sum_i MWD_i + \sum_i MAD_i} \quad (1)$$

式中，r_m为原料回收利用率（%）；MRD_i为按原料回收的各类产物（如肥料、饲料、蛋白、碳源等）中干物质重量（t）；MWD_i为各类有机垃圾中干物质重量（t）；MAD_i为各类辅料中干物质重量（t）。

2. 能源回收利用率

厨余垃圾能源回收利用率是指在厨余垃圾处理过程中，能够成功转化为可再生能源（如沼气、生物炼油或煤化物）的比例。较高的能源回收利用率意味着更多的厨余垃圾被有效转化为可利用的能源，减少了对传统化石能源的依赖，并降低了温室气体的排放[29, 30]。一般可采用厌氧消化和低温煤化等创新技术，以提高厨余垃圾的能源回收利用率。

$$r_n = \frac{\sum_i NRD_i - \sum_i NUD_i}{\sum_i NWD_i} \quad (2)$$

式中，r_n为能源回收利用率（%）；NRD_i为按能源回收的各类一次能源产品（如沼气、生物柴油等）的能量值（MJ）；NUD_i为垃圾处理利用过程消耗的各类外部输入能量值（如电力等）（MJ）；NWD_i为各类有机垃圾的干基生物质能量值（MJ）。部分工艺同时包括初级能源加工（如厌氧产沼）和二级能源加工（沼气发电），则仅计算初级能源转化的效率。

3. 固渣分出率

固渣分出率是指在厨余垃圾处理过程中，从废弃物中分离出来的固体残渣占总处理量的比例，通常以百分比表示。固渣是处理厨余垃圾后残留的不可再生部分，包括一些无机物质、未被分解的有机物以及其他难以处理的杂质[31]。其能够反映处理工艺的效率及资源化利用水平，较低的固渣分出率意味着更多的厨余垃圾被成功转化为可利用的产品，而较高的固渣分出率则可能表明处理过程中的效率不佳，更多的有机物质未能被充分分解或利用。

$$\eta = \frac{\sum_i WB_i}{\sum_i MW_i} \quad (3)$$

式中，η为固渣分出率，用百分比表示；WB_i为分离后进行焚烧处理的各类杂质或固渣重量（t）；MW_i为各类原生有机垃圾处置量（t）。

4. 污水产生率

厨余垃圾中污水产生率是指在处理厨余垃圾过程中，因水分释放或分解反应而产生的污水量占总厨余垃圾量的比例，通常以百分比表示。这个指标反映了厨余垃圾处理过程中水分的去除效率及其对环境的影响。较高的污水产生率意味着处理工艺不够优化，导致大量水分未能有效去除，增加了污水处理的负担[32]。此外，污水中可能含有有机物和污染物，处理不当，会对环境造成二次污染。

$$\lambda = \frac{\sum_i WW_i}{\sum_i MW_i} \tag{4}$$

式中，λ为污水产生率，用百分比表示；WW_i为分离后需要处理的各类污水或沼液量（t）；MW_i为各类原生有机垃圾重量（t）。

三、物质流分析结果

（一）物质流分析

2024年1月1日至7月31日，深圳市全市餐厨垃圾收运处理量合计为39.6万t，家庭厨余垃圾收运处理量为58.3万t，平均日处理量为4 947t。全市在营厨余垃圾处理设施共有41家，厨余垃圾主要处理工艺有三相分离、厌氧消化、好氧制肥等6种处理工艺技术。

2024年1～7月深圳市厨余垃圾分类处理利用物质流如图2所示。餐厨垃圾处理量2 195t/d，家庭厨余垃圾2 752t/d。其中，1 092t/d进入厌氧产沼工艺处理，占厨余垃圾总产生量的22%；974t/d进入好氧制肥工艺处理，占厨余垃圾总产生量的19.7%；443t/d进入水洗制浆工艺处理，占厨余垃圾总产生量的9%；120t/d进入低温煤化工艺处理，占厨余垃圾总产生量的2.4%；233t/d通过黑水虻养殖工艺处置，占厨余垃圾总产生量的4.7%；217t/d进入水解制碳源工艺处置，占厨余垃圾总产生量的4.4%；1 868t/d进入三相分离工艺处置，

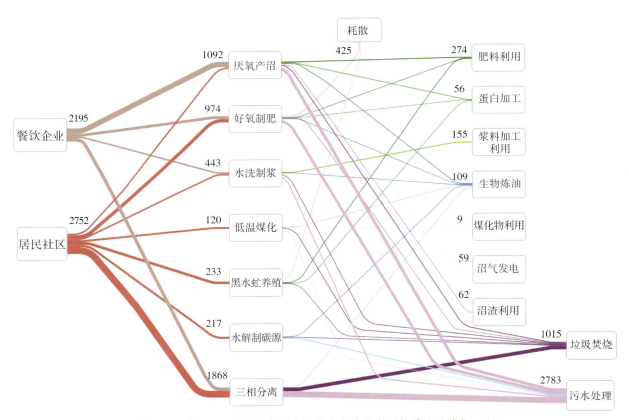

图2 2024年1～7月深圳市厨余垃圾分类处理利用物质流（单位：t/d）

占厨余垃圾总产生量的37.8%。由此可见，大多数的厨余垃圾通过三相分离将废弃物分为固体、液体和气体，帮助提高厌氧产沼系统中的效率。从图2中可见，除三相分离外，进入厌氧消化和好氧制肥工艺处置的相对居多，在厨余垃圾处理中发挥了重要的作用。处理后的厨余垃圾经处理系统流向不同的终端。其中，274t/d产物为有机肥，56t/d产物为粗蛋白，155t/d产物为浆料，以上485t/d均为材料型产物，另外109t/d产物为毛油，9t/d产物为煤化物，59t/d产物为沼气，62t/d产物为沼渣。这四种产物均为能源型产物，可进一步加工资源化利用。最后仍有425t/d为耗散产物，不能够被资源化利用。

（二）指标评价

1. 原料回收利用率

根据公式（1），计算深圳市厨余垃圾处置技术优化后的原料回收利用率，结果如下。2024年1～7月，深圳市厨余垃圾原料回收利用率为27.9%，原料回收利用率主要受厨余垃圾含固率的影响，由于厨余垃圾含水量较多，其原料回收利用率远低于塑料、纸片类垃圾。可观的回收利用率一方面表明技术优化在资源回收方面较为有效，大多数的有机物得到了有效的利用，产生了有价值的材料产物；另一部分可观的原料回收利用率依赖于厨余垃圾清运量的增加，包括家庭厨余垃圾和餐厨垃圾等。

2. 能源回收利用率

根据公式（2）计算可知深圳市厨余垃圾处置技术优化后的能源回收利用率，结果如下。2024年1～7月，深圳市厨余垃圾能源回收利用率为29.1%。能源回收利用率越高，意味着越多的厨余垃圾能被有效转化为可用能源，从而减少对传统化石燃料的依赖，同时降低废弃物处理过程中对环境的负面影响。在厨余垃圾回收中，能源回收利用率方面仍然存在很大程度的优化空间，由于能源型产物从本质上能给分类主体带来一定的经济效益，而废物和耗散等虽然归属于不可再生资源，但也会通过人工分拣再次进入再生系统中，实现更高效的资源化和能源回收。

3. 固渣分出率

根据公式（3）计算可知深圳市厨余垃圾处置技术优化后的固渣分出率，结果如下。2024年1～7月，深圳市厨余垃圾固渣分出率为20.5%。固渣分出率低意味着更少的能量消耗和更高的处理效率，从而实现更环保和经济的废弃物处理。厨余垃圾经过不同处理系统后生产的固态残渣无法进一步利用。这些固渣一般通过采用垃圾焚烧和填埋等方式进行处理，由此可见，在资源化处理的末端仍面临巨大的不可回收物处理压力。

4. 污水产生率

根据公式（4）计算可知深圳市厨余垃圾处置技术优化后的污水产生率，结果如下。2024年1～7月，深圳市厨余垃圾污水产生率为52.3%。污水处理是厨余垃圾处理系统中的重要环节，污水的产生不仅影响到垃圾处理的整体效率，也对环境管理提出了额外的挑战。厨余垃圾等高水分含量的有机废弃物在处理过程中容易产生大量污水。在厌氧消化或好氧堆肥过程中，废物中的水分被释放，从而增加了污水的产量。因此，从源头对废弃物含水量进行有效管理或者增加多级工艺可以有效降低污水的产生率。

四、深圳厨余垃圾资源化利用问题与建议

（一）主要问题

1. 厨余垃圾处置工艺较为分散

深圳市共有9个行政区和1个功能区，全市厨余垃圾处理工艺和处理场规模多样化，各城区设有技术和规格不同的处理厂，使得厨余垃圾物质流的管理调配比较复杂。不同区域的处理方式不一致，一些区可能偏重资源循环利用率较高的工艺，而另一些区则以三相分离后焚烧处理为主，更为关注成本和安全处置问题。分散布局能够在一定程度上缓解单一处理中心的运营压力，提高厨余垃圾治理的灵活性，但也可能导致管理成本的增加，以及回收利用效率的波动。此外，深圳市厨余垃圾处理设施布局还存在按区设限和区域协调等难题，郊区的处理设施能力相对充足，但垃圾收集和运输的距离较长，途中存在垃圾腐臭和失漏风险。城市中心地区的处理设施因与居民区接近，导致居民抵触情绪较高，邻避效应突出，设施运营的长期性和稳定性上难以保证。

2. 餐厨企业日常监管还有死角

当前深圳市餐厨垃圾的监管仍存在死角，各区和从业企业的管理模式相对独立，垃圾收运处理标准和规范的一致性不足，导致不同处理设施的运行效率和资源利用率差异显著，影响整体治理效果。在实际运行管理中，缺乏明确的责任划分和协调机制，使得各个参与方之间的配合不够紧密。监管部门的检查和评估机制也不够健全，缺乏定期的监督和反馈，难以及时发现和解决运行中的问题。此外，深圳市土地面积较大，人口众多，且存在较多城中村的情况，因此产生的垃圾情况较为复杂。城中村人口结构复杂，流动频繁，素质参差不齐，生活垃圾分类意识较弱，且难以进行监督。市、区两级监管单位难以全面掌握各设施运行管理情况，导致设施管理不到位、管理效率偏低。在深圳市的废弃物管理过程中，部分企业存在厨余垃圾和废油脂违规售卖的现象，少部分甚至可能流向非法市场，威胁食品和生态安全。

3. 各区承担的责任和费用不均和政策不统一

深圳市作为中国经济特区，其用地资源紧缺，各地区的发展水平差异显著。这种区域不平衡造成了厨余垃圾处理和跨区补偿费方面的难题。中心城区通常拥有更完善的废弃物管理体系，但缺少处理设施用地，而大规模处理设施往往集中在郊区。这种差异导致各区在厨余垃圾处理上承担的责任和费用不均，进而影响到跨区补偿费的制定与执行。其次，政策的不统一使得各地区在厨余垃圾管理上有不同的执行标准。各区在处理跨区垃圾的过程中，还需要进一步完善信息共享与协调机制，统筹收运处理流程和补偿标准。

4. 厨余垃圾源头分类存在短板

尽管深圳市实施垃圾分类政策较早，但部分居民特别是流动人口的分类意识还有待加强。垃圾源头分类后，大多集中收运，由于垃圾分类宣传不够多样化，导致部分居民不能准确区分垃圾的种类，尤其难以将家庭厨余垃圾全面有效地分出。通过在垃圾投放点设置管理员进行监管和引导，大部分居民可以做到垃圾分类投放，但仍有少部分居民会无视分类，将厨余垃圾和其他垃圾混装，或扔进公共场所的垃圾桶。

（二）建议

1. 提升厨余垃圾处理的技术集中度和产业集中度

提高可持续性优势技术和生物工程等的创新技术的市场占有率，调配废弃物资源向规模化企业集中，改进行业的资源效率和抗风险能力是推动深圳厨余垃圾利用的关键举措。推动厨余垃圾和绿化垃圾、工农有机垃圾的协同处置，鼓励企业跨界合作、跨界经营，探索垃圾

处理和生态循环农业、生物质能产业的联合共生模式。当前，深圳在厨余垃圾处理方面已经具备了一定的技术基础，但要在资源化利用和减少碳排放方面实现可持续发展，仍需进一步推进使用可持续性的技术。生物工程技术也可以为垃圾处理提供新的解决方案，利用微生物降解有机物，生成高附加值的副产品，进一步提高资源回收的效益。

2. 构建厨余垃圾管理体系和溯源机制

建立健全"全覆盖、全过程、分层次"厨余垃圾清运体系，对垃圾清运处理实行全面监管。明确市、区城管职责，成立专门的垃圾监管小组，对全市进行指导和监督。除此之外，可通过第三方机构进行监督调查，确认厨余垃圾基本处理设施完善。将源头减量、分类投放、收集运输、处理利用等多个环节形成闭环处理，努力推动厨余垃圾全过程分类治理。依托车辆智能管理平台，对运输车辆进行实时监控，通过设置电子追踪系统，对厨余垃圾的产生、收集和处理进行全程监控，确保每一环节的信息透明化，严厉打击偷油等不法行为，让垃圾有迹可循。

3. 强化制度供给和市场环境优化

稳步推进厨余垃圾的公共财务改革，在逐步减少处理费补贴的情况下，通过制度供给和制度创新激发企业的内生动力。引入多元化融资渠道，鼓励更多企业参与厨余垃圾处理项目。通过制度创新，严格规定行业准入门槛和运营标准，裁汰不规范企业和弱质企业，延长优质企业的特许经营期限或合约期限，使其能够安心扩大投资，改进处理工艺和技术装备。推动厨余垃圾资源化产品的标准开发和追溯认证体系建设，加强对有机肥等资源化产品的绿色公共采购，优先采购经过认证的资源化产品，形成市场需求拉动效应，推动提升产品的市场占有率，提升整个行业的生态效益。

4. 深度推进厨余垃圾源头分类管理

以高出租居民社区、城郊社区和小餐饮企业为重点，加强对家庭厨余和餐厨垃圾源头分类的监督和引导，结合社区实际情况，开展垃圾分类和知识培训，改变部分厨余垃圾含杂率偏高的局面。与此同时，社区可以设立垃圾分类督导员或志愿者，通过上门指导和现场监督等方式，帮助居民正确进行垃圾分类。强化收运过程的执法监督，防范非正规回收者对厨余垃圾的私收私用。推动智能监控系统、智能回收箱等智慧科技的手段在厨余垃圾分类中的应用。

五、结论

本文对深圳市厨余垃圾物质流现状进行了量化评估，采样物质流桑基图完整刻画了餐厨和家庭厨余垃圾从源头投放到再生循环为各类原料和能源型产品的全过程。厌氧产沼、三相分离和好氧制肥等深圳目前主流的厨余垃圾资源化利用方式，昆虫养殖、水解酸化制碳源等创新型处理工艺的实际处理量有限，此外还存在一定比例的小型处理设施。多样化处理工艺反映了深圳市厨余垃圾治理有着积极探索和大胆创新，但也带来了处理成本偏高、费用标准不一、管理体系复杂等难题。未来需要引导厨余垃圾处理向规模化企业和资源循环利用率较高技术路径上发展，优化厨余物质流系统，为垃圾治理提供更为高效、低成本和可持续的解决方案。

参考文献

[1] 杨洁, 白帆, 邵智娟, 等. 生活垃圾强制分类背景下苏州市居民厨余垃圾治理支付意愿[J]. 苏州科技大学学报(自然科学版), 2024, 41(3): 42-50.

[2] 刘海伦. 中国再生资源回收行业发展报告(2024)[J]. 资源再生, 2024(7): 27-38.

[3] 张婷婷. 基于温室气体排放的城市生活垃圾处理策略优化研究[D]. 北京: 北京化工大学, 2020. DOI:10.26939/d.cnki.gbhgu.2020.000202.

[4] 李光明. 城市餐厨垃圾收运管理与资源化技术[M]. 上海: 同济大学出版社, 2015: 4-10.

[5] 靳晨曦, 孙士强, 盛维杰, 等. 中国厨余垃圾处理技术及资源化方案选择[J]. 中国环境科学, 2022, 42(3): 1240-1251. DOI:10.19674/j.cnki.issn1000-6923.20210923.002.

[6] YANG N, ZHANG H, SHAO L, et al. Greenhouse gas emissions during Msw landfilling in china: Influence of waste characteristics and LFG treatment measures[J]. Journal of Environmental Management, 2013, 129: 510-521.

[7] 李帅, 李晓东, 夏声鹏, 等. 厨余垃圾厌氧消化过程的生命周期评价: 以湖南省娄底市为例[J/OL]. 新能源进展, 1-9[2024-10-10].http://kns.cnki.net/kcms/detail/44.1698.TK.20240914.1054.002.html.

[8] 杨光, 史波芬, 周传斌. 我国厨余垃圾资源化技术的多维绩效评价[J]. 环境科学, 2023, 44(6): 3024-3033. DOI:10.13227/j.hjkx.202206325.

[9] 李欢, 周颖君, 刘建国, 等. 我国厨余垃圾处理模式的综合比较和优化策略[J]. 环境工程学报, 2021, 15(7): 2398-2408.

[10] 尹然. 基于城市代谢物质流模型的兰州市城市物质流动特征分析[D]. 兰州: 兰州大学, 2020. DOI:10.27204/d.cnki.glzhu.2020.003617.

[11] 唐晨钧. 城市生活垃圾回收利用管理优化研究[D]. 昆明: 云南财经大学, 2024. DOI:10.27455/d.cnki.gycmc.2024.000300.

[12] 李孔燕. 绿色发展视域下内蒙古自治区节能减排的困境、问题及对策研究[D]. 呼和浩特: 内蒙古大学, 2017.

[13] 杜巍, 芦旭飞, 王坤, 等. 新型三相分离工艺在餐厨及厨余垃圾处理中的应用[J]. 科学技术创新, 2022(26): 153-156.

[14] 赵广良. 加热强化餐厨沼液生物聚沉除渣效果与餐厨垃圾水解酸化液制备碳源的研究[D]. 南京: 南京农业大学, 2022. DOI:10.27244/d.cnki.gnjnu.2022.000180.

[15] POLO M C, CASTRO C M D M, SORIA M Y B. Reviewing the anaerobic digestion of food waste: From waste generation and anaerobic process to its perspectives[J].Applied Sciences, 2018, 8(10): 1804.

[16] 王子源. 国内厨余垃圾处理现状及主体工艺论证[J]. 广东化工, 2020, 47(12): 164-166, 169.

[17] HU N, TONG Z, LI F, et al. A two-stage strategy combining vermicomposting and membrane-covered aerobic composting to achieve value-added recycling of kitchen waste solid residues[J]. Waste Disposal & Sustainable Energy, 2024, (prepublish): 1-10.

[18] HUANG T, LI D, CHEN B, et al. Utilization strategy for algal bloom waste through co-digestion with kitchen waste: Comprehensive kinetic and metagenomic analysis.[J]. Environmental research, 2024, 255: 119194.

[19] 危海涛, 刘海春, 张虞婷, 等. 厨余垃圾碳源化技术研究进展[J]. 再生资源与循环经济, 2023, 16(4): 14-17.

[20] 周明明, 陈龙喜, 曾胜庭, 等. 餐厨垃圾水解酸化液作为外加碳源处理养猪废水[J]. 安徽农业科学, 2020, 48(8): 80-83.

[21] 张瑞娜, 兰思杰, 曹瑞杰, 等. 餐厨垃圾作垃圾渗滤液处理碳源可行性评估[J]. 山东化工, 2021, 50(10): 268-271. DOI:10.19319/j.cnki.issn.1008-021x.2021.10.105.

[22] 董子水, 马伟芳. 生活垃圾低温催化热解制备芳香炭的研究进展[C]//中国环境科学学会环境工程分会. 中国环境科学学会2021年科学技术年会——环境工程技术创新与应用分会场论文集(四). 北京林业大学环境科学与工程学院, 2021:10. DOI:10.26914/c.cnkihy.2021.028386.

[23] 高银柳. 厨余垃圾处理现状及黑水虻工厂化模式的思考[J]. 中国高新科技, 2022(24): 88-90.DOI:10.13535/j.cnki.10-1507/n.2022.24.29.

[24] 熊彩虹, 刘清笑, 雷鸣, 等. 黑水虻协同厌氧发酵处理餐厨垃圾的可行性分析[J]. 广东化工, 2020, 47(10): 98-100.

[25] WONG C Y, ROSLI S S, UEMURA Y, et al. Potential protein and biodiesel sources from black soldier fly larvae: Insights of larval harvesting instar and fermented feeding medium[J]. Energies, 2019, 12(8):1570.

[26] 朱浩, 刘晓吉, 仲跻胜, 等. 餐厨垃圾水力制浆耦合厌氧消化的效果分析[J]. 环境工程技术学报, 2023, 14(1): 216-223.

[27] 李天骄, 王涵, 李水坤, 等. 深圳市生活垃圾分类系统的物质流变化[J]. 环境卫生工程, 2021, 29(4): 7-13, 21.

DOI:10.19841/j.cnki.hjwsgc.2021.04.002.
[28] 刘畅, 童琳. 垃圾分类大目标背景下的回收指标研究[J]. 环境卫生工程, 2022, 30(4): 83-88.DOI:10.19841/j.cnki.hjwsgc.2022.04.012.
[29] 黄文辉. 提高生活垃圾焚烧发电厂能源利用率的方法研究[J]. 节能, 2019, 38(7): 25-26.
[30] Renewable energy; Reports outline renewable energy study results from H.X. Wang et al (Study of the application and methods for the comprehensive treatment of municipal solid waste in northeastern China)[J].Chemicals & Chemistry, 2016.
[31] 张力, 杭建强, 颜剑敏, 等. 厨余垃圾破碎挤压工艺试验研究[J]. 四川环境, 2024, 43(1): 160-164.DOI:10.14034/j.cnki.schj.2024.01.023.
[32] 刘俊杰, 钟欣. Z市餐厨垃圾焚烧厂污水处理与研究[J]. 广东化工, 2024, 51(16): 142-144.

城市暗夜空保护的一个理论误区

赵海天[1]，付强[2]

（1. 深圳大学建筑与城市规划学院；2. 深圳职业技术大学机电学院）

摘要：随着城市化进程的推进，光污染问题变得愈加突出，它不仅影响生物多样性和人类的健康，还对天文观测造成障碍，暗夜空保护成为城市绿色空间保护的重要组成部分。本文通过分析卫星遥感照片揭示了地区亮度与经济繁荣之间存在的"繁荣＝高亮"规律，同时指出了光污染与暗夜空保护研究和实践中存在的一个理论误区：评价和治理光污染时忽略了照度的矢量性质。通过不同视点下的亮度分析，指出传统的光污染治理方法并不能必然导致对暗夜空有效保护。本文最后提出了包括全面理解光污染、建立光污染指数（LPI），并重新审视现有的法规和标准，以更有效地保护暗夜空的建议。

关键词：暗夜空保护；光污染；卫星遥感；照度矢量；环境保护；法规和标准

A Theoretical Misconception for Urban Dark Sky Protection

Zhao Haitian[1], Fu Qiang[2]

(1. School of Architecture and Urban Planning, Shenzhen University; 2. College of Mechanical and Electrical Engineering, Shenzhen Polytechnic University)

Abstract: With the advancement of urbanization, the issue of light pollution has become increasingly prominent. It not only affects biodiversity and human health but also poses obstacles to astronomical observations. The protection of dark night skies has become an important part of urban green space protection. This paper analyzes satellite remote sensing photos to reveal the "prosperity=high brightness" rule between regional brightness and economic prosperity. At the same time, it points out a theoretical misunderstanding in the research and practice of light pollution and dark sky protection: the vector nature of illuminance is neglected when evaluating and managing light pollution. Through the analysis of brightness from different viewpoints, it is pointed out that traditional methods of light pollution control do not necessarily lead to effective protection of the dark night sky. The paper concludes with suggestions for comprehensively understanding light pollution, establishing a light pollution index (LPI), and re-examining existing regulations and standards to more effectively protect the dark night sky.

Keywords: Dark night sky protection; Light pollution; Satellite remote sensing; Vector nature of illuminance; Environmental protection; Regulations and standards

---

* 基金资助：国家自然科学基金面上项目"低位路灯眩光问题研究"，批准号：51778367。

一、引言

随着我国城市化进程的推进，高楼大厦逐渐取代了绿地和自然景观。这一进程中，包括暗夜空保护的城市绿色空间保护显得日益重要。暗夜空是自然生态系统的一部分，许多物种依赖于昼夜更替的自然光照周期进行繁殖、迁徙和日常活动。城市化导致的光污染干扰了这些自然节律，对生物多样性构成威胁；过度的夜间光照也会使人产生睡眠障碍、激素分泌失调、情绪不良等问题，影响了人们的身心健康；光污染妨碍了天文观测，而清澈的夜空是进行天文科学研究的前提；不必要的夜间照明也浪费大量能源，采取有效的暗夜空保护措施能够节能降碳，减少温室气体排放；观赏清澈的夜空和满天繁星是一种心灵体验和精神享受，保护夜空可带来生态旅游的经济收益；此外，光污染问题已成为全球性挑战，减少光污染，也是履行国际环保公约的体现。因此，如何在城市经济高速发展进程中保护珍贵的绿色空间，是每一个城市发展决策中都面临的问题，其重要性已逐渐成为人们的共识。

目前，关于城市夜景照明中的光污染和暗夜空保护所进行的研究的主流结论是：由于一些城市在发展过程中注重经济效益，在一定程度上忽略了对生态环境的保护与监管，导致城市夜景照明中产生光污染，对城市的整体生态产生了不利影响。事实是这样吗？

二、照片揭示了一个定律

2022年地球夜晚的卫星遥感照片表明，世界各地的明亮程度超越了一切国家地域、历史传统、种族民族、文化习俗、宗教信仰、社会制度甚至领导人的个人喜好的差异，反映的仅是当地经济繁荣程度，甚至可以说某地区的亮度就是当地可视化的GDP。

2023年我国部分地区夜晚的卫星遥感照片同样表明，我国各地区明亮程度也超越了行政区划、历史传统、民族习俗、文化传统、宗教信仰、当地对环境保护的力度甚至当地领导人的执政理念和重视程度的差异，一目了然地反映了各地区的经济繁荣以及现代化程度，对于经济高速发展进程中的城市，亮度在迅速增强。

总结国际、国内的夜晚照片，这条定律是这样描述的：某地区的明亮程度仅与当地的经济繁荣程度呈正相关，换言之：繁荣=高亮！

三、疑问引发实施了一系列措施

人们自然会提出疑问："加强对夜晚光环境的保护与监管，能否改变一个地区遥感照片上的明亮程度呢？"

回答这个疑问，让我们先回顾一下在夜晚光环境的保护与监管方面，人们都做了哪些工作。事实上，防治光污染是目前中国乃至世界共同研究的共性课题。相关的国际组织有国际暗夜协会（International Dark-Sky Association, IDA），该组织致力于保护暗夜空，为减少光污染提供了一系列的指导原则；国际照明委员会（Commission Internationale de l'Eclairage, CIE），该组织发布了关于照明和光污染的一系列标准和推荐做法；美国照明工程学会（Illuminating Engineering Society of North America, IES），该学会提供了关于照明设计和光污染控制的指导原则和标准。我国也进行了多方面的理论研究和探索，发布了关于照明设计和光污染控制的一系列国家标准：如《城市夜景照明技术规范》《建筑照明设计标准（GB 50034—2013）》《城市道路照明设计标准（CJJ 45—2015）》《节约能源：城市绿色照明示范工程》等，一些城市或地区相应颁布了自己的法规和标准，以保护暗夜空。随着时间的推移，这些法规也在不断更新和完善，引导我国城市夜景照明朝着绿色健康、科学安全的方向发展。

各地目前采取的主要措施有规定城市照明的亮度和照明时间；限定LED显示屏的亮度、色温、照明功率密度（LPD）；要求照明设计符合规定的技术规范，比如使用防眩光的灯具、合理设置照明角度以及限制光源的照射范围；在生态敏感区域、天文观测区、自然保护区、风景名胜区等特定区域设立暗夜空保护区，实施更严格的照明控制措施，限制这些区域的照明强度和照明时间；使用节能灯具和智能照明系统，减少能源消耗和光污染；设立监管机构，利用卫星遥感和地面监测设备定期监测和评估城市照明对夜空的影响，监督照明设施的合规使用；定期维护照明设施，确保其正常运行时不产生不必要的光污染；在特殊事件（如节日庆典）期间，对照明的使用进行特别规定，以减少对夜空的影响；在城市规划中，合理规划城市照明布局，将暗夜空保护纳入考量，制定明确的光污染控制标准，包括照明亮度、照明时间和照明方向等，为不同类型的区域（如居住区、商业区、工业区和自然保护区）设定不同的照明要求，避免过度集中或过度照明；在城市发展中，通过跨部门合作，整合城市规划、环境保护、能源管理等部门的资源和力量，共同推进暗夜空保护工作；提高公众对暗夜空保护的意识，鼓励公众参与保护活动。

在技术和科技创新层面，鼓励和支持照明技术创新和研发，推广高效、环保的照明解决方案，开发高效、节能的照明技术；跟踪最新的照明技术和趋势，不断更新和优化城市规划中的照明策略；实施示范项目，展示有效的光污染减少技术和策略；通过案例研究和最佳实践分享，推广成功的光污染控制方法；与国际暗夜协会（IDA）等组织合作，引进国际先进的暗夜空保护理念和技术。

上述措施内容之广泛、规定之具体、监管之到位，无疑有力地推动了光污染的治理。但并没有改变遥感照片所表明的亮度规律仍然是"繁荣＝高亮"，这不免让我们提出新的疑问：是照片欺骗了我们，还是上述对夜晚光环境的保护与监管措施本身存在问题？

四、陷入了一个理论误区

回答这个疑问，让我们继续追问："治理光污染＝暗夜空保护？"

先看看什么是光污染。通常所说的光污染是由一系列定量和定性的参数组成。其中，眩光是最主要的可视可测参数。眩光是当视野中存在过亮的光源或者亮度分布不均匀时，人眼感到不适或视觉性能下降的现象。夜晚的人们感觉到的眩光通常由媒体幕墙、大型广告、过亮的路灯或者其他不恰当的城市照明产生。常用的检测的方法是使用照度计测量特定区域的照度，例如"窗口的垂直照度"，或用亮度计测量光源或反射面的亮度，例如从多个光源中找出最亮的眩光光源。上述测试方法成为评估城市照明中光污染和制定光污染控制策略的主要技术依据。人们普遍认为治理好上述"光污染"就自然保护了暗夜空，这一惯性思维导致了在理论上陷入了"将治理光污染与暗夜空保护混为一谈"的误区。

请注意：上述评价方法与检测指标所指的"光污染"，实质是针对人眼的亮度刺激，强调的是刺激光的强度与不均匀性，但此处所指的"光污染"忽略了影响光刺激强弱的一个重要条件：观察点高度。

说明这个问题，要先从人眼的视角谈起。如图1所示，人眼在水平向所能看到的空间范围角度在160°～180°，在垂直方向为100°～130°，在10°～20°可以正确识别信息，20°～30°对动态东西比较敏感。在鸟瞰视角下，观察者可以看到地面上的事物的整体布局、结构和关系。这种视角可以提供关于大范围地区或场所的信息，例如城市布局、地理地形、人眼所能看到的空间范围等。

图2是在相同垂直视角、三个不同高度视点处观察到的地面及建筑物的视野情况。图中A、B、C是观察点的高度位置，其高度$H_A < H_B < H_C$。α、β分别是眼睛观察建筑物立面及地面的视角，两者之和构成垂直视角θ，为常量，即$\theta = \alpha + \beta = K$。

随着眼睛观察位置的升高，眼睛观察建筑物立面及地面的视角发生变化，并且$\alpha_A < \alpha_B < \alpha_C$，$\beta_A < \beta_B < \beta_C$。

可以看出，在垂直视角不变的条件下，改变视点的高度的效应是：空中鸟瞰与地面平视差别是越来越多地看到地面/路面，而立面所占份额越来越少。在俯视（视点）条件下，达到最大，该地的俯视亮度基本由道路或路面亮度所决定；在鸟瞰（视点）条件下，与相近，该地的鸟瞰亮度由道路或路面亮度与建筑物亮度共同决定；平视（视点）条件下，达到最大，该地的平视亮度基本由建筑物亮度所决定。

下面两组照片证实了以上分析。图3是北京市2023年的卫星遥感（C视点）照片。照片中最清晰的显示部分是城市的道路，这说明在俯视条件下，照相机镜头下的北京市之所以明亮，城市道路路面反光提供了最大的贡献。

图4是北京市2023年的鸟瞰（B视点）及平视（A视点）亮度照片，无论鸟瞰还是平视，我们所看到的都是林立的高楼的立面，与前面的俯视照片呈现完全不同的景象。

图5是深圳市2024年的俯视（不严格的C

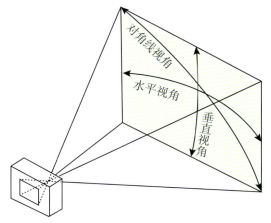

图1 人眼所能看到的空间范围

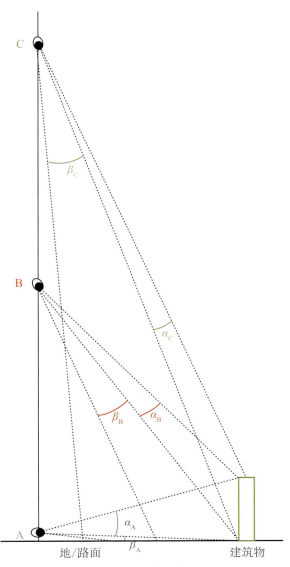

图2 三个不同高度视点分析图

图3 北京市2023年的卫星遥感（C视点）照片

视点）照片，照片中最清晰显示部分也仍然是城市的道路，这说明在俯视条件下，照相机镜头下的深圳市城市道路路面反光提供了城市明亮程度的最大贡献。

图6是深圳市2024年的鸟瞰（B视点）及平视（A视点）亮度照片，无论鸟瞰还是平视，我们所看到的都是城市建筑的立面，与前面的俯视照片呈现完全不同的景象。

上面的分析和两组照片说明，我们通常所说的光污染，基本是指光源来自城市自然地貌或建筑物立面的、在平视（A视点）条件下观察到的眩光，此"眩光"与光源来自城市道路平面的、在俯视（C视点）条件下观察到的眩光在亮度及形态上有可能大相径庭。上述事实告诉我们，治理通常意义下的光污染与暗夜空保护并不能简单画等号！

导致上述问题的根源在于照度的矢量性质。照度指单位面积上接收到的光通量，单位

图4 北京市2023年的鸟瞰（B视点）及平视（A视点）亮度照片（来自视觉中国）

图5 深圳市2024年的鸟瞰（C视点）夜晚照片

图6 深圳市2024年的鸟瞰（B视点）及平视（A视点）亮度照片

为勒克斯（lx），表示光照射在物体表面上的强度。照度是矢量，具有方向性。这意味着光照在物体表面时，不仅有强度（大小），还有方向。水平照度和垂直照度是衡量照明质量的两个重要参数，与眩光有密切关系。水平照度（E_h）是指在水平面上的光照强度，与该平面法线（竖直方向）平行，反映地面、道路等水平面的光照强度；垂直照度（E_v）是指在垂直面上的光照强度，与该平面法线（水平方向）平行，反映建筑物立面、广告牌等垂直面的光照强度。室外环境中，若垂直照度过高可能导致产生直接眩光，因为光线直接照射到人眼，例如在观看大型屏幕等物的垂直表面时产生眩光；水平照度过高，会导致地面反射眩光变强，光线可以反射到空中飞行的鸟类眼睛或卫星的镜头。这两种眩光的不同之处在于前者就是人们通常所说的"光污染"，经过治理，人们会感到刺眼的灯光减少了，给城市带来了安静感，于是自然而然地以为后者自然也会减少了，但在理论上，垂直照度与水平照度是互相垂直的矢量，在某些条件下，二者是此消彼长的关系。

图7中，E_A（红色）、E_B（蓝色）均为照度矢量，但模长相同（均为同心圆O的半径），这相当于光源具有相同的功率与光效。但由于两者的水平角不同，它们分解的水平分量与垂直分量则显示出很大的差异。若两者的水平照度分别为Eh_A与Eh_B，垂直照度分别为Ev_A与Ev_B，由于$\omega_A < \omega_B$，因此$Eh_A < Eh_B$及$Ev_A < Ev_B$。

图8是景观照明中常用的"洗墙灯"照明方式。由于建筑物是高层建筑，目前典型的做法是选择向上投光，形成照度矢量E，该照度一方面分解出对墙立面的垂直照度E_v，同时也分解出向上直射的水平照度E_h。这种照明方法，基本消除了对地面人眼造成的眩光，也就是人们通常所说的"光污染"。其明显的证据是这种照明方法已正式进入标准《城市夜景照明技术规范》而长期加以大规模推广。

显然，$E_v < E_h$，这表明，E的作用不但是打亮墙体立面，也将对空中飞行的鸟类以及天文观测造成干扰。而且，对打亮墙体立面起主要作用的垂直照度，还远远小于对空中飞行的鸟类以及天文观测造成干扰的水平照度。

事实是，亮度才是人眼（也包括其他生物的眼睛）观察到的物理量，对于非发光体，亮度与照度的关系是$L = \rho \cdot E$。E是照度，ρ是目标物表面反射率。对于铝板或石材，建筑物立面的反射为漫反射且$\rho < 1$，平视状态下，人们所感觉到的来自建筑物立面的亮度在数值上小于垂直照度E_v，因而对上述投光方式是满意的：感觉到的来自建筑物立面的光是经过建筑物立面漫反射后的柔和的光，从而得出没有"光污染"的结论；然而，对于鸟类（鸟瞰）或空中的相机（俯视）所感觉到的亮度则是来自两个方面的叠加：来自投光灯的由水平照度E_h所产生的俯视亮度和来自建筑物立面的由垂直照度E_v产生并经由建筑物立面漫反射导致的俯视亮度。由于亮度是标量，故后者对于前者是加强关系。因此，若鸟类有知，当喊出"我看到了光污染！"

下面来考察功能照明，图9所示是道路照明中常用的照明方式。与景观照明类似，对于路灯也有$E_v < E_h$。根据光幕理论，车辆驾驶员感受到的眩光（以阈值增量$TI\%$计量）来自垂直照度E_v（无反射，只有衰减），而由水平照度E_h产生的经由路面漫反射的路面亮度则起到的是减弱眩光的作用。所以，人们认为只要对E_v采取遮挡措施就可以消减眩光，由此而产生了全截光、半截光灯具并进入行业标准《城市道路照明设计标准（CJJ 45—2015）》。但是，

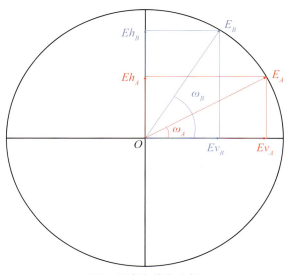

图7 照度矢量的分解

若从鸟类或空中的相机（鸟瞰或俯视）的角度看则恰恰相反：地面最亮的不是路灯，而是路面，其亮度高于邻近的建筑物（图3、图5）。

以水平照度作为道路照明评价与设计标准在理论上的失误仍然是视点的错位。道路照明中路面亮度的评价应基于机动车动态行车中的驾驶员视点，而水平照度评价将室外道路的路面看作是室内照明的工作面——桌面，把处在动态行程中"看路"的机动车驾驶员"错位"成静止状态下"看书"的学生，认为驾驶员在路面"看书"而非"看路"，导致观察的角度（学生视线与驾驶员视线之间的角度）错位了90°，结果是将驾驶员行车过程中的观察规律本末倒置了（图10）。

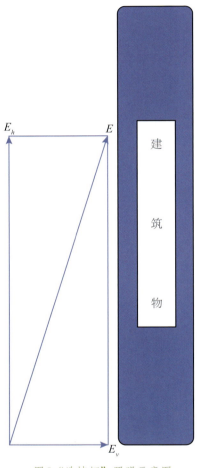

图8 "洗墙灯"照明示意图

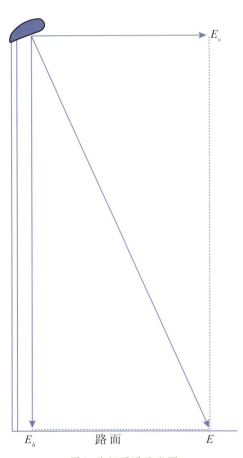

图9 路灯照明示意图

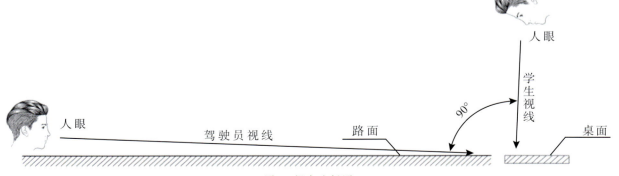

图10 视点分析图

上述分析和例证均说明：人们在治理"光污染"方面之所以陷入理论误区，其根本原因在于忽略了照度的矢量性质。事实上，技术的演进过程中往往表现出一种现象，叫作"路径依赖"：技术总是在旧的范式上不断改进，但却很难有大的改变。

五、走出误区、突破依赖的建议

经济高速发展进程中的城市实现暗夜空保护，是空间环境保护的一部分，也是世界性难题。能否突破"繁荣=高亮"这一定律，需要人们不懈的努力，更需要遵循基本的物理规律，从问题的本源出发，从最基本的规律出发，寻找创新的手段和方法，用客观规律突破已有的成功经验，而不是拘泥于路径依赖条件下形成的经验和技术。

（一）全面理解"光污染"

欧盟委员会出版的《光污染：生态环境保护的缓解措施》中指出："光污染是指夜空中存在人造光，危害环境和人类健康"[1]。这是对"光污染"较全面的界定，以这个界定来走出忽略照度的矢量性质、以偏概全地对"光污染"理解的理论误区。

（二）建立光污染指数（LPI）

LPI是一个综合指标，用来量化特定区域的光污染程度，它综合考虑了区域内的照度、亮度、光源类型、光照方向和分布等因素，反映光污染对环境、生态和人类健康的影响程度。测量光污染的方法包括使用专业设备测量特定区域的照度和亮度，或者通过确定肉眼能看到的最暗的星等来评估。例如，波特尔暗空分类法（Bortle scale），它通过从1级（完全黑暗的观测点）到9级（市中心的星空）的划分来分类夜空的亮度。

（三）梳理、审视已有的法规和标准

现行的防治光污染法规与暗天空保护并不能画等号，有时甚至是矛盾的。我们有必要对那些具有明显"路径依赖"特征的治理"光污染"的措施进行重新认识和梳理。以"地球不仅属于人类，也属于其他生物"的理念，从整个空间的视角，重新审视一切有悖于此的灯光指标与测试方法。

参考文献

[1] Directorate-General for Environment. FUTURE BRIEF: Light Pollution: Mitigation measures for environmental protection – Issue 28[M]. European Commission, 2023.

基于社会营运车辆视频资源的市容环境人工智能巡查应用

葛濛[1]，谭敏[1]，韦航[1]，刘加美[2]，王鹏[2]

（1.深圳市城市管理监督指挥中心；2.深圳市锐明像素科技有限公司）

摘要：近年来，随着交通网络的日益完善和经济的快速增长，城市化进程显著加速，这不仅促进了人口向城市的聚集，也使得人们在城市中的活动逐渐密集，但也给市容环境管理带来了诸多挑战。与此同时，传统的人工线下市容环境巡查模式逐渐暴露出成本高、效率低、主观性强、标准不统一等问题，利用固定摄像头开展巡查又面临设备投入大、覆盖面不足等难题。因此，复用社会营运车辆视频资源开展智能巡查的模式得益于其低成本、广覆盖、高灵活、自进化、易拓展等特点，成为新的探索方向。本文研究如何利用广泛分布且实时更新的社会运营车辆视频资源，结合先进的人工智能技术，构建一套高效的市容环境巡查体系，为城市管理提供了新的思路和技术手段。

关键词：市容环境智能巡查；社会营运车辆视频资源；人工智能

Feasibility of Reusing Artificial Intelligence Image Recognition Technology for Commercial Vehicles in Urban Management

Ge Meng[1], Tan Min[1], Wei Hang[1], Liu Jiamei[2], Wang Peng[2]

(1.Shenzhen Urban Management Supervision and Command Center; 2.Streamap Technology Co., Ltd.)

Abstract: In recent years, with the increasingly improved transportation network and rapid economic growth, the process of urbanization has significantly accelerated. This not only promotes the gathering of population to cities, but also makes people's activities gradually intensive in cities. However, it also brings many challenges to urban environmental management. At the same time, the traditional manual offline urban environment inspection mode has gradually exposed problems such as high cost, low efficiency, strong subjectivity, and inconsistent standards. The use of fixed cameras for inspection also faces challenges such as large equipment investment and insufficient coverage. Therefore, the mode of reusing video resources of social operating vehicles for intelligent inspection benefits from its low cost, wide coverage, high flexibility, self evolution, and easy expansion, becoming a new exploration direction. This article studies how to utilize widely distributed and real-time updated video resources of social operation vehicles, combined with advanced artificial intelligence technology, to construct an efficient urban environment inspection system, providing new ideas and technological means for urban management.

Keywords: Intelligent inspection of urban appearance and environment; Social operation vehicle video resources; Artificial intelligence

一、引言

随着城市化进程的加速，市容环境巡查作为城市管理的重要组成部分，面临着日益复杂和繁重的任务。传统的人工巡查方式存在成本高、效率低、覆盖密度不够、标准不统一等问题，难以满足高效、精准、全面的超大型城市管理的需求，而利用固定摄像头开展视频AI智能巡查，普遍面临着前端感知设备投入大、固定视频点位巡查角度和覆盖范围受限、适用于城市管理的视频资源少等问题，无法大规模地推广应用。因此，借助移动车载设备进行市容环境智能巡查，已成为当前研究的热点和趋势。

目前，国内多个城市已探索并实践了基于车载视频资源的市容环境人工智能巡查，如杭州、福州、自贡、鹤壁等城市通过配备智能巡查车、搭载智能采集设备的电动车、智能头盔、无人机等设备，实现精细化、智能化、科学化的信息采集和综合评价。国际上，欧美等发达国家也开展了基于车载视频资源的人工智能巡查研究与应用，利用先进的传感器技术、图像处理技术和人工智能技术，处理监测交通流量、识别违章停车、检测道路损坏等城市管理问题。

与国内其他城市的应用模式不同的是，本项目充分利用出租车、公交车、共享汽车、物流车等社会面现有视频资源开展市容环境智能巡查，无须重复进行硬件建设投入，实现了视频资源的最大化利用，同时进一步向企业开放人工智能应用场景，鼓励支持更多科技企业积极参与，充分发挥企业在科技创新中的主体作用，不断深化城市管理领域科技应用，持续提升城市管理智能化水平。此外，本项目构建了一个正向增强的自进化循环体系，将人工审核与智能化识别模型相结合，将立案结果反馈给智能化识别模型，不断对算法模型进行再训练，形成"智能识别—人工审核—反馈收集—模型优化—再测试验证"的闭环体系，实现模型的持续自我学习和更新迭代。

基于社会营运车辆视频资源开展市容巡查，能有效降低基础设施建设投入，充分共享社会资源，结合图像采集和图像智能识别技术，能够实现全市区域的扫描及城市高发问题的自动识别和推送，有效提升市容环境巡查的时效性和扩大覆盖面，降低人力成本投入。随着技术的不断进步和应用场景的拓展，人工智能技术将在城市管理中发挥更加重要的作用，通过对该领域的不断探索和实践，为城市精细化管理提供新的思路和实施路径。

二、市容环境巡查模式

城市市容环境信息采集中的三级巡检，即人巡、机巡、数据巡，是现代城市管理中的常用手段，各自发挥着独特的作用（图1）。

人巡即人工巡查，是城市信息采集中最传统、最基本的方式。信息采集人员通过步行或骑行等方式，对城市区域进行实地巡查，记录并上报发现的问题；机巡通常指利用无人机、无人车、巡逻车等智能设备进行巡查；数据巡主要利用固定摄像头或移动摄像头，实时采集城市各类数据。

其中，机巡依赖于无人机、无人车、机器人等设备，购置和维护成本较高，续航时间有限，并且无人机等设备的飞行高度、区域等受到相关法律法规的限制，因此在日常工作使用较少，下文将重点分析人巡和数据巡（包括固定摄像头数据和社会营运车辆视频数据）这两种市容环境巡查模式。

（一）基于人工的市容环境巡查

传统的市容环境巡查主要依赖于人力开展。深圳市市容巡查模式是以街道为单位，清晰划分片区，并组建专门的市容巡查队伍。每个区

图1 城市市容环境信息采集三级巡检

域都有专人负责，实现管理片区的网格化，确保各个辖区内全方位、全天候的巡查和管理。通过持续的巡查和整治，深圳市各区的市容环境得到了显著提升，城市面貌焕然一新。然而，该模式也存在着部分问题，主要包括以下几个方面：

1. 人工成本高，效费比低

采用传统人工巡查模式往往需要数十乃至数百人的巡查队伍，对于深圳这样的超大型城市，为了实现市区全覆盖，对巡查人员的需求较大。这种依赖密集人力资源的模式，运营成本、管理成本、人力成本和时间成本都比较高，效费比较低。

2. 巡查频次不高，覆盖面有限

人工巡查依赖于巡查人员的数量和工作能力，一般通过步行或骑行开展。对于大型城市而言，即使投入大量巡查人员，由于城市面积大、街道众多，每个巡查人员能够覆盖的区域、巡查的频次仍然有限，特别是对于一些偏远或难以到达的区域，巡查频率和深度可能不足。此外，高温、暴雨、台风等恶劣天气条件和交通拥堵等外部因素也会影响巡查频次和覆盖面，无法满足特殊场景下的业务需求。以上这些因素导致了整体巡查频次不高，覆盖面有限，无法实现高频次、密集型、广覆盖的巡查。

3. 主观性强，上报标准难统一

人工巡查的结果往往受到巡查人员个人经验、工作态度、专业水平甚至是外界环境等因素影响，导致对同一问题的判断存在偏差，这种主观性的差异造成了巡查结果的不一致，信息的完整性、真实性和准确性也无法保证。

（二）基于固定摄像头的市容环境巡查

为了解决市容巡查智能化应用不足、过于依赖人工的问题，包括深圳市在内的国内部分城市开始探索利用固定摄像头开展视频AI智能巡查。固定摄像头可以实现24小时不间断地对城市公共区域尤其是城市重点区域和关键节点进行监控，利用图像识别技术，对各类城市管理问题进行精准定位、自动识别和自动推送。相较于传统的人工巡查方式，这一方式能够减少巡查人员的工作量，提升巡查效率。然而，从应用效果方面来看，该模式仍然存在一些问题和薄弱环节，制约着具体的应用落地，主要包括：

1. 前端摄像头数量不足

目前，深圳市城管领域已经安装部署的视频类前端感知设备数量较少，覆盖范围不够全面，视频采集能力比较有限，视频资源广度和密度都比较欠缺，无法支撑后续大规模的视频智能分析应用。

2. 适用于市容环境巡查的摄像头较少

目前,深圳市智慧城市视频联网整合应用服务平台对全市的视频资源进行了整合和共享,但这些视频资源主要集中在交通干道、关键交汇点及重点区域,城管自有视频资源较少,在应用领域上更侧重于治安监控管理,监控角度和覆盖范围均不适合用于城市管理问题巡查领域。以上因素导致基于固定摄像头的市容环境巡查存在盲区,无法大规模推广和应用。

3. 自建固定摄像头成本高,建设周期长

自建固定摄像头用于市容巡查,需要投入的不仅包括前端摄像机、立杆设施、网络设施等硬件设备成本,还包括安装与施工等人力成本、网络服务费用、视频资源管理成本以及后期的运营维护成本。这一系列建设工序烦琐、建设周期长、投入较大,难以大面积推广。

(三) 基于社会营运车辆视频的市容环境巡查

基于社会营运车辆视频开展市容环境巡查的模式,利用社会营运车辆密集分布且动态移动的特性,对全市市容环境进行更高效的全面扫描和实时信息采集,再结合AI分析能力,进行市容环境问题的自动识别和推送,节约大量人力、资金成本的投入,并实现对巡查的覆盖能力和覆盖频次量级提升。相比传统的人工巡查、固定摄像头巡查模式,该模式能够避免大规模基础设施建设,大幅节省财政支出,提升巡查效率,提升城市管理智能化水平。

三、基于社会营运车辆视频资源的市容环境巡查应用

(一) 应用背景

深圳作为全国首批数字化城管十个试点城市之一,早在十几年前就建成了数字城管系统,标志着深圳城市管理从传统模式转变为数字化模式,为后续的智慧城市管理奠定了坚实基础。近年来,深圳市积极推进城市管理数字化、精细化、智慧化,将智慧城管作为增强城市管理服务能力、提升城市管理精细化水平、推动实现城市治理能力现代化的重要抓手,探索城市管理"数据要素×"新技术、新方法,为市民提供更优质、更便捷、更精准、更贴心的城市管理服务。

长期以来,深圳市的城市管理问题信息采集以人力巡查为主,在运行管理的过程中,逐渐暴露出手段单一、成本较高、巡查频次较少、巡查范围受限、主观性较强等问题。为解决人力巡查存在的问题,通过搭建深圳市智慧城市视频联网整合应用服务平台,汇聚全市城市管理视频资源,探索依托固定点位视频资源进行问题智能识别,但又存在着视频资源不足、视频质量不高、并发数受限等问题,难以满足城市管理需求。

为了适应超大型城市市容巡查对实时性、全面性、准确性和高效率的需求,解决人工巡查和固定视频巡查存在的问题,深圳市城市管理监督指挥中心从2023年开始探索利用社会营运车辆视频开展市容环境巡查,并于当年8月开始试运行。

(二) 业务流程

基于社会营运车辆视频资源开展市容环境巡查主要包含智能巡查、智能识别和智能推送三个主要环节。

1. 智能巡查

采用"车载视频采集+智能算法+数字城管"的运行模式,充分利用客运车、物流车等3万多台社会运营车载移动视频资源,对全市道路及街景图像开展智能巡查。利用车辆机动灵活的优势,弥补政府部门自有固定摄像头覆盖不全和存在视觉盲区的问题,实现每日对全市主次干道、重点场所等场地的全覆盖(图2)。

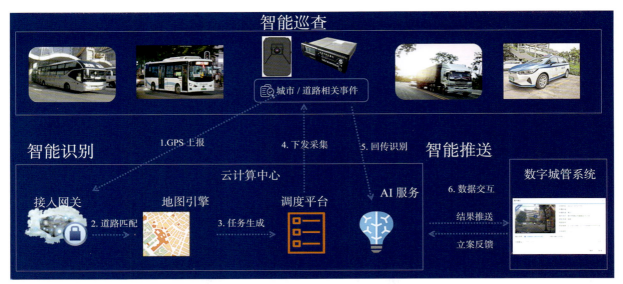

图2 业务流程

2. 智能识别

基于广域海量数据源，建立城市管理热点难点问题人工智能感知算法仓，利用"终端小脑+云端大脑"两级智能计算，进行双重识别，双重验证。该模式采用边缘计算架构，将原本由中心节点处理的大型服务加以分解，切割成更小与更容易管理的部分，分散到边缘节点来处理。具体来说，"终端小脑"位于终端设备上，能够快速响应环境变化，进行初步的数据过滤、特征提取与简单决策。"云端大脑"位于云端服务器集群中，拥有强大的计算资源与存储能力，它负责接收来自"终端小脑"的初步处理结果，进行更复杂的数据分析、模型训练与高级决策。该模式具有较强的可拓展性，可以兼容多种类型的数据采集设备。目前，已部署暴露垃圾、非法小广告、无照经营游商、店外经营、广告招牌破损、垃圾桶满溢、沿街晾挂、垃圾桶放置不规范、乱堆物料、路灯缺亮等城市管理问题识别算法。

3. 智能推送

实现与数字城管系统的互联互通，实时推送问题，利用数字城管系统实现问题的自动流转和闭环处置，减少人员和设备成本投入，加快问题处置速度，推进城市管理工作的智能化转型和精准化决策。此外，推送的案件在经过人工审核后，再将立案结果反馈给识别模型，以此不断训练和优化算法，提高算法识别准确率。

（三）挑战与对策

1. 社会营运车辆视频资源的高效整合与深度应用

2023年国务院对《中华人民共和国道路运输条例》进行了第五次修订，要求营运车辆需配备卫星定位和视频监控装置，交通运输部也发文明确要求进一步加快智能视频监控报警装置安装。深圳市主要社会营运车辆都按要求安装了车载视频监控设备，然而，社会营运车辆的所有者众多、管理方分散，产生的数据量庞大，类型多样，因此从资源的协调整合到数据的接入应用，都面临很大的挑战。

为了解决以上问题，深圳市城市管理监督指挥中心通过市场调研摸底，与具备多类社会营运车辆资源整合能力的厂家达成合作。该合作厂家的智能终端覆盖全市70%以上的社会营运车辆，并且已拉通多车种所属单位，完成对车载视频资源的整合，具备视频智能分析能力，能够基于已汇聚的社会营运车辆车载视频进行智能化分析。通过采购智能分析识别结果数据，可以以较低成本实现多车种视频资源在市容环境巡查领域的深度应用。

2. 数据脱敏与隐私保护

社会营运车辆进行视频采集时，对全市街景进行了全面扫描，采集的图像中难免会出现个人面部信息、行为举止、车牌号、重要场所等可能涉及隐私或安全的敏感数据，必须确保此类数据不被过度采集、外泄或者滥用。

为做好上述工作，要求合作厂商必须具备乙级以上测绘资质（专业类别：地理信息系统工程、互联网地图服务），能够开展地理信息数据采集、数据处理等相关工作。依据《中华人民共和国个人信息保护法》《汽车数据安全管理若干规定（试行）》以及《车联网信息服务数据安全技术要求》等法律法规，合作厂商已对个人敏感数据进行规范化处理，对车辆车牌、车载终端等各种唯一ID标志等敏感信息进行匿名化处理，对车外图像中包含的重要和敏感数据过行模糊化处理，确保数据的合法、合规、可靠。此外，合作厂商与商用车公司签订《商用车终端数据安全处理协议》，授权数据使用权，确定数据责任人，加强管理和维护数据的合规性，保障数据应用的合法性。

3. 数据安全保障

基于社会营运车辆的智能巡查涉及的数据处理、流转环节较多，为了有效保障数据存储安全、传输安全和传输效率，一是综合运用数据加密、访问控制、防火墙、入侵检测、代码审查、漏洞扫描等安全技术和手段，确保数据的安全性和可靠性；二是只将城市管理问题的识别结果、现场图片、事件定位等关键信息对接至数字城管系统，不必传输整段视频流，大大减少了需要传输的数据量，显著降低了对带宽资源的依赖，也避免了传输过程中数据拦截、篡改或泄露等潜在风险；三是要求合作厂商签订保密承诺函，明确了数据保密措施、保密范围、责任和义务。

（四）工作成效

2024年1～7月，累计推送有效案件217 416宗，平均识别准确率93%以上，有效推动城市管理重点领域监管由人工巡查向智能巡查转变，既减少了人员和设备成本投入，又加快了问题处置速度，有效助力民生诉求"未诉先办"。同时，利用人工智能技术对现有城市管理方式进行升级，聚力推动"城市+AI""千行百业+AI"应用场景落地落实，促进了人工智能产业的发展。

1. 全市各区巡查覆盖情况

目前已经实现深圳全域日覆盖1次，对城市主要道路及街区的覆盖率90%以上。

全市各类道路覆盖总体情况如下（表1）：
（1）主干道平均覆盖率98.53%。
（2）次干道平均覆盖率96.10%。
（3）城市快速路平均覆盖率97.65%。
（4）城市支路平均覆盖率88.33%。
（5）背街小巷平均覆盖率49.93%。

以上为全市各区（暂未覆盖深汕合作区）的覆盖情况分析，因当前投入使用的社会运营车辆大部分为四轮车，因此对于背街小巷等狭窄区域的覆盖能力有所不足。

表1 全市各区各类道路日平均覆盖率统计表

序号	区域	城市快速路（%）	主干道（%）	次干道（%）	城市支路（%）	背街小巷（%）
1	福田区	99.5	99.5	99.1	99.9	69.5
2	罗湖区	99.7	99.6	98.9	96.8	41.1
3	盐田区	97.8	97.4	72.0	91.0	60.3
4	南山区	92.5	99.5	98.3	96.6	49.7
5	宝安区	99.9	99.5	98.8	91.3	47.3

续表

序号	区域	城市快速路（%）	主干道（%）	次干道（%）	城市支路（%）	背街小巷（%）
6	龙岗区	99.8	97.1	92.1	84.1	47.3
7	龙华区	99.6	99.8	99.6	93.6	70.4
8	坪山区	97.0	98.8	97.7	86.5	56.7
9	光明区	99.8	99.8	89.0	90.5	47.8
10	大鹏新区	0.0	90.52	87.11	59	12.47
11	深圳市	97.65	98.53	96.10	88.33	49.93

2. 智能巡查案件情况

2024年1～7月，共部署店外经营、无照经营游商、乱堆物堆料、暴露垃圾、沿街晾挂、路灯缺亮、垃圾箱设置位置不规范、广告招牌破损、非法小广告、垃圾满溢10类智能识别算法，累计推送有效案件217 416宗，日均推送1 000宗以上，识别准确率93%以上。2024年1～7月智能巡查案件量如表2所示：

表2 2024年1～7月案件量统计

序号	事件名称	推送总数	识别准确数	准确率（%）
1	垃圾满溢	3 033	2 738	90.27
2	非法小广告	3 906	3 171	81.18
3	广告招牌破损	4 035	3 500	86.74
4	垃圾箱设置位置不规范	8 539	6 022	70.52
5	路灯缺亮	9 503	7 932	83.47
6	沿街晾挂	12 065	10 719	88.84
7	暴露垃圾	12 207	10 442	85.54
8	乱堆物堆料	43 228	42 372	98.02
9	无照经营游商	49 947	47 487	95.07
10	店外经营	70 953	68 341	96.32
11	总计	217 416	202 724	93.24

3. 典型案件示例

典型案例示例见图3。

图3 车载设备自动抓拍的典型案例现场示例图片

四、总结与展望

(一) 总结

本项目依托社会运营车辆搭载的视频资源，通过使用图像采集技术和人工智能图像识别算法，实现对城市全域的智能巡查，针对常见的市容环境问题进行自动识别、定位和推送，形成管理闭环。这一举措显著增强了市容环境管理的时效性与全面性，同时在很大程度上优化了资源配置，降低了市容巡查的人力成本和设备投入，为推动市容环境提升提供了强有力的技术支撑。应用亮点如下：

1. 低成本

社会运营车辆观测视角与传统人工巡查视角类似，同时集成先进的车载视频监控系统与边缘计算能力，实现实时数据处理与分析。通过充分利用深圳市内出租车、公交车、物流车等3万余辆社会营运车辆开展智能巡查，有效避免了人工巡查、固定摄像头设施建设所需的高额投入，是一种轻资产化的市容环境巡查解决方案，能够有效减轻财政投入（图4）。

2. 广覆盖

社会运营车辆群体构成多元，灵活机动，能够实现全市域、全天候的广泛覆盖与实时巡查，确保具有极高的巡查广度和密度。这一模式依托于高度分散的车辆网络，不仅大幅增强了巡查的时效性和全面性，还利用天然的流动性优势，优化了资源分配效率，在市容环境巡查方面展现出显著的协同效应与数据采集潜力。目前已经实现深圳全域日巡查覆盖1次，对城市主要道路及街区的覆盖率90%以上。

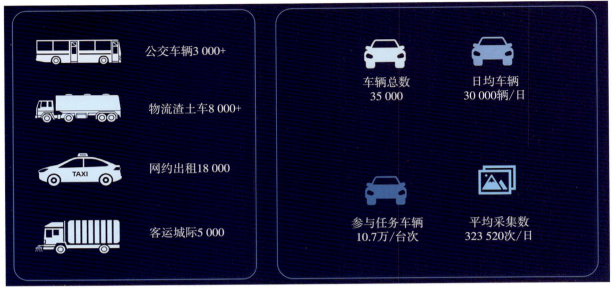

图4 社会营运车辆总体情况

3.高灵活

根据不同时间、空间的特定巡查需求，支持巡查任务的个性化配置，实现快速部署和按需调度，例如在重大节日或活动期间，可以适当提高巡查频次，加强对重点区域的巡查力度。针对任务的具体特征，实施动态化配置车辆资源，确保调度的车辆与任务需求高度匹配，从而实现巡查任务的高效部署与快速响应，同时融入了智能优化算法，提升资源配置的精准度与灵活性，提升资源利用效能。

4.自进化

数字城管系统对案件识别结果进行人工审核，并将是否立案、未立案原因等详细信息反馈给算法模型，以此不断优化与促进算法的自我学习与迭代更新，构建正向增强的自进化循环体系。

5.易拓展

针对城管各行业多样化的场景需求，可以构建个性化应用方案，支持灵活选取或进一步扩展巡查范畴，广泛适用于城市管理各个行业和细分应用场景。

6.真实客观

利用车载视频进行智能巡查，在真实客观性方面显著优于传统的人工巡查模式和固定摄像头巡查模式。人工巡查模式难以确保数据来源真实可靠，分析结果也受到个人经验、情绪、能力或认知差异的影响，难以保证客观公正；固定摄像头巡查模式受限于各区固定摄像头数量、质量、布局、覆盖范围差异较大等因素，识别结果无法真实客观地反映各区的市容水平。

社会营运车辆遍布全市各个角落，包括繁华的商业区、居民区以及相对偏远的地区，数据采集和问题识别过程都没有人为因素介入，因此这种模式在客观性、全面性、完整性和真实性上具有显著优势。

（二）展望

车载视频智能巡查在城市管理各领域的应用，尽管取得了一些成果，但仍面临一些问题，主要体现在以下几个方面：

第一，城市管理涉及众多领域，如环境卫生、园林绿化、城市照明、综合执法等，构建针对不同领域的智能分析模型需要大量的图片数据支持，目前由于各个细分领域的数据准确性和完整性不高、不同领域间数据共享应用不充分等问题，导致模型训练数据不足，无法构建高效准确的行业分析模型。因此，需要加强城管各行业训练语料的采集、汇聚、清洗、标注、共享等工作，构建针对细分领域的高质量语料库，从而打造针对不同领域需求的智能分析模型。

第二，城市管理场景复杂多变，不同区域、不同时间段、不同天气状况都可能面临不同的问题和挑战，这要求智能分析模型具备高度的灵活性和适应性，能够根据具体场景进行定制化和优化，目前模式和技术在这方面还存在一定的局限性。针对以上问题，后续需要对城市管理场景进行深入分析，识别不同场景下的关键变量和影响因素，根据场景分析结果，对智能分析模型进行定制化调整。

接下来，我们将根据应用场景不断丰富算法种类，提升算法准确率，以技术手段推动业务流程优化和工作模式创新。例如，可以充分利用车载视频的高度机动性、广泛覆盖力及客观数据采集优势，构建一个更客观、公正、高效、全面的城市市容评估体系，借助人工智能技术，提升市容环境评价的精确度，保障评价结果的公信力；整合车载智能传感与分析技术，实时监测并分析各类城市管理问题，动态掌握市容环境整体状态，自动生成城市管理"黑点"，形成城市管理问题热力图，推动问题处理由形式办结转变为源头治理，从根本上解决问题，避免反复发生。

当前已开展的市容环境智能巡查应用虽已初具规模，但对车载视频资源和智能算法的综合应用还相对比较简单。随着技术的飞速发展，车载视频资源和AI的综合应用在城市管理领域将会迈入一个更为多元化、更具深度的阶段。

基于"345"数智化战略实现固废处理高质量发展

吴浩[1]，焦显峰[1]，白贤祥[1]，黄伟立[2]，廖新娜[3]

（1.深圳能源环保股份有限公司；2.深圳市生活垃圾处理监管中心；3.深圳市生态环境监测站）

摘要：深圳能源环保股份有限公司积极响应国家数字化发展战略，通过自主研发垃圾焚烧信息化系统，构建智慧运营数据中心，开发数字孪生固废产业园，以及构建"企业数智中心"等措施，实现了固废处理全链条的数字化转型。本研究详细阐述了深圳能源环保股份有限公司在数字化转型过程中的关键技术和创新应用，包括但不限于：自主研发垃圾焚烧信息化系统（WIS系统），实现生产运营管理的规范化、标准化和一致化。构建智慧运营数据中心，通过大数据分析和AI技术，优化生产运营和环保排放控制。开发数字孪生固废产业园，利用BIM技术和3D可视化技术，实现工程设计和园区管理的数字化。构建"企业数智中心"，释放AI能力，通过烟气排放大数据预控技术和焚烧炉ACC全自动控制技术，提升生产效率和环保标准。研究结果表明，深圳能源环保股份有限公司的数字化转型实践显著提升了企业的管理效率、设备可靠性和环保排放标准，为企业的可持续发展和行业的高质量发展提供了有力支撑。本文的研究不仅为垃圾焚烧发电行业的数字化转型提供了理论依据和实践指导，也为其他行业的数字化发展提供了参考。

关键词：数字化转型；固废处理；智慧运营；高质量发展

Achieving High-Quality Development of Solid Waste Treatment Based on the "345" Digitalization Strategy

Wu Hao[1], Jiao Xianfeng[1], Bai Xianxiang[1], Huang Weili[2], Liao Xinna[3]

(1. Shenzhen Energy Environmental Co., Ltd.; 2. Shenzhen Municipal Solid Waste Treatment Supervision Center; 3. Shenzhen Ecological Environment Monitoring Station)

Abstract: Shenzhen Energy Environmental Protection Co., Ltd. actively responds to the national strategy of digital development by independently developing the Waste Incineration Information System, establishing a Smart Operation Data Center, developing a digital twin solid waste industrial park, and constructing the "Enterprise Digital Intelligence Center," among other measures, to achieve the digital transformation of the entire chain of solid waste treatment. This study elaborates on the key technologies and innovative applications of Shenzhen Energy Environmental Protection in the process of digital transformation, including but not limited to: independently developing the Waste Incineration Information System (WIS system) to achieve the standardization, normalization, and consistency of production and operation management. Establishing a Smart Operation Data Center to optimize production and operation and environmental emission control through big data analysis and AI technology. Developing a digital twin solid waste industrial park, utilizing BIM technology and 3D visualization technology to achieve digitalization of engineering design and park management. Constructing the "Enterprise Digital Intelligence Center" to unleash AI capabilities, enhancing production efficiency and environmental protection standards through technologies such as big data pre-control of flue gas emissions and fully automatic control of incinerators ACC technology. The research results show that the digital transformation practice of Shenzhen Energy Environmental Protection has significantly improved the management efficiency, equipment reliability, and environmental emission standards of enterprises, providing strong support for the sustainable development of enterprises and the high-quality development of the industry. This study not only provides theoretical basis and practical guidance for the digital transformation of the waste incineration and power generation industry but also serves as a reference for the digital development of other industries.

Keywords: Digital transformation; Solid waste treatment; Smart operation; High-quality development

一、引言

随着全球经济的快速发展，环境保护和资源利用效率的提升已成为各国政府和企业关注的焦点。垃圾焚烧发电行业，作为环保和能源领域的重要组成部分，面临着技术升级、管理优化和环保排放标准提高的多重挑战。深圳能源环保股份有限公司（以下简称"深能环保"）作为行业内的领军企业，始终致力于通过技术创新和数字化转型，推动固废处理行业高质量发展。

本文旨在探讨深能环保如何通过实施"345"数智化战略，整合新一代信息技术，实现行业的数字化转型。通过对企业内部管理流程的优化、生产运营的智能化以及环保排放的精准控制，深能环保不仅提升了自身的核心竞争力，也为整个行业的可持续发展提供了经验和示范。

二、研究背景

目前，以新一代信息技术为核心新一轮科技革命和产业变革加速兴起，全球经济正从工业经济向数字经济加速转型。整体呈现"变格局、高技术、强产业、优政策、新经济"五大趋势特征，推动工业经济向数字经济加速转型过渡。随着智能传感与智能制造、人工智能与大数据、新一代信息技术的深入发展，对深能环保现有的综合管理平台带来了前所未有的冲击；同时，伴随着深能环保的高速发展，涉及企业全生命周期管理的重点业务，如新项目拓展、项目规划设计、施工安全管理、企业高效运行等方面存在较多的压力，企业的数字化、智能化转型迫在眉睫。国家"十四五"规划提出的加快数字化发展，建设数字中国。深圳市"十四五"规划和《加快推进建筑信息模型（BIM）技术应用的实施意见（试行）》等政策更让深能环保决心在固废处理产业数字化转型先行先试[1]。

在企业数智化转型赋能方面，深能环保提出"345"战略。即在管理上形成"3个"转变：由设备的全生命周期管理转变为投资的全生命周期管理转变，由离散化的信息化系统向大数据集中赋能转变，由依赖人工经验分析向人机互动智能分析转变。在能源生态园区积极开展"4化"建设：厂区智能化、车间自动化、人员数字化、资产可视化。同时，重点打造智慧运营数据中心、企业数智中心、数字孪生焚烧厂、3D智能定位系统和企业无线专网等"5个1"工程。从战略高度规划了深能环保工业4.0智慧化转型的目标与步骤，有助于拓宽产业布局，实现新的业务增长点。深能环保引入新一代无线通信、物联网、智能传感设备、边缘计算、大数据与人工智能等高新技术，依托自主创新和产学研结合，助力企业由传统信息化焚烧厂向全生命周期管理的数智化转型。引导生产设备网络化、生产数据可视化、生产过程透明化、生产现场少人化，用数字要素强基赋能，最终在生产经营、安全管理、投资决策方面取得新突破。

三、研究内容

（一）自主研发垃圾焚烧信息化系统

1. 核心理念

垃圾焚烧发电行业涉及多学科、多领域、多专业。行业内缺乏专业技术人才和标准管理信息化系统。深能环保整合了20年的设计、建设、运营焚烧厂的技术和管理经验，针对垃圾焚烧技术密集型、经验积累型、责任至上型的三个特点，利用互联网技术，自主研发垃圾焚烧厂生产信息化管理系统——智慧信息系统（Wisdom-Information System，WIS系统）[2]。

深能环保依托WIS将最严格的工业化建设标准和最完备的电力系统管理模式应用于垃圾焚烧厂，实现了全国各地各焚烧厂生产运营管理的规范化、标准化、一致化，在行业内的生产运营水平属于领先地位。

WIS系统的核心理念是全过程、全生命周期管理，利用互联网技术，通过对人、机、物的全过程控制，实施生产运营标准化管理。深能环保将生产过程中积累的经验固化为标准，将标准固化到WIS系统中。把制度转换为标准流程，用流程固化人、机、物的行为，从而实现真正的标准化过程管控。

WIS系统基于互联网和物联网技术，极大地简化了重复性工作，系统各模块之间，关联性强，便于统计、分析、查找、推送。WIS系统是实现集团化管控的有力抓手，降低管理成本，提升了管理力度。WIS系统模块易于复制，是国内第一款针对垃圾焚烧发电厂建设、运营标准化管理的信息系统，填补了国内的空白。

2. 开发信息化管理模块

深能环保自2009年开始研发以来，陆续开发上线了生产运营管理、安健环管理、商务合同管理、计划统计管理、生产预算管理、财务管理、财务共享管理、经营管理、行政办公管理、工程管理、培训管理、投资发展管理等17个功能模块（图1）。通过"移动互联网+"技术，研发了以上功能模块的手机管理App终端，实现生产运营管理数据实时共享，使现场工作标准、规范、快捷，使其成为生产运营标准化管理的信息平台和高效管理的手段。

（1）设备资产管理模块。设备资产管理是一个以提高设备可靠性为目标的企业设备资产维护与管理集成系统，其以设备台账为中心，KKS编码为桥梁，对设备的设计、安装、使用、维护、改造直至报废的全过程进行管理。并将设备与运行管理、检修管理、预算管理、商务合同管理等实现互联，积累各厂设备运行数据，进行大数据统计分析，实现了设备的全过程生命周期管理（图2）。

（2）设备运行管理模块。设备运行管理功

图1 垃圾焚烧信息化WIS系统

图2 设备资产及技术监督

能模块监视设备运行状态,并将电力安全生产保证体系中最基本的制度——"两票三制"固化到该功能模块(图3)。焚烧厂运行人员可以通过该功能模块完成其大部分的岗位工作。主要内容包括运行日志、定期工作、工作票管理、操作票管理、设备保护投退管理、交接班管理、生产早会、运行资料管理等。

(3)检修管理模块。通过检修管理功能模块(图4),工程师可检修文件包中的检修标准模板,结合设备实际情况,确定检修项目并生成本专业检修计划。各专业检修计划汇总申报审批完成后可直接转换为招标文件进行商务相关工作,简化了流程。检修过程中,对检修质量严格按照标准要求实施与验收,保证安全、按时、按质、按量完成检修工作。检修工作结束后,将检修项目的总结报告归档至设备台账中,形成闭环,便于对设备进行状态分析。

(4)商务合同管理模块。商务合同管理功能模块是根据公司集团化管控思路的要求所建立的全公司生产运营全过程中所有合同的综合管理平台(图5),实现了公司商务项目立项、

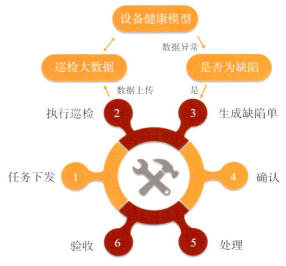

图3 设备运行管理模块

招标比价、合同签订、供应商考评等全过程标准化管理。

(5)经营管理。经营管理系统包括计划统计管理、全面预算和成本管理、公司本部管理部分。该系统以成本管理为中心,通过全面预算、网上审批等手段,严格控制各种费用(图6)。

(6)工程管理。实现公司新建项目从可研、

图4 检修管理模块

设计、项目建设实施到调试验收阶段等工程建设各环节的标准化管理，最终将工程标准化体系完整地纳入 WIS 系统中，实现资源共享，为公司新建项目的工程建设标准化管理提供操作平台，提高工程建设的质量和效率。同时，实现工程建设与生产运营无缝连接，项目建设完成即投入高效运营（图7）。

（7）培训管理。通过培训管理系统的建立，真正做到了在线学习、在线考试、配许管理的目标（图8）。充分利用现代网络与软件技术，建立健全员工培训档案，进行智能统计与分析，有针对性地开展培训与管理工作，实现考试及培训档案管理无纸化的目标。

（二）开发智慧运营数据中心[3]

借助 WIS 系统和生产控制系统的海量数据，在2020年建成了智慧运营数据中心，通过丰富的数据展板和自主研发的精准管控系统，能够实时呈现、分析焚烧发电、环卫收运一体化、餐厨生物质等固废处理相关业务，实时展示生产管理的环节，支持电脑端，大屏端与手机端多屏系统互动呈现（图9）。

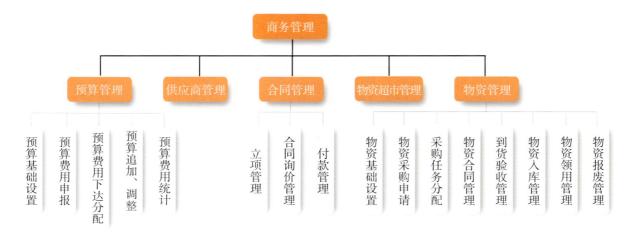

图 5　商务合同模块

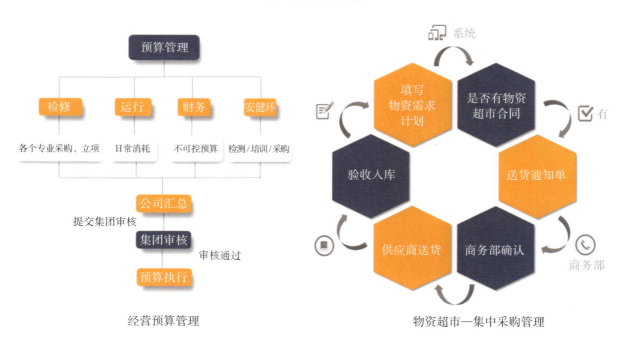

图 6　经营预算管理、物资超市模块

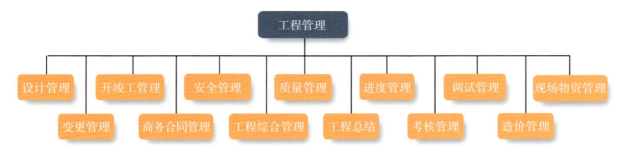

图 7　工程管理模块

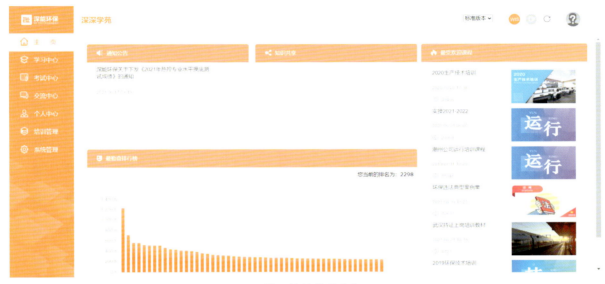

图 8　培训管理系统

图 9　深能环保智慧运营数据中心

重点开发了公司级生产智慧运营总貌、生产精准管控系统、智慧烟气预警系统、能源管控中心、移动监控平台、子厂孪生数字镜像等功能。具备公司生产运行指标的实时一览，能够展示垃圾处理全过程，采用丰富的图标和动态效果展示各经营环节成本。

（三）建设数字孪生固废产业园

1. 工程设计数字化方面

在固废焚烧处置环节，以实现数字孪生智能电厂为目标，结合物联网、3D可视化以及影像渲染技术搭建镜像电厂。

（1）工程建设期。利用全专业正向BIM设计，大量减少了施工碰撞，大幅降低电缆和管道耗材的耗量，持续优化工程造价；指导特殊吊装作业的安全开展，有效保障工程安全管理；设备信息、安装调试资料及时与三模模型关联（图10）。

（2）工程移交期。各固废处理能源生态园与SIS（生产实时监控系统）/WIS等数据实时对接，能够完成呈现能源流和物质流，实现全生产流程的数字化建模与模拟仿真，持续向"绿色灯塔"演进。

以深能环保某旗下垃圾发电项目为例，现场布置多达上万个仪表和自动装置，涉及温度、压力、流量、液位、物位、氧含量、烟气排放连续监测、有毒有害气体等10类传感器，通过SIS系统最终在"数字镜像"上完整呈现（图11）。

2. 智慧园区管理方面

（1）高精度融合室内定位赋能安全管理。垃圾焚烧发电生产工艺较燃煤机组更为复杂，成套处理工艺需要极高的运行维护水平。由于环保排放的要求，垃圾焚烧发电主厂房必须处于封闭的空间内，因此厂房内人员的施工情况难以通过室外定位进行精准管控。由于垃圾焚烧的行业特性，每年均需进行两次预防性检修，检修工作涉及大量高空作业，但是厂内专业工程师、安全管理人员有限，所有作业面无法做到实时监控，检修维护人员往往人员结构复杂，难免存在违反安全作业规范的问题，因此如何掌握高空作业、有限空间作业人员的位置也是关注的重点。同时，更为重要的是现场检修人员是否按照规范佩戴安全防护用品，也一直是施工过程管理的难点。

图10 基于正向BIM设计的垃圾焚烧发电工程

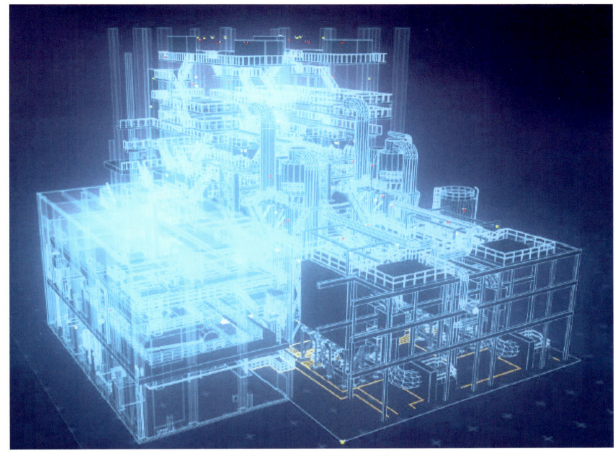

图11 盐田能源生态园数字镜像

日常巡检、例行维护、安全网格化管理作为电厂运营管理的重要工作，决定着电厂安全运行。传统巡检普遍采用人工表单记录模式，检查过程存在诸多不可控因素。公司业内率先开展结合WIS系统的手机App巡检模式，实现了穿戴式巡检的第一步。但是App巡检由于读卡位置不能做到设备级全覆盖，这样依旧给巡检质量带来一定的影响。同时，电厂不同巡检区域内含不同的风险源，存在人员进入区域对危险源辨识不清，带来的次生隐患。

公司针对垃圾焚烧行业特点和痛点，先期部署高精度室内定位系统，针对环保公司基于参观人员管理、安全作业管控、日常巡检、定制化检修四大方面的需求，围绕智能移动巡检、检修工作防护、设备状态智能检测，建设智能化生产安全防护体系。结合安全管理规范和生产流程，深层次挖掘电厂智能化生产运营管理的需求实现：智慧设备安全管理、危险区域智能告警、智慧人员安全管理，打造能够解决实际需求的、便于实施与维护的安全与智能管理系统。高精度室内三维定位及可视化技术为垃圾焚烧发电厂的安全运行管理提供有力的指导和帮助，结合智能穿戴设备，实现环保参观智能化、检修管理定制化以及基于高精度三维定位的安全管控，助力垃圾焚烧电厂打造智能化、科技化平台。

开发应用的高精度室内定位技术，可以实现参观人员的精准管控，对人员行为进行有效监督；实现室内高空作业、有限空间作业的人员的安全管理，及时发现异常行为，并完成无时差监督；实现重点区域危险源智能提示；完成室内定位最后一米的工作，实现设备与例行维护联动功能，实现巡检的智能化、精确化（图12）。

图12 基于室内定位的高精度定位系统

（2）智能巡检机器人。随着人工智能技术的发展及5G技术的到来，传统巡检工作将走向以人工智能技术为依托的"智能巡检"及"立体巡检"（图13）。用热工智能巡检监控机器人来代替部分工作，可使生产作业效率迈上新台阶，可以预见未来人工智能机器人将在各行各业无处不在。在提升垃圾焚烧发电厂本质安全与清洁文明生产的进程中，诸多问题亟待解决，如危险环境、人员安全、紧急处理、现场清洁智能督办、厂区消杀等。在此背景下，智能巡检监控机器人的角色就显得尤为必要。它能替代人力巡检，实现全方位无盲点的监视，全天候无间歇精准巡检，以及紧急突发事件报警和处理等。这种由机器人智能化和自动化替换人力巡检带来的高效性，对于垃圾焚烧发电厂来说是质的飞跃。传统巡检通过人工方式，来对设备和运行环境进行大致的评估判断，主要通过看、触、听、嗅等方法实现，个人主观性和业务能力导致评判标准存在差异。加之，人工巡检不足之处举不胜举，劳动强度大、工作效率低、检测质量低、手段单一以及人身安全难以保障，并且，随着巡视工作量越来越大和各种环境的限制，巡检工作更是无法保质保量。因此，智能巡检监控机器人替代传统人力巡检是最佳选择。

深能环保研发出VSLAM自主导航巡检机器人，通过研究机器人的驱动装置、视觉识别、智能传感、室内自动导航等功能。在规定的巡检范围内，能够按照要求，实现自主导航和通过加载的传感设备，采集巡检区域内的相关生产信息，评估安全文明生产情况，并执行相关作业操作。从而提升企业安全管理和文明生产的能力，寻求人员的智能化、高效化管理，实现不同场景下人员行为的监督，确保生产安全可靠发展。

（3）基于图像识别的焚烧厂管理预警系统。目前，垃圾焚烧电厂内的工业视频监控系统摄像头前端基本为数字摄像机或网络摄像机，摄像机的点位布置及分辨率选型已经可以满足现场的视频监控需求，但系统功能也仅限于现场视频录制、事后回放、实时监控等，尽管系统含有边界入侵报警，但整体功能比较单一，还处于安防监控的常规配置。

通过利用人工智能特别是AI图像识别技术，对接原有的工业视频监控系统，获取相应视频图像信息，通过图像预处理、特征抽取和选择。

智能化视频监控系统主要包含监控图像数据的收集、模型算法的训练、模型应用等阶段。图像数据的收集包含监控点位的合理布置、视

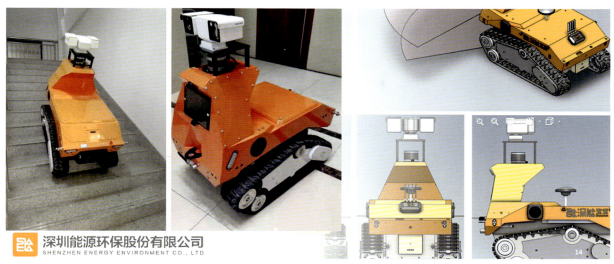

图 13 室内智能巡检机器人

频图像的截取与处理。通过针对性地对垃圾焚烧发电厂关键位置进行监控摄像头的部署，并对光线较差的地方对照明进行合理的布置，确保能够清晰稳定地采集到所需的视频图像信息。采用专用的平台对监控点位的视频进行图像截取。并将截取的图像传输给图像识别模型。图像处理主要是利用相应的技术调用相应的视觉库，对图像中的元素进行分解与处理。后续进行模型算法的训练，对采集到的图像进行特征分析，其中最主要的图像特征包括颜色特征、纹理特征、形状特征以及局部特征点等。将不同的图像特征与标识状态特征进行关联。在获得大量的数据后，通过算法不断地学习训练，最终形成图像识别模型。最后将图像识别模型部署到现场服务器依托于电厂高带宽局域网，接入电厂工业监视系统。通过高码率的视频流实时获取高清现场视频图像，并对其进行 AI 智能分析。服务器对分析的结果进行下一步处理，将不合格项进行截图，并向特定的人员发送预警信息，督促相关人员维持好生产文明现场。实现智能有效识别垃圾在物理场景中的所处状态，并做标识与分类。对于进入生产区域人员是否有效佩戴安全帽和着工装情况进行识别和告警提示。

（四）构建"企业数智中心"，释放AI能力

1. 烟气排放大数据预控技术开发

垃圾焚烧发电是一个大参数、非线性强、耦合性强的系统，难以建立精确的数学模型。针对垃圾热值不稳定、难以通过现有技术在线测量的特点，通过大数据与人工智能技术分析焚烧处理全过程的运行控制参数，研究典型污染物的产生、迁移及排放规律，得到典型污染物排放分布特征，进而研究超低排放技术，可以有效预测典型污染物的排放趋势，形成一套适用于垃圾焚烧炉的典型污染物控制且经济可行的控制措施。

为进一步发挥数字要素带来的巨大效益，深能环保搭建数智中心，依托数智中心的AI能力中心的算法赋能，深能环保建立了基于AI和大数据的智慧烟气预控系统（图14）。充分应用大数据相关技术，找出影响污染物排放的各种关联因素，根据焚烧过程的关键参数和影响焚烧变化的条件，实现典型工况下对污染物排放的精准预估。

通过对深能环保旗下某垃圾焚烧电厂焚烧炉长期数据进行了采集，结合垃圾焚烧具体工艺，对数据字段进行深度解析、整合；数据清洗与维度分析，数据采集策略或优化，形成大数据样本数据质量分析；进而通过AI分析模型

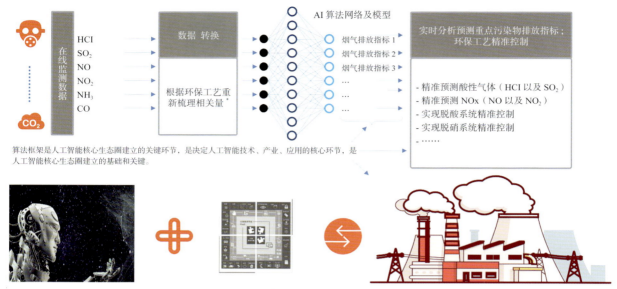

图 14 基于大数据和人工智能的烟气预控模型

选型分析与建模，通过软件框架层实现算法的模块化封装，为应用开发提供集成软件工具包，为上层应用开发提供了算法调用接口；将相应模型部署至现场服务器中进行训练。后续通过评估与现有生产工艺信息对接接口的可行性、安全性，完成服务器配置与布置、数据对接，最终通过I/O信号将智能预控模型的输出与DCS系统对接的方式，实现了AI模型与生产控制系统的高度融合，并成功上线。系统细化的调整物料投放，控制烟气排放在相关限制值范围内，实现了对典型污染物的预测与控制。

2. 焚烧炉ACC全自动控制技术开发[4,5]

深能环保在焚烧装备制造方面不断取得突破，目前已完成全国最大规模的1 100t/d焚烧炉技术的研发。公司持续开展焚烧先进控制有关工作，充分融合SEGERS和Volund的控制理念，形成了有自主知识产权的成套焚烧炉自动控制系统。系统具备以下控制特点：①负荷控制：包括蒸发量、汽包压力、热值等多元控制方式；②给料控制：采用平衡给料技术，结合关键参数软测量（厚度），实现全自动给料；③燃烧炉排控制：研发全周期燃烧炉排控制策略，保证翻动/滑动的控制，始终与负荷需求保持一致；④一次风自动控制：根据负荷自动分配，引入偏料控制精准配风，解决多风机自动控制难题；⑤二次风自动控制：结合氧含量与焚烧炉温度耦合控制；⑥燃烬度控制：采用直接测量与可见光建立的AI燃烬度模型，协调控制焚烧燃料量；⑦850℃两秒：焚烧过程两秒高度实现动态显示；⑧垃圾热值、热负荷计算：优化计算模型，优化负荷控制。

深能环保焚烧炉ACC全自动控制技术吸收了以往的运行经验基础，并进行全面的总结，结合焚烧硬件设备的制造与设计，最终实现了垃圾焚烧炉排炉控制工艺的自动化控制与完整性。首先通过对旗下不同垃圾焚烧发电厂不同吨级的焚烧炉进行了硬件基础分析，如一次风机的布置不同导致一次风分配方式的不同，进而对焚烧炉运行时风量的分配甚至垃圾的偏料产生很大的影响。项目根据深能环保焚烧炉成套系统组成、受控设备以及焚烧炉及锅炉运行的特点，提出了针对性的焚烧炉安全保护策略。充分结合分散控制系统相关技术规范、电力反事故措施和安全设备的安全完整性等级［SIL等级（GB/T 20438）］，本着故障分散的原则（功能分散、物理分散），并根据成套项目相关仪表信号配置及控制装置特点，提出重要设备配置、I/O信号分配、安全信号传递、安全联锁等级等配置原则。同时，提出DCS与焚烧炉控制

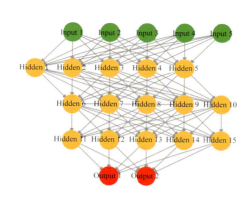
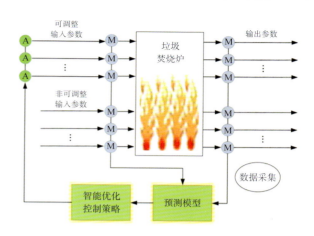

焚烧过程动态建模　　　　　　　焚烧智能优化控制

图15　垃圾焚烧智能燃烧控制

相关的硬件诊断功能需求，并引入必要信息纳入安全联锁保护。结合主流DCS功能的特点，针对特殊算法应明确提出解决方案，确保了逻辑说明、调节SAMA图、顺序控制中的功能逻辑图最终准确、可靠地实现（图15）。

（五）智慧收运和填埋打通固废处理领域上下游

立足国家"双碳"目标，结合主营业务，深能环保将零碳智慧能源、智慧环保体系作为零碳转型、能源转型、数字化转型三大转型的核心，推动能源企业向能源流、信息流、碳流、价值流"四流合一"的能源和生态互联网转型跨越。

1. 在前端固废收运管理环节

能够完整呈现收运一体化管控场景，打通了中转站和垃圾焚烧厂之间的协同管理。充分利用GIS地理信息和高精地图组件搭建环卫智能收运平台，将垃圾收运车、小区、转运站、焚烧厂有机地整合在一起。借助大数据分析功能实现经营数据的高效分析，将深圳市垃圾收运地图和车辆收运数据进行大屏展示，包含垃圾车的轨迹回放、车辆人员和收运记录、垃圾收运点的收运数据详情等，通过大屏快速掌握深圳市的整体垃圾收运工作。同时，垃圾车配置了环视摄像机，实现了盲区检测能力，开发了基于AI司机行为识别的安全系统，可以监测司机开车时是否专心，可以记录行车时打电话、抽烟、打哈欠等违规驾驶行为。

智慧收运系统的投运，让公司更加直观地了解生产现场视频及垃圾车辆运行位置信息，收集垃圾收运车辆入厂记录，形成垃圾入厂和库存较全面地展示数据和预测数据。

2. 在末端处置环节

在固废末端处置环节，为了解决填埋场数据人工记录，采集水平低，填埋场时空数据模型缺失或混乱、信息独立，无法互联互通，无法精准定位和溯源、信息反馈不及时，无法及时掌握填埋场实时情况、数据分析能力弱、数据报表输出机制不健全的行业痛点，深能环保自主研发智慧填埋系统。

通过搭建智慧填埋系统，将填埋场库容使用情况，飞灰螯合物的检测信息、生产日期、产生单位、填埋位置、气象条件、物流情况、人员信息等结合起来。实施过程中，对飞灰填埋库存区进行三维实景测绘，根据地形采用三维激光扫描和无人机航拍测绘融合的方式，生成3万m^2库区的3D模型，测绘精度低于10cm（图16）。

借助AI图像识别和SDK差分技术，建立3D融合定位子系统；借助AI图像识别建立视频辅助定位子系统。同时，自主研发"棋盘格和气泡法"，实现了飞灰吨袋的高精度定位溯源。

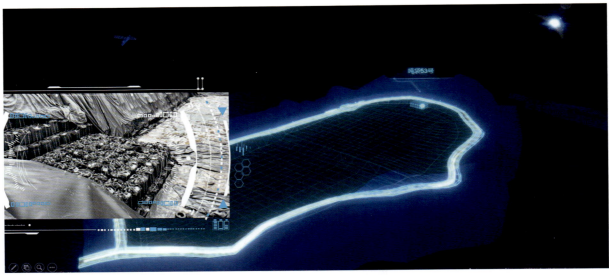

图 16 垃圾焚烧飞灰智慧填埋

四、应用成效

（一）应用自主研发垃圾焚烧信息化系统的效果

1. 标准决定质量——把标准作为质量发展的量化依据

自实施生产标准化管理以来，深能环保下属各厂的设备可靠性得到了大幅提升，其中宝安垃圾发电厂二期创造垃圾焚烧炉单炉长周期稳定运行431天的纪录，成为全球垃圾焚烧行业的典范。

2. 新建项目移植和应用，确保品质一致化

深能环保新建、收购项目均要求投产、移交前确保WIS生产标准化管理系统上线正常运行。用生产标准化管理系统规范各项目，确保品质一致化。切实提高了企业的管理效率和管理水平，将管理理念软件化，为深能环保标准化建设焚烧厂积累了经验，也为国内垃圾焚烧发电企业利用数字化手段实现企业的高效管理寻找了一条有效的途径。

（二）开发应用智慧运营数据中心的效果

智慧运营中心上线后，通过精准管控系统的稳健运行，达到了预期的目标：2021年度，整体吨垃圾"三废"处理费用降低了6.3%；厂用电管理效果显著，吨垃圾耗电量下降11.05%；吨垃圾除盐水消耗量下降26.2%；吨垃圾石灰消耗量下降36.9%；吨垃圾空压机系统耗电量下降23.14%。

深能环保已建成的垃圾焚烧项目，乃至已运行20多年的焚烧厂，烟气排放指标仍远优于国家最新排放标准以及欧盟标准。2020年，环保NGO组织烟气排放指标，深能环保位居全国第一。

（三）应用数字孪生固废产业园的效果

深能环保自主建设的数字孪生焚烧厂充分依托数字镜像，映射多种传感设备数据，并与SIS/WIS等数据实时对接，实现全生产流程的数字化建模与模拟仿真。

在安全管理方面，高精度融合室内定位系统带来了全方位的安全管理效能。其中3D建模可达厘米级精度。以电厂三维可视化模型为"数字底座"，叠加了安全管理、生产工艺流程数据可视化等多种智慧应用能力。通过室内三维定位技术、高效算法以及行为分析，为管理人员提供了更多维度的信息。实现了资产、人员高效化的管理。通过对厂区施工人员的行为管理、检修安全管理及定期巡检工作，继而提升了深能环保企业安全管理的能力，全面提升了环保电厂智能化水平。

自深能环保自主研发的巡检作业机器人投运以来，充分发挥了灵活机动的特点。综合AI智能视觉分析技术和物联网传感技术，已实现多种功能，包括厂区的清洁卫生巡检功能；安全文明生产中的工作人员安全帽佩戴和指定工装的识别巡检；生产区域的指针式仪表盘和翻板式液位计的识别读数；巡检区域（卸料平台）的垃圾车的地锚挂钩识别检测；巡检区域的运行设备的红外测温检测；巡检区域的异味监测和消杀等功能。

通过研究机器人的驱动装置、视觉识别、智能传感、室内自动导航等功能。在规定的巡检范围内，能够按照要求，实现自主导航和通过加载的传感设备，采集巡检区域内的相关生产信息，评估安全文明生产情况，并执行相关作业操作，从而提升企业安全管理和文明生产的能力，寻求人员的智能化、高效化管理，实现不同场景下人员行为的监督，确保生产安全可靠发展。另外，深能环保充分利用多种图像识别算法，自主研发出多种AI图像识别模型，在安全和文明生产管理上发挥了巨大的效力。

该系统能够及时发现并识别出现场不符合安全文明生产、脏乱差的地方（如污水、大件垃圾等），并作为预警条目存档。同时，拥有预警推送功能，最终可向相应的管理人员进行实时推送。

（四）构建"企业数智中心"的效果

自大数据AI智能预控系统投运以来，经运行现场验证与后台数据分析统计，环保物料（氨水）的使用量实现了大幅降低，吨垃圾氨水耗量1台炉降低17.6%，另外1台炉降低26.1%。环保排放风险明显降低，AI系统投入率达到100%。即便在CEMS维护期间，大数据模糊控制仍有明显的环保效益，属于行业领先地位。

通过AI驱动的自动化智能化的生产流程控制，实现环保排放指标的提前预警与环保物料的智能预控功能，帮助企业实现了降本增效。基于大数据的环保预测，能充分应用大数据云平台和AI算法，能够准确预测环保排放指标，最大限度适应垃圾焚烧过程复杂多变的焚烧工况，解决焚烧排放产物难以精准预测的业界难题，有利于拓展现有学科认知，建立科学的数理模型，在同类型焚烧炉上具备推广应用价值，满足生态环境部日益严格的排放要求（图17）。

此外，焚烧炉ACC自动控制也带来了巨大的经营效益。它实现了包括给料斗挡板、给料溜槽及垃圾热值，炉排运动单元及液压系统，一、二次风系统，焚烧炉及第一竖直烟道烟气，燃烧器系统，锅炉给水、主蒸汽系统，除渣机控制，安全联锁等与焚烧炉相关的ACC自动控制逻辑，最终与环保公司成套焚烧炉排技术、装备相结合，应用于新建垃圾焚烧发电厂。系统运行后，锅炉负荷波动率长期小于3%（图18）。

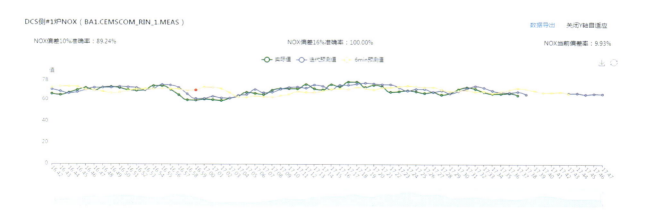

图17 基于大数据和人工智能的焚烧烟气排放精准预测

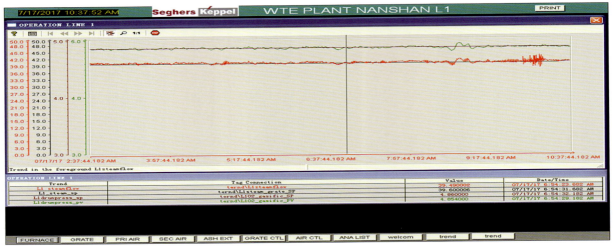

图18 垃圾焚烧ACC燃烧控制系统投运后焚烧炉负荷稳定

（五）智慧收运和填埋打通固废处理领域上下游

在前端收运过程中，通过GIS和物联网技术的深度融合，形成了智能收运调度一体化系统。

以福田区为例，深能环保运营的垃圾运输车上配置了12种基于图像、声音、重量、油耗等物联网传感器，结合人脸和行为识别，解决了车辆轨迹全过程追踪以及驾驶安全行为的监控；更先进的是接入中转站垃圾量信息，对车辆进行最优调配，实现中转站和垃圾车的高效运转，自投运以来，南山、福田区垃圾车百公里油耗由49.6L降至41.2L，降幅达16.9%。

借助前端收运与焚烧厂垃圾池的综合调度系统，充分利用中转站、焚烧厂和垃圾车的全方位信息，实现垃圾收运到处理的最优化调度体系。

同时，在末端飞灰处理过程中，飞灰三维定位的填埋场智能管控系统的建立，可以实时掌握每一批次飞灰螯合的化验结果，能够追溯到每一个飞灰吨袋的具体位置，单个吨袋位置误差为厘米级，真正解决了飞灰可追踪、可溯源、可查询的业界难题。

五、结论和建议

垃圾焚烧发电行业是技术密集型、经验积累型和责任至上型行业，对资产管理、设备可靠性及各种环保排放指标要求严格，对质量管理的依存程度极高。深能环保通过实施一系列数字化转型策略，成功地提升了企业在固废处理领域的管理效率和运营质量。通过自主研发的垃圾焚烧信息化系统、智慧运营数据中心、数字孪生固废产业园、企业数智中心以及智慧收运和填埋系统的开发与应用，企业不仅实现了生产过程的标准化、智能化，还显著提高了安全管理水平，降低了运营成本，并增强了环保排放的控制能力。在生产标准化与智能化方面，通过自主研发的WIS系统实现了生产运营管理的规范化、标准化，提高了设备可靠性，创造了行业运行的新纪录。在运营成本方面，通过智慧运营数据中心的应用，有效降低了"三废"处理费用、耗电量等，提升了能源使用效率。在环保排放控制方面，通过大数据AI智能预控系统和焚烧炉ACC自动控制技术的应用，实现了污染物排放的精准预测与控制，满足了严格的环保要求。在安全管理提升方面，数字孪生固废产业园的高精度室内定位系统和智能巡检机器人的应用，提高了安全管理的精准性和响应速度。在收运效率管理方面，智慧收运系统通过GIS和物联网技术，实现了垃圾收运车辆的高效调度，降低了运营成本。在末端处理方面，飞灰填埋场智能管控系统的建立，实现了飞灰处理的可追踪、可溯源、可查询，解决了行业难题。

固废处理企业为实现可持续发展，通过数智化转型可以促进固废处理行业的高质量发展，因此提出以下建议。

（1）固废处理企业继续加大研发投入，推动技术创新，不断优化和升级现有系统，以适应不断变化的市场需求和技术进步。加强系统的数据分析和预测功能，进一步提升设备可靠性和生产效率。利用智慧运营数据中心收集的大量数据，建立更加科学的决策支持系统，优化资源配置，提高运营效率，进一步推动生产流程、设备管理、安全监控等方面的智能化升级，提高生产效率和安全水平。

（2）固废处理企业应加强与领先的高校和研究机构的合作，寻求与其他行业的合作伙伴，如人工智能、大数据、云计算等领域的企业，共同开发新技术，拓展业务领域。培养和引进数字化、智能化领域的专业人才，为企业的长远发展提供人才保障。加强员工的数字化培训，提升团队的技术水平和管理能力，确保数字化转型策略的有效实施。

（3）收运一体化企业应进一步集成和优化GIS及物联网技术，提高垃圾收运的智能化水平，减少物流成本，提升服务质量。完善飞灰填埋场智能管控系统，建立从垃圾收集、运输到处理的全流程可追溯体系，增强企业透明度和公众信任。

（4）固废处理企业应强化企业的环保责任，通过技术创新和管理优化，持续降低环境污染，提升企业的社会形象和品牌价值。通过数字化手段加强与客户和社区的沟通与互动，收集反馈，提升服务质量，增强企业的社会责任感。

（5）固废处理企业还应密切关注国家和地方关于环保、数字化转型等方面的政策动向，及时调整企业战略，确保企业的可持续发展。同时，应逐步建立健全数据安全管理体系，保护企业和客户的数据安全，防止数据泄露和滥用。

参考文献

[1] 吴浩,蔡建军,彭晓为,等."五位一体"理念赋能减污降碳——深圳低碳型生活垃圾焚烧产业园区建设模式[J]. 中国环保产业, 2024(2): 12-15.

[2] 吴建华,罗志雄.垃圾焚烧厂信息化系统的研究与应用[J]. 电力信息化, 2012, 10(4): 52-55.

[3] 吴建华.基于数据中台的统计分析系统重构设计思路的研究[J]. 电力技术与软件工程, 2022(10): 227-230.

[4] 赵征,王金,周孜钰,等.基于ISSA-ELM的垃圾发电厂焚烧过程建模方法研究[J]. 动力工程学报, 2023, 43(12): 1649-1656.

[5] 马靖宁,薛文雅,梁伟平,等.基于CS-LSTM的炉排炉干燥段垃圾料层厚度软测量[J]. 电力科学与工程, 2022, 38(11): 65-72.

AI 监控在智慧城管中的探索与应用

李春晖，冯晓楠，吴建华

（深圳能源环保股份有限公司）

摘要： 本文探讨了人工智能（AI）监控技术在智慧城管中的各种应用。首先，本文介绍了AI监控的概念及关键技术，突出了AI监控技术在城市管理中的重要性。其次，本文详细阐述了城市管理的常见痛点以及各类AI监控技术在城市管理中的应用，如智慧环卫、风光互补监控、AI智能城管、电动车阻车系统等。最后，本文指出了AI监控技术面临的挑战，如数据隐私与安全问题、投入成本增加的问题、重复投资问题等，并提出了相应的解决方案和建议。通过本文的研究，希望为智慧城管领域的技术研发和应用提供有价值的参考和启示。

关键词： 人工智能；智能监控；智慧城管

Exploration and Application of AI Monitoring in Smart City Management

Li Chunhui, Feng Xiaonan, Wu Jianhua
(Shenzhen Energy Environmental Co., Ltd.)

Abstract: This article discusses various applications of artificial intelligence (AI) monitoring technology in the field of smart urban management. First of all, this article introduces the concept and key technologies of AI monitoring, highlighting the importance of AI monitoring technology in urban management. Subsequently, the article elaborated the common pain points of urban management and the application of various AI monitoring technologies in urban management, such as smart sanitation, wind and solar complementary monitoring, AI intelligent urban management, electric vehicle blocking system and so on. The last part of the article points out the challenges facing AI monitoring technology, such as data privacy and security issues, increased input costs, duplication of investment problems, and puts forward corresponding solutions and suggestions. Through the research of this article, the purpose is to provide valuable reference and enlightenment for the technology development and application in the field of smart urban management.

Keywords: Artificial intelligence; Intelligent monitoring; Smart urban management

一、引言

（一）研究背景和意义

2017年全国两会期间，习近平总书记提出了"城市管理应该像绣花一样精细"的总体要求。实现精细化城市管理，成为全国各大中型城市政府的一项重要任务。

作为中国特色社会主义先行示范区，深圳在城市管理领域，顺应"互联网+"发展趋势，运用BIM/CIM、物联网、大数据分析、人工智能等现代信息技术，快速部署，积极探索，已逐步形成创建新型智慧城市标杆的深圳模式。

在智慧城管的构建中，人工智能监控（以下简称AI监控）技术发挥着至关重要的作用。AI监控是指通过人工智能技术，实现对城市环境、交通、治安等领域的实时监控和智能分析。它不仅能够实时感知城市运行状况，还能够通过深度学习、模式识别等技术手段，对城市事件进行自动识别和预警，为城市管理提供有力支持。随着城市规模的增大和城市数字化水平的提升，AI监控将在智慧城管中发挥越来越重要的价值。

（二）研究目的

从我国当前的国家战略导向以及国内外对智慧城市、智慧城管的研究和实践来看，智慧城市建设和智慧城管发展的重要性已日趋凸显，从数字化到智能化再到智慧化，积极发展智慧城管，可以迅速推动城市治理能力的提升和治理体系的完善，最终实现现代化城市治理的目标。

本文旨在分析实现智慧城管过程中面临的各种痛点，结合不断更新迭代的AI监控技术，以AI监控技术为突破点，综合应用各种前沿的信息化手段，探讨AI监控在智慧城管中的应用、优势、技术挑战与解决方案，探索如何将其应用于在城市管理各个领域中并取得管理手段的突破和创新，为城市管理部门提供有益的参考、借鉴和管理新思路。

二、AI监控技术概述

未来随着技术的不断进步和应用场景的不断拓展，AI监控将在智慧城管中发挥举足轻重的作用，通过融合人脸识别技术与AI视频监控技术、大模型算法，AI监控将实现对城市环境、交通、治安等领域的实时监控与智能分析，为城市管理提供了前所未有的便利与效率，为城市居民提供更加安全、便捷、高效的生活环境和服务体验。

（一）AI监控技术基本原理

AI监控，全称为人工智能（artificial intelligence）监控，是指在传统视频监控基础上，利用计算机视觉技术和一系列先进的算法对图像、视频进行智能化处理和分析的一种更先进的技术手段。首先，AI监控系统通过部署在各个预置点位的高清摄像头采集城市各点位的图像、视频，然后传输至服务器或云端进行计算、分析和跟踪，并最终提取出业务场景需要的关键信息，如行人、车辆、物品、环境等对象的外观、行为、特征数据。在此基础上，可实现对城市环境的实时监控和智能管理。

（二）AI监控关键技术

AI监控包含了一系列关键技术，这些技术共同构成了其强大的功能和应用场景。

1.机器学习

作为AI监控技术的基石，机器学习使系统能够从大量的视频数据中学习并自动改进算法性能，以适应不断变化的监控场景。通过训练，系统能够识别特定模式，如人群聚集、异常行为等，从而实现预警功能。

2. 深度学习

深度学习技术，特别是卷积神经网络（CNNs）在图像识别领域的突破，极大提升了AI监控的准确性。其多层次的特征提取机制能够处理复杂的视觉信息，实现对人脸、车辆等对象的精确识别与分类。这种技术对于城市交通管理、公共安全监控等领域具有重要意义。

3. 图像识别

图像识别是AI监控的核心技术之一，它利用计算机视觉技术，对视频流进行实时分析，快速识别并分类图像中的元素，如人、车、物体等。结合深度学习模型，图像识别的精度与速度得到了显著提升。

（1）物体识别：通过深度学习算法，AI监控能够准确识别视频中的物体，如行人、车辆、动物等。

（2）越界识别：AI监控能够实时监测物体的位置和运动轨迹，一旦发现物体越过了预设的边界或区域，便会立即触发警报。这种技术常用于周界防范、禁止入侵等场景。

4. 大数据处理与分析

AI监控系统产生的数据量极为庞大，有效地处理与分析这些数据对于实现监控的智能化至关重要。大数据技术的应用，包括分布式存储、实时数据处理、数据挖掘与预测分析，能够帮助系统快速提取有价值的信息，实现对城市动态的实时监控与趋势预测。例如，通过对交通流量数据的分析，AI监控系统可以预测交通拥堵并提供最优路线建议。

5. 物联网（IoT）与AI监控的融合

物联网技术的发展为AI监控提供了更为广阔的应用空间。通过将各类传感器、智能设备与监控系统相连，形成一个高度互联的网络，AI监控能够实时接收和处理多源异构数据，实现对城市环境的全方位感知。例如，结合物联网的智能路灯不仅可以提供照明，还能集成摄像头、环境传感器等，收集空气质量、噪声水平等数据，为城市管理者提供更加全面、精准的城市运行信息。这种深度融合促进了城市管理的智能化升级，增强了城市的整体响应能力和服务水平。AI监控技术不仅涵盖了关键的算法和技术原理，还深入到数据处理与物联网技术的集成应用，为智慧城管的实施奠定了坚实的技术基础。

（三）AI监控技术的优势

AI监控技术相比传统监控技术有以下几个优势。

1. 智能分析

（1）实时识别：AI可以实时识别和分类视频中的物体和行为，如人脸识别、车牌识别等。

（2）异常检测：能够自动检测异常行为，如入侵、斗殴、偷窃等，减少人为监控的工作量。

2. 自动化警报

（1）精准警报：AI系统能够根据预设的规则自动发出警报，减少误报和漏报。

（2）动态响应：可以根据场景变化实时调整警报策略。

3. 数据处理和存储

（1）大数据处理：AI技术能够处理大量视频数据，进行有效的存储和检索。

（2）智能搜索：能够通过关键词或图像进行快速搜索，提高效率。

4. 提高效率

（1）全天候监控：AI可以24小时不间断地进行高效监控，无须休息，减少人为疲劳和注意力不集中问题。

（2）多任务处理：能够同时监控多个摄像头，提高整体监控效率。

5. 成本效益

（1）减少人力成本：减少了对大量人力监

控的依赖，降低了人力成本。

（2）设备优化：AI技术可以通过软件升级实现功能提升，减少硬件设备的更换和维护成本。

6. 预测和预防

（1）预测性维护：通过分析视频数据，AI可以预测可能发生的问题，提前采取预防措施。

（2）行为预测：基于历史数据和模式识别，AI可以预测潜在的安全威胁。

7. 综合分析

（1）多源数据融合：AI可以整合来自不同传感器和系统的数据，进行综合分析，提高整体安全性。

（2）智能报告：自动生成分析报告，为决策提供数据支持。

这些优势使AI监控技术在安全、效率和成本等方面优于传统监控技术，广泛应用于公共安全、交通管理、零售管理等领域。

三、城市管理的痛点与 AI 监控技术的应用

（一）城市管理痛点

城市管理是一门极为复杂的综合性管理艺术，涉及政府、市场、社会大众的相互作用，同时也需要采用法律、经济、行政以及技术手段。它是指以城市这个开放的复杂系统为对象，以城市基本信息流为基础，运用决策、计划、组织、指挥等一系列机制，采用法律、经济、行政、技术等手段，通过政府、市场与社会的互动，围绕城市运行和发展进行的决策引导、规范协调、服务和经营行为[1]。广义的城市管理是指对城市一切活动进行管理，包括政治的、经济的、社会的和市政的管理。狭义的城市管理通常就是指市政管理，即与城市规划、城市建设及城市运行相关联的城市基础设施、公共服务设施和社会公共事务的管理[2]。

任何一个城市，随着人口数量的增加和社会结构的变化，必然会面对以下管理痛点：

1. 环卫管理问题

城市环卫管理是维持城市环境卫生和市民健康的关键环节，关系到城市的环境卫生和市民的生活质量，更是城市可持续发展和社会文明进步的重要保障。如何高效保障城市环境卫生、防止环境污染，是每一位城市管理人员都在思考并致力寻找高效解决方案的课题。

2. 交通拥堵问题

一线甚至二线城市，交通拥堵都是一个普遍存在的问题，人口快速增长、通勤时间的延长、外出需求的增加、私家车数量井喷式增加，各种因素叠加，导致了越来越沉重的道路压力、频繁的交通事故以及能源、环境问题。

3. 占道经营问题

部分集市、批发市场及人流聚集的区域，存在出店经营、占道经营甚至直接占用公路摆摊设点的现象，经营者抢占市民公共资源，严重影响城市市容市貌，更有甚者，还与城管执法人员上演"躲猫猫"游戏。

4. 电动车入室充电问题

尽管各级管理部门通过各种方式宣传电动车入室停放、充电的危害，但仍有不少市民置若罔闻，甚至铤而走险，忽视危害，为了贪图方便，停车入户，飞线充电，最终酿成漏电起火或者电池爆炸的惨剧。

（二）AI监控技术应用

1. 智慧环卫

智慧环卫管理系统，通过利用固定监控、车载监控以及智能清扫机器人等AI智能技术并结合人员、车辆实时定位技术，提供作业面管

理、转运站管理、清运管理、车辆管理、环卫设施管理、人员出勤、故障预警、大屏实时监管等智能环卫管理功能，对小区垃圾箱收运情况、街道、公园、公厕等城市环卫重点监管区域、位置的垃圾清扫实时情况、垃圾车运输与调试、转运站运营、现场清扫情况实现实时监督和管理。

作为全国首批数字化城管10个试点城市之一，深圳一直在不断积极探索智慧城市治理新路径。深圳市在智慧城管方面进行了大量的实践，其中智慧环卫是深圳市智慧城管的重要组成部分。AI监控技术在深圳智慧城管（智慧环卫）中的具体应用和相关数据如下：深圳市2.1万余个垃圾分类投放点中已有10 533个垃圾分类投放点安装了AI摄像头，占比达到全市的50%，这些AI摄像头通过图像识别技术，实时监控垃圾投放情况，使垃圾分类的参与率和准确投放率都得到大幅提升；近900座生活垃圾转运站视频监控基本覆盖AI智能化应用，应用场景涵盖散落垃圾、袋装垃圾、未正确着装、设备脏污破损、非作业时间作业等，确保生活垃圾分类收运全过程的文明洁净规范[3]。

AI监控技术在深圳智慧城管（智慧环卫）中的应用已经取得了显著成效。通过安装AI摄像头、引入环卫机器人以及运用智慧城管AI智能识别系统等技术手段，深圳在垃圾分类、环卫作业、城市管理等方面实现了智能化升级。

智慧环卫系统可以实现环卫作业人、车、物、安全、质量等各个方面的全过程生命周期管理，通过完善作业流程、提高作业效率，保障作业规范性、提升车辆利用率、降低库存成本以及车辆维护成本等措施，最终实现降本增效的目标。未来，智慧环卫系统还可以通过收集的历史数据，并依托相关算法，分析运营过程中存在的先进做法和不足之处，并进一步制订更科学的环卫作业计划，最终达到智慧环卫管理的终极目标。

目前以深圳为代表，先行先试的智慧环卫管理系统，已经建立了综合的数据管理与分析平台，将来自不同来源的AI监控数据整合，通过大数据分析，为城市规划、服务优化和政策制定提供科学依据，在致力为市民提供更加便捷、清洁、安全的城市生活方面发挥着重要作用（图1）。

2. 智能交通管理

利用现有监控设备、传感器、结合后台AI算法，智能交通管理技术可以通过检测、抓拍、分析指定区域或路口的非机动车数据，发现非机动车是否有未佩戴头盔行为、违规载人、违

图1 深能环保智慧环卫系统

规停车等行为。通过监控机动车道数据，及时发现未系安全带、接打电话、违规占道停车、闯红灯等行为，减少交通事故发生。对人流量、车流量、十字路口拥堵情况、路况车况数据进行统计和分析，实时感知交通流量、分析交通拥堵情况，为大众出行提供实时建议，为红绿灯设置优化、路口通行效率优化提供准确的基础数据；结合大数据技术，智能交通管理系统还可以预测未来交通拥堵情况，分析历史数据并优化交通信号灯时长、优先级策略、优化通行效率，预测未来交通拥堵情况并提供优化的交通规划方案。

杭州萧山区综合行政执法局利用AI监控技术实现了对市容市貌问题的实时监控和智能识别。通过市容AI智治系统，该局能够实时分析监控视频，智能识别占道经营、机动车人行道违停等市容序化问题。系统日均识别事件1 000余件，算法准确度达90%。不仅提高了城市管理效率，也减少了人力、物力的投入。

新加坡是全球智慧城市建设的先行者，新加坡自2006年起开始实施"智慧国"计划，其"智慧国"计划通过构建全面的AI监控系统，实现对城市交通的全方位监控和智能化管理。例如，新加坡的智能交通系统利用AI技术对交通流量进行实时分析，优化交通信号灯的时间和路线，有效缓解交通拥堵。通过安装AI摄像头和传感器在全城范围内收集交通数据，实时监测和分析交通流量、车辆速度、道路占用率等信息。AI算法能够预测交通拥堵，并自动调整交通信号灯的配时，有效疏导交通，减少等待时间，提高整体交通效率。此外，它还能识别非法停车和违规驾驶行为，协助交通执法。

3. 风光互补监控

电力和网络是监控系统正常工作的必要条件。对于位置偏僻、远离市区、点位分散的位置，如果采用远距离拉取市电和网络的传统施工方式，建设成本高、施工难度大且可能存在安全隐患，风光互补监控系统是此类应用场景的理想选择之一。

风光互补监控系统通过风力发电、太阳能发电，蓄电池储能相结合的方式，可有效解决"取电难"的困境。监控设备采用4G/5G流量卡方式，解决网络线路的限制。

风光互补监控系统可根据需要选择风电发电机或太阳能电池板，晴天可以利用清洁的太阳能，如果遭遇连续阴雨天，还可以利用风能发电，实现真正的能源自给自足。

后台视频管理系统，可以有效摆脱前端监控点位偏远、分散的地理限制，通过将分散的监控设备统一接入与汇聚管理，实现远程实时监控、语音对讲和视频录像回话与分析。

4. AI智能城管

城市管理工作涉及面广、人群构成复杂、环境多样，传统执法巡查往往依靠双腿和轮子跑，有限的人员管理执法既耗时费力，也容易存在死角盲区，甚至经营者与城市管理人员之间经常上演"你来我躲""你走我来"的桥段。

AI智能城管，采用"动静结合"的信息采集模式，动态模式以车载全景摄像机为主要技术手段，在巡检车辆行驶过程中，全景摄像机结合强大的后台管理系统，可以实现对城管执法的全景动态取证，自动识别并跟踪城市中无序流动的问题，如违规停放的车辆、无照经营游商、道路遗撒等问题的监测；静态模式则主要针对固定位置问题进行持续监测，如"门前五包"中涉及的市容秩序问题、乱堆乱放、公用设施破损问题、违规户外广告等。实现城市管理问题快速采集、自动识别、自动上报，城市管理的各种管理乱象，在它的"火眼金睛"之下无处遁形。

最近几年出现的无人机巡航抓拍技术，更是可以根据预设航线，自动调整飞行姿态、云台角度，可以让很多隐蔽性强的问题无处遁形。全景摄像机会自动回传巡检抓拍的图片和视频，作为工作人员后续出勤或执法的线索或依据。

AI智能城管，依托网格化管理手段并结合数字化地图技术，整合基础地理位置、地理编码、市政及社区服务等多种数字化资源，综合运用各种现代化信息技术手段，实现了城市问题的自动识别分类、自动生成地理位置、自动生成问题信息上报，打造了数字城管信息采集"智能巡查为主""人工巡查为辅"的信息采集新模式。

5. 电动车阻车系统

据工业和信息化部资料显示，目前全国电动自行车保有量已达3.5亿辆，并且每年仍有较大幅度增加。2022年、2023年电动自行车火灾分别为1.8万起和2.1万起，截至2024年5月，已发生电动自行车火灾10 051起，造成35人死亡，呈现逐年增长趋势。电动自行车充电一直是火灾高发的重要原因之一。

如图2所示，电动车阻车系统属于AI智能摄像头在传统梯控领域的创新与应用。当电梯门打开时，AI智能摄像头会立刻同步检测是否有车辆（不只是电动自行车）进入，一旦识别到车辆进入，系统会自动抓拍图片，上传到后台管理系统并发出语音告警提示：禁止车辆进入电梯。与此同时，AI智能摄像头会联动电梯控制系统，禁止电梯门关闭，只要AI摄像头检测到车辆入内，电梯门就会一直保持开门状态，并且持续发出安全提醒，从而达到禁止车辆进入电梯的效果。

电动车阻车系统可实现7×24小时连续自动运行，可以通过电脑客户端、手机App等方式远程实时查看，可以有效提升监管效率，预防因室内充电导致的火灾、爆炸等安全事故的发生。

图2 电动车阻车系统示意图

四、AI 监控在智慧城管应用中的挑战与应对策略

（一）日益增长的监控需求与投入成本之间的矛盾

监控系统建设成本，主要涉及存储容量、网络带宽以及系统本身建设的费用。其中，网络带宽主要与摄像头的码率、监控设备的数量有关，则存储容量则与摄像头的码率、监控设备的数量以及存储时长有关。

码率表示每秒产生的监控视频容量（Mb），码率与摄像头的分辨率有关。

表1是摄像头常见分辨率与码率的对应关系。

表1　分辨率与码率对应关系

序号	分辨率/像素	码率
1	720P（100万像素）	1.5～4Mbps
2	1080P（200万像素）	3～6Mbps
3	2K（300万像素）	4～10Mbps
4	4K（800万像素）	10～20Mbps

以10个1 080P（200万像素）、码率4Mbps的摄像头为例，占用带宽=摄像头数量×摄像头码率=10×4Mbmps=40Mbps，假设这10个摄像头的监控视频需要保存至少90天，则所需的存储容量=码率×存储时长（秒）×摄像头数量=4×（90×24×60×60）×10/8/1 024=37 968.8 GB。

可以看到，随着AI监控技术的普及、摄像头像素分辨率要求越来越高，需要部署的摄像头数量越来越多，所需的带宽和存储容量将越来越大。如果从节约成本的角度考虑，带宽不变，当部署的摄像头数量越来越多时，有限的带宽将导致各类监控画面清晰度下降、系统卡顿，能够保证的视频存储时间也越来越短，多个小区被曝光监控系统形同虚设，甚至在需要调取监控画面时发现历史视频根本不存在。而如果从保证监控系统体验的角度考虑，势必需要投入越来越多的带宽资源和存储资源，并且带宽和存储资源是长期投入过程，对任何投资方都是一项不小的开销。

（二）边缘计算与SDWAN技术

边缘计算与SDWAN技术的出现，可以作为降低监控系统总体拥有成本和长期投入的技术手段。

边缘计算是在系统整体架构和数据处理方式上的革新，而SDWAN技术，则是属于网络技术在监控领域的应用。

目前，视频监控大模型计算，有两种主流数据处理方式：中心处理和边缘计算。

中心处理方式，是指各监控终端的画面、视频数据通过网络统一传输到后台中心服务器，后台中心服务器通过对来自各个终端的海量数据进行数据汇总、分析、处理、计算后，训练出合适的模块，并应用于各个终端。这种处理方式优势是可以从各个终端获取足够大的样本空间用于模型训练。同时，对网络带宽、中心服务器处理算力要求也更高。

边缘计算方式，是一种新兴的计算模式，这种模式将名为边缘计算网关的设备部署于更接近终端的网络边缘，负责处理数据、运行应用程序，并且支持各类物联网终端设备接入。在监控终端和中心服务器之间充当类似"中层管理者"角色，通过将部分计算资源迁移到网络边缘，待数据处理完毕后再将结果数据上传至中心服务器，数据处理与传输过程更接近数

据源头，提高了实时性和响应速度，减轻了主干网络的带宽压力，减少了数据上传量，有效降低了端到端的延迟[4]。

值得注意的是，边缘计算并不能完全取代中心计算，只是对中心计算方式的补充和优化。

SDWAN（Software-Define WAN）技术，可以在保证监控网络传输带宽和通讯质量不下降的情况下，大幅降低网络带宽租赁费用。SDWAN技术，即软件定义广域网。传统的WAN网络架构通常基于专用硬件设备，而SDWAN，则采用虚拟化技术，将网络功能从硬件设备中抽象出来，通过软件控制和管理，简化和优化网络连接，提供各种网络服务，从而达到降低网络管理和维护成本的目的。

A企业有多家下属企业，分散在多个城市，其网络拓扑示意图如图3所示。

因管理需要，A企业需要实时查看各下属企业现场的多个监控设备，在SDWAN技术普及之前，各下属企业的监控画面需要各自通过MPLS VPN网络传输至A企业总部。MPLS VPN专线带宽与费用统计见表2。

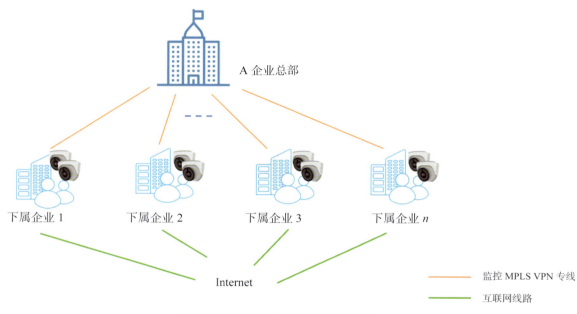

图3 A企业网络拓扑示意图（改造前）

表2 改造前A企业线路租赁费用一览表

线路	项目	下属企业1	下属企业2	下属企业3	下属企业4
MPLS VPN	带宽（MB）	10	20	10	20
MPLS VPN	租赁费用（元/月）	9 520	16 400	9 520	16 400
互联网专线	带宽（MB）	100M	100M	30M	30M
互联网专线	租赁费用（元/月）	1 200	3 900	3 000	3 100

使用SDWAN技术后，采用两条互联网线路替换MPLS VPN线路，拓扑示意图如图4所示。

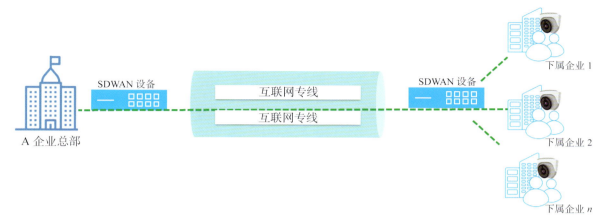

图4 A企业网络拓扑示意图（改造后）

带宽与费用统计见表3。

表3 改造后A企业线路租赁费用一览表

类别		下属企业1	下属企业2	下属企业3	下属企业4
互联网线路	带宽（M）	2×100M	2×100M	2×30M	2×30M
互联网线路	租赁费用(元/月)	2 400	7 800	6 000	6 200

采用SDWAN技术后，费用变化如图5所示。

可以看到，不考虑SDWAN设备采购费用（一次性采购）的情况下，使用SDWAN技术后每月网络租赁总成本仅为原来的35%，且各下属企业网络带宽都有不同程度的增加。

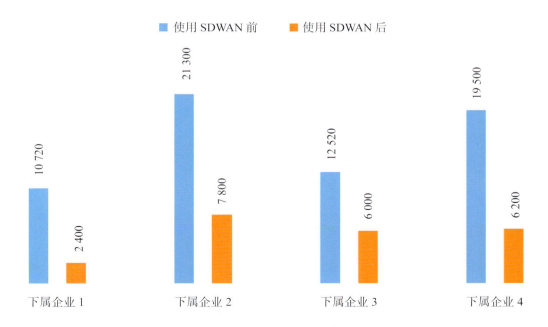

图5 网络线路租赁费用对比

（三）数据隐私和安全性

随着监控设备的普及使用，视频监控数据在取证、决策、事后追溯等场合的重要性越来越高，无论是企业内部的会议记录、监控系统的实时画面，还是包含个人隐私的影像，都承载着不容忽视的价值与不可估量的风险，一旦数据泄露或被滥用，将给个人和社会带来严重的后果。近几年，世界各地视频监控被人为泄露或黑客窃取的事件也时有发生，因此，在提升管理效率、提升生活品质的同时，如何确保数据的安全性和隐私性，将是AI监控面临的重要挑战之一。

在智慧城管中，AI监控技术的广泛应用极大地提升了城市管理的效率与智能化水平，但随之而来的是数据隐私与伦理问题的日益凸显，AI监控系统通过大量收集视频、音频等数据进行分析处理，涉及大量的个人隐私和敏感信息。

对公共场所监控图像的不当采集利用，会严重侵犯自然人的隐私权和法人、非法人组织的合法权益。未经同意的数据收集与处理可能侵犯公民的个人信息权和隐私权，引发公众不安和社会抵触情绪；另外，数据泄露风险的存在威胁到个人安全与社会稳定。

这些问题若处理不当，可能对公民权利、社会信任乃至技术发展本身造成重大影响。因此，深入探讨数据隐私与伦理问题在AI监控技术应用中的重要性，制定相应的应对策略，对于推动AI监控技术健康、可持续发展具有重要意义。

（四）重复投资与合理利用

随着信息技术的不断发展进步，各类监控系统早已进入城市管理的方方面面。一方面，不同的管理部门、管理机构基于各自业务的差异化需求，会部署各自的监控设备，甚至会出现"一个横杆上安装10余个摄像头、巴掌大的地方数个单位在监控"的现象。各个监控系统分开建设、重复建设，"信息孤岛"现象极为严重。

另一方面，仍有不少小区业主反映物品丢失、车辆剐蹭损坏却无法调取有效监控；监控不到位，点位不合理，监控存在盲区甚至监控系统形同虚设的现象仍时有发生。怎样提高信息资源利用率，建立开放共享机制，预留系统联网接口，在保证信息安全的前提下提供数据共享，是城市监控管理面临的一个挑战。

（五）城市监控管理系统

城市监控管理系统，是一套融合了传感、监控、互联网、软件工程、大模型、控制等众多先进的信息化手段的大型监管系统。它是城市公共视频监控服务体系的指挥中枢，也是城市管理工作的重要组成部分。

城市监控管理系统，通过汇聚公安、交通、城管、消防以及其他各级职能部门、重点行业、领域建设的视频监控资源，避免重复建设，建立"共建、共享、共用"的全市视频资源体系，将视频资源统一汇聚管理，建设城市级视频能力底座，实现视频资源的规划设计、资产化管理以及跨部门、跨层级共享交换，最终产生"聚势效应"，发挥出"1+1＞2"的管理效果。

城市监控管理系统建设是一个庞大的软件工程，涉及城市管理的方方面面，其建设也必然是一个长期渐进的过程。想要在保证数据隐秘和安全的前提下，实现兼容并蓄，城市监控管理系统至少需要具备可扩展性和完备的分类分级管理功能。可扩展性要求系统能够根据技术发展和需求的变化，灵活升级以及增加新的功能，要求系统遵循业界统一标准协议，提供标准开放接口和统一的功能调用服务，确保各级下属单位及子系统数据、功能的接入。分类分级管理制度，要求对各级企业、各级部门用户提供精细的权限分配、审计机制，保证各级用户"能看到"并且"只能看到"各自所需数据和资源。

五、结语

本文深入探讨了 AI 监控在智慧城管中的应用、优势、挑战以及解决方案等方面，通过对现有研究和应用案例的综合分析，我们得出以下主要观点和发现。

首先，AI 监控技术在智慧城管中扮演着至关重要的角色。它凭借实时感知、智能分析和精准决策的能力，极大地提高了城市管理的工作效率，提升了执法的准确性和公正性，并为城市管理提供了智能化决策支持。这些优势使 AI 监控成为推动智慧城市发展的重要技术支撑。

其次，尽管 AI 监控在智慧城管中展现出巨大的潜力和优势，但其发展也面临着一些挑战。数据隐私和安全性、算法可解释性、技术标准化与兼容性等问题，是当前 AI 监控技术需要重点关注和解决的问题。只有通过加强技术研发、完善法律法规和伦理规范，才能确保 AI 监控技术的健康、可持续发展。

此外，我们还探讨了 AI 监控在智慧城管中的潜在应用场景和创新应用与模式。智慧社区管理、智慧交通管理、智能安防管理等领域的创新应用，将进一步提升城市管理的智能化水平，为居民提供更加安全、便捷、高效的生活环境和服务体验。这些应用场景的拓展，不仅为 AI 监控技术的发展提供了广阔的空间，也为智慧城市建设注入了新的动力。

综上所述，AI 监控在智慧城管中具有重要的作用和广阔的发展前景。随着技术的不断进步和应用场景的不断拓展，AI 监控将在城市管理领域发挥更加重要的作用。同时，我们也应当清醒地认识到其面临的挑战和问题，并积极探索解决方案和应对策略。只有这样，才能确保 AI 监控技术的健康、可持续发展，为智慧城市建设贡献更大的力量。

展望未来，我们期待看到更多的创新技术和应用模式在智慧城管中涌现，推动城市管理向更加智能化、精细化的方向发展。同时，我们也呼吁社会各界共同关注和支持 AI 监控技术的发展和应用，为智慧城市建设注入更多的智慧和力量。

参考文献

[1] 吕童. 结构功能视角下的网格化社会治理研究 [D]. 北京：中国矿业大学，2023.
[2] 张谢宁. 青奥会的举办对南京城市形象提升的影响研究 [J]. 哈尔滨体育学院学报期刊，2011, 29(5): 55-58.
[3] 林清容. 深圳市环卫全周期运管服平台发布 [N]. 深圳特区报，2023-10-24.
[4] 曾诗钦，霍如，黄韬，等. 区块链技术研究综述：原理、进展与应用 [J]. 通信学报，2020, 41(1): 134-151.

抗虫蛋白的研究进展及其在农业生产和园林绿化中的应用

吴嘉宜，莫小为，董珊珊

（深圳市中国科学院仙湖植物园）

摘要：抗虫蛋白是一类能够有效抵御害虫侵害的天然或人工合成蛋白质，已成为农业生产中一种具有前瞻性的环保技术。随着全球城市化进程的加快，抗虫蛋白在城市园林绿化中的应用也逐渐显现出巨大的潜力。本文系统综述了抗虫蛋白的研究进展，重点探讨其在农业生产中的成功应用，并深入分析其在城市园林害虫防治中的创新应用及前景。通过对抗虫蛋白技术的推广与应用，城市管理者能够在减少化学农药使用的同时，提高园林绿化的可持续发展水平，优化城市生态系统。

关键词：抗虫蛋白；园林绿化；生物防治；化学防治

Research Progress of Insect-resistant Proteins and Their Applications in Agriculture and Landscaping

Wu Jiayi, Mo Xiaowei, Dong Shanshan

(Fairy Lake Botanical Garden, Shenzhen and Chinese Academy of Sciences)

Abstract: Insect-resistant proteins, whether natural or synthetic, have proven to be highly effective in combating pest infestations and represent a promising, eco-friendly technology in agricultural production. With the acceleration of global urbanization, their potential application in urban landscaping has gained increasing attention. This paper provides a comprehensive review of the research advancements in insect-resistant proteins, highlighting their successful utilization in agriculture and exploring their innovative applications and future prospects in urban pest management. The promotion and implementation of this technology can help urban planners reduce reliance on chemical pesticides, enhance the sustainability of urban landscapes, and contribute to the optimization of urban ecosystems.

Keywords: Insect-resistant protein; Landscaping; Biological control; Chemical control

抗虫蛋白是一类能够有效抑制或杀死害虫的天然或人工合成蛋白质，其在园林绿化中展现出广泛的应用前景。在城市绿化过程中，蚜虫、白粉虱、红蜘蛛等虫害问题长期困扰着园林管理者。传统的防治方法主要依赖化学农药，虽然短期内能取得显著成效，但长期使用对环境和人体健康造成了潜在的危害。因此，抗虫蛋白作为一种环保的生物防治方法，越来越受到关注。

目前，抗虫蛋白的研究主要集中在两个方面：一是筛选出具有较强抗虫效果的蛋白质，如源于苏云金芽孢杆菌的BT蛋白、杀菌肽等；二是探索抗虫蛋白的作用机制，包括抑制害虫的消化酶活性或干扰其神经系统功能。相比化学农药，抗虫蛋白具有选择性强、对非靶生物影响小等优势，为园林绿化中的害虫防治提供了更为环保的解决方案。

在实际应用中，抗虫蛋白可通过多种方式用于园林植物的保护。一方面，可以将抗虫蛋白喷洒在植物表面，形成一层保护膜，防止害虫侵袭；另一方面，可以通过将抗虫蛋白加入土壤或肥料中，提升土壤中有益微生物的数量，增强植物的免疫力与抗病性。此外，抗虫蛋白还能够促进植物对养分的吸收，从而提高植物的生长能力与抗病能力。

随着研究的深入，抗虫蛋白在城市园林中的应用将会更加广泛。未来的研究应进一步筛选高效、安全的抗虫蛋白，并深入探讨其作用机制，以优化其在园林绿化中的应用效果，推动城市生态管理的可持续发展。

一、抗虫蛋白的鉴定和筛选方法

抗虫蛋白的鉴定和筛选是抗虫蛋白研究的关键环节，其主要目的是发现新的抗虫蛋白，并筛选出具有更好抗虫效果的蛋白质。近年来，随着基因工程、蛋白芯片等技术的发展，抗虫蛋白的鉴定和筛选方法得到了不断的改进和完善。基因工程技术是鉴定和筛选抗虫蛋白的常用方法之一。研究人员通过克隆和表达具有潜在抗虫效果的抗虫蛋白基因，制备出大量的抗虫蛋白，并进一步研究其抗虫机制和生物学特征。例如，仙湖植物园的研究人员通过基因克隆和表达技术，从攀枝花苏铁中成功地合成出一种新的抗虫蛋白，并在实验室中对其进行了昆虫毒性实验研究，揭示了其对棉铃虫的高效毒害作用[1]。Guo等[2]应用图位克隆法在国际上首次分离了水稻抗褐飞虱基因*Bph14*，并揭示了BISP-BPH14-OsNBR1互作系统精细调控抗性-生长平衡的新机制。蛋白芯片技术是一种高通量的蛋白质鉴定和筛选方法，能够在短时间内同时检测大量的蛋白质。研究人员通过制备蛋白芯片，将大量的抗虫蛋白质固定在芯片上，并用于筛选具有抗虫活性的蛋白质。例如，研究人员通过蛋白芯片技术，筛选出一种具有高效抗虫活性的新的抗虫蛋白，并进一步研究其在植物中的表达和生物学功能。Ren等[3]利用SSR分子标记，比较了水稻抗性、感性品种的基因核苷酸序列，由于基因LOC_Os06g03240在所有抗性品种/系中具有相同的序列，但与易感品种相比存在多个核苷酸多态性，因此鉴定其为"*Bph32*"，是抗褐飞虱候选基因。此外，研究人员通过对不同植物物种中抗虫基因的筛选和鉴定，发现了许多可用于抗虫害的基因，包括毒蛋白基因、抗菌素基因、植物生长素基因、抗氧化基因等。Bai等[4]通过多组学分析，在野生烟草植物中发现了一种新的植物特异性代谢产物化合物，该化合物是植物对小叶蝉产生非寄主抗性的关键化合物，命名为"CPH"。

二、毒蛋白基因

毒蛋白基因是应用最为广泛的一类植物来源抗虫基因。毒蛋白基因是植物中常见的一类抗虫基因。这些基因编码的蛋白质可以对昆虫的消化系统或神经系统产生毒性作用，从而使昆虫死亡。毒蛋白基因的来源有多种，包括细菌、真菌、植物等。研究人员通过对多种植物和微生物中的基因进行筛选和鉴定，发现了许多具有抗虫作用的毒蛋白基因。这些基因包括BT（Bacillus thuringiensis）毒素基因、PIPs（Plant proteinase inhibitors）基因、Chitinase基因等。

BT蛋白来自一种名为苏云金芽孢杆菌（Bacillus thuringiensis）的细菌，主要分为在菌体孢子生长阶段以伴孢晶体形式产生的Cry杀虫蛋白和在营养生长阶段产生的Vip杀虫蛋白。BT毒素可与昆虫肠道壁的特定受体结合，引起细胞膜破裂，从而导致昆虫死亡。BT毒素是一种天然的杀虫剂，对多种害虫都具有高效杀虫作用，且对非靶生物的影响较小，被广泛应用于农业生产中，用于防治多种害虫。通过转基因技术，可以将BT基因导入作物包括玉米、棉花、水稻等中，使其具有更强的抗虫能力，如转人工改造的 Cry1Ac 基因的抗虫棉品种Bollgard 和 Ingard、转 Cry1Ab 的抗虫玉米品种 Agrisure 和 YieldGard[5]、转 cry1Ab/cry1Ac 水稻抗虫品种'华恢1号'和'BT汕优63'[6]。BT毒素不仅能够杀死害虫，对一些蚊子、黑蝇等也有杀灭作用。因此，BT毒素被应用于环境保护中，用于防治一些蚊虫传播的疾病。例如，将BT毒素应用于蚊子的防治中，能够有效地降低蚊子的数量，从而减少疾病的传播。

BT基因的研究取得了显著进展，其在农业生产和环境保护中的应用广受认可。BT毒素对目标害虫具有高效杀虫作用，但也存在一定的"脱靶效应"，即对非目标昆虫、蜘蛛、蜜蜂等生物产生毒性影响。BT毒素的"脱靶效应"主要有以下原因：首先，不同种类的BT毒素作用靶标不同，因此在应用过程中须选择合适的毒素类型，以避免对非目标生物的影响。其次，转基因作物中BT毒素的表达量和分布情况也会影响其"脱靶效应"，表达量过高或过低均可能增加脱靶风险。此外，作物的生长环境差异也会影响BT毒素的表达和分布，导致"脱靶效应"的变化。最后，一些害虫对BT毒素具有抗性，这些害虫在接触BT毒素时虽不致死，但可能成为其携带者，影响毒素的效果。

为了减少BT毒素的"脱靶效应"，在转基因作物的设计和应用中须加强对BT毒素的研究和监测，同时应加强对非目标生物的保护与监测，减少对生态环境的负面影响。近年来，研究进展包括结合"避难所"策略与BT作物"金字塔"的使用，即采用两种或多种BT毒素对同一害虫发挥作用，并在田间种植BT金字塔与非BT玉米作物的混合种子。然而，实际条件往往偏离了金字塔和种子混合物成功的理想状态，尤其对于那些对BT毒素天然易感性较低的害虫。对这些问题害虫的有效方法包括扩大避难所规模，并将BT作物与其他害虫管理策略结合[7]。

PI基因编码是一种名为Proteinase Inhibitor的蛋白质，广泛存在于许多植物的贮藏器官（如种子和块茎）中，能够对昆虫的消化系统产生毒性作用。根据活性部位的本质和作用机制，自然界中存在的蛋白酶抑制剂可分为四类：丝氨酸（Ser）蛋白酶抑制剂、半胱氨酸（Cys）蛋白酶抑制剂（巯基类蛋白酶抑制剂）、天冬氨酸（Asp）蛋白酶抑制剂和甲硫氨酸（Met）蛋白酶抑制剂（金属蛋白酶抑制剂）。PI基因最初是从豆科植物中发现，后来又在烟草、玉米、水稻等植物中发现。PI基因编码的蛋白酶抑制剂通过抑制害虫的消化酶活性、干扰害虫的营养吸收以及诱导害虫体内产生毒性代谢产物等多种方式发挥抗虫作用，从而对害虫产生杀虫效果，例如抗线虫的甘薯的丝氨酸PI（孢子素或SpTI-1）[8]、PIN2[9]。研究表明，PI基因在植物的抗病防御中发挥着重要作用，能够抵御多种病原体的侵染。PI基因能够对多种害虫产生毒性作用，如玉米螟、稻螟等。并且通过转基因技术，可以将PI基因导入某些植物中，使其具有更强的抗病能力。Hilder等[10]首次成功培育了转豇豆蛋白酶抑制剂基因的抗虫烟草植株，使蛋白酶抑制剂基因在植物抗虫基因工程方向应用中掀起热潮。例如，将PI基因导入番茄中，能够使其对多种病原体的抵抗力增强。此外，不同PI的重组可能有助于将特异性与广泛的抗性结合起来，如转基因番茄的大麦丝氨酸蛋白酶抑制剂、大麦半胱氨酸蛋白酶抑制剂[11]。与BT毒蛋白相比，蛋白酶抑制剂因杀虫谱广、昆虫不易产生抗性、对人畜无毒等优点，而成为除BT毒蛋白之外，又一类重要的抗咀嚼式口器昆虫的杀虫蛋白。虽然PI基因在植物的抗病防御中发挥着重要作用，但其应用也存在一定的局限性。首先，PI基因的表达量和分布情况会受到环境因素的影响。其次，PI基因的作用对象和抑制方式也存在一定的局限性，不能对所有病原体均产生抑制作用。

α-AI（α-Amylase Inhibitor）基因编码的蛋白酶抑制剂能够抑制害虫体内的淀粉酶活性，从而干扰其正常的消化和吸收，最终导致害虫死亡[12]。具体来说，α-AI基因通过以下几方面发挥抗虫作用：①抑制害虫体内的淀粉酶活性。害虫的消化酶主要包括蛋白酶、淀粉酶、脂肪酶等，这些酶是害虫消化吸收的关键酶类。α-AI基因编码的蛋白酶抑制剂能够抑制害虫体内的淀粉酶活性，从而影响害虫的正常消化和吸收，导致害虫死亡。②干扰害虫的营养吸收。α-AI基因编码的蛋白酶抑制剂能够干扰害虫的营养吸收，使其无法获得足够的营养，从而影响害虫的生长和发育。③诱导害虫体内产生毒性代谢产物。α-AI基因编码的蛋白酶抑制剂能够诱导害虫体内产生毒性代谢产物，这些代谢产物在害虫体内积累，最终导致害虫死亡。总之，α-AI基因编码的蛋白酶抑制剂通过抑制害虫体内的淀粉酶活性、干扰害虫的营养吸收以及诱导害虫体内产生毒性代谢产物等多种方式发挥抗虫作用，从而对害虫产生杀虫效果。α-AI基因最初是从马铃薯中发现的，后来在多种作物中发现。研究表明，α-AI基因能够对多种害虫产生毒性作用，如马铃薯甲虫、玉米螟等。α-AI基因的发现和研究为植物的育种和基因工程育种提供了重要的参考和帮助。通过转基因技术，可以将α-AI基因导入某些植物中，使其具有更强的抗虫能力。α-AI基因广泛分布于禾谷类和豆类的种子中，将其导入豌豆后对豆象甲有抗性[13]。例如，将α-AI基因导入玉米中，能够使其对玉米螟等害虫的抵抗力增强。虽然α-AI基因在植物的抗虫防御中发挥着重要作用，但其应用也存在一定的局限性。首先，α-AI基因的表达量和分布情况会受到环境因素的影响。其次，α-AI基因的抗虫谱和抑制效果也存在一定的局限性，不能对所有害虫都产生抑制作用。另外，α-AI基因的转基因应用仍然存在一定的争议和安全性问题。综上所述，α-AI基因在植物抗虫防御和育种中具有重要的应用价值，但其应用仍存在一定的局限性和争议，需要进一步深入研究和应用。

LTP（Lipid Transfer Protein）基因编码蛋白能够在植物的抗虫防御中发挥作用。LTP蛋白是一种小分子蛋白，能够结合并转移膜脂类物质，参与细胞膜的构建和功能调节，同时还能够调节植物的免疫反应。在植物抗虫防御中，LTP基因主要通过以下几个方面发挥作用：抑制害虫的食欲。LTP蛋白能够结合并转移植物细胞膜中的脂质分子，形成一层保护膜，从而干扰害虫对植物的感官识别，抑制害虫的食欲。此外，LTP蛋白也能够诱导植物免疫反应，促进植物的抗虫能力。在植物受到虫害攻击时，LTP蛋白能够被激活并释放，从而促进植物的免疫反应，增强植物的抗虫能力。直接杀死害虫：LTP蛋白在植物中还能够形成一种毒性复合物，直接杀死害虫。这种毒性复合物能够与害虫体内的蛋白质结合，形成不可逆的结构，从而导致害虫死亡。LTP基因的发现和研究为植物的育种和基因工程育种提供了重要的参考和帮助。通过转基因技术，可以将LTP基因导入某些植物中，使其具有更强的抗虫能力。例如，将LTP基因导入玉米中，能够显著提高其对玉米螟等害虫的抵抗力。虽然LTP基因在植物的抗虫防御中发挥着重要作用，但其应用也存在一定的局限性[14]。首先，LTP蛋白具有多种生物活性，有可能对非目标生物产生影响，导致环境污染和生态风险。其次，LTP基因的转基因应用仍然存在一定的争议和安全性问题。

三、抗菌素基因

抗菌素基因是植物中另一种常见的抗虫基因。这些基因编码的蛋白质可以对微生物产生抑制作用，从而降低昆虫的病毒感染率。抗菌素基因的来源包括植物、细菌、真菌等。近年来，抗菌素基因的研究取得了一些进展，主要表现在以下方面：抗菌素基因的筛选和鉴定，研究人员通过对多种植物和微生物中的基因进行筛选和鉴定，发现了许多具有抗虫作用的抗菌素基因。这些基因包括PR基因、TLP基因、PO基因、Thionin基因等。PR基因代表Pathogenesis-Related，即与病理反应相关，是一类与植物抵御病原微生物相关的基因[15]。PR蛋白质能够诱导细胞壁加固、促进氧化反应和细胞死亡等反应，从而对病原微生物产生抗菌作用。此外，PR蛋白质还能够调节植物的免疫反应，增强植物对病原微生物的抵抗力[16-18]。PR基因已经在多种作物中发现，如番茄、玉米、水稻等。目前，已经有多种方法用于PR基因的鉴定和分类，如PCR、基因芯片、转录组测序等。根据PR蛋白质的结构和功能，PR基因被分为17个家族，如PR1、PR2、PR3、PR4等，其中PR6是一种蛋白酶抑制剂，能防御线虫和食草昆虫[19, 20]。PR基因的发现和研究为植物的抗病育种和基因工程育种提供了重要的参考和帮助。通过转基因技术，可以将PR基因导入某些植物中，使其具有更强的抗病能力。例如，将PR1基因导入烟草中，能够使其对烟草病毒的抵抗力增强。

Chitinase基因编码是一种名为Chitinase的蛋白质，能够降解病原微生物细胞壁中的壳聚糖，从而对其产生抗菌作用。此外，Chitinase蛋白质还能够诱导植物细胞壁加固、促进植物的免疫反应等作用。Chitinase基因最初是从真菌中发现的，后来在多种植物中发现，如水稻、玉米、大豆等。目前，已经有多种方法用于Chitinase基因的鉴定和分类，如PCR、基因芯片、转录组测序等。根据Chitinase蛋白质的结构和功能，Chitinase基因被分为多个家族，如Class Ⅰ、Class Ⅱ、Class Ⅲ等。研究表明，Chitinase基因能够对多种病原微生物产生抗菌作用，如真菌、细菌等。Chitinase基因的发现和研究为植物的抗病育种和基因工程育种提供了重要的参考和帮助。研究发现，在亚洲玉米螟（*Ostrinia furnacalis*）的中肠中特异性表达的几丁质酶ChtIV对植物病原真菌具有抗真菌活性[21]。通过转基因技术，可以将Chitinase基因导入某些植物中，使其具有更强的抗病能力。例如，将Class Ⅲ Chitinase基因导入水稻中，能够使其对水稻稻瘟病的抵抗力增强；抗虫转基因玉米植物主要是通过表达来自Spodoptera littoralis的几丁质酶基因开发的，开发的转基因玉米植株对*Sesamia cretica*的抗性明显增加[22]。郝曜山[23]将昆虫特异性蝎神经毒素基因BmkITs和烟草夜蛾几丁质酶基因转入新玉米株系，获得了双倍抗虫效果的新玉米品种。

Thaumatin基因编码是一种名为Thaumatin的蛋白质，能够对多种病原微生物产生抗菌作用。Thaumatin基因最初是从茄科植物中发现的，后来在多种植物中发现。Thaumatin蛋白质的抗菌作用机制尚不完全清楚，但研究表明，其可能与细胞膜的结构和功能有关。此外，Thaumatin蛋白质还能够诱导植物细胞壁加固、促进植物的免疫反应等作用。Thaumatin基因的发现和研究为植物的抗病育种和基因工程育种提供了重要的参考和帮助。通过转基因技术，可以将Thaumatin基因导入某些植物中，使其具有更强的抗病能力。例如，将Thaumatin基因导入番茄中，能够使其对番茄黄化曲叶病毒的抵抗力增强。除了在植物抗病方面，Thaumatin蛋白质还具有其他的应用价值。例如，Thaumatin

蛋白质能够调节味觉的感受，被广泛应用于食品工业中，用于增强食品的甜味[24, 25]。总之，Thaumatin基因的研究已经取得了一定的进展，但仍需要进一步的研究来深入了解Thaumatin基因在植物抗病中的作用机制，以及将其应用于植物的育种中。同时，Thaumatin在食品工业中的应用也具有广阔的发展前景。

Defensin基因编码是一类由45～54个氨基酸残基组成的名为Defensin的蛋白质[26]，能够对多种病原微生物产生抗菌作用，如细菌、真菌、病毒等。此外，Defensin蛋白质还能够诱导植物细胞壁加固、促进植物的免疫反应等作用。Defensin蛋白质具有分子量小、稳定性强和抗菌作用广泛等特点。Defensin基因最初是从动物中发现的，后来在植物中也被发现[27, 28]。目前，已经有多种方法用于Defensin基因的鉴定和分类，如PCR、基因芯片、转录组测序等。

根据Defensin蛋白质的结构和功能，Defensin基因被分为多个家族，如α-defensin、β-defensin、θ-defensin等。Defensin基因的发现和研究为植物的抗病育种和基因工程育种提供了重要的参考和帮助。通过转基因技术，可以将Defensin基因导入某些植物中，使其具有更强的抗病能力。例如，将Defensin基因导入水稻中，能够使其对水稻稻瘟病的抵抗力增强。除了在植物抗病方面，Defensin蛋白质还具有在医药领域的应用价值。例如，Defensin蛋白质能够对多种细菌和真菌产生杀菌作用，被认为是一种潜在的抗菌药物。总之，Defensin基因的研究已经取得了一定的进展，但仍需要进一步的研究来深入了解Defensin基因在植物抗病中的作用机制，以及将其应用于植物的育种和医药领域中。

四、抗虫蛋白的表达和生物学功能

抗虫蛋白的表达和生物学功能研究是抗虫蛋白研究的重要方向之一，其主要目的是揭示抗虫蛋白的抗虫机制和生物学特征。近年来，随着分子生物学和生物技术的发展，研究人员对抗虫蛋白的表达和生物学功能进行了深入研究。在抗虫蛋白的表达方面，研究人员通过基因工程技术，如农杆菌介导法、基因枪法、聚乙二醇法、显微注射法、花粉管通道法等，将抗虫蛋白基因转移到其他植物中，制备出抗虫转基因植物[29]。Huang等[30]通过在棉花中表达 *Cry1Ac* 基因，显著提高了棉花对棉铃虫的抗性，推动了转基因抗虫棉花的广泛应用。同样，Liu等[31]研究了 *Cry2Ab* 基因在水稻中的表达，验证了其对稻纵卷叶螟和稻飞虱的抗性。Gao等[32]开发了新型BT蛋白Cry1Ie，并在玉米中实现了表达，显示出对亚洲玉米螟的有效抗性。在抗虫蛋白的生物学功能方面，研究人员通过分子生物学和生物化学技术，揭示了抗虫蛋白在植物与害虫的相互作用中发挥的作用机制。Jongsma和Bolter[33]研究了害虫对植物蛋白酶抑制剂的适应机制，发现害虫可以通过调整其蛋白酶谱来应对抑制剂的存在。Gatehouse[34]探讨了蛋白酶抑制剂在转基因作物中的应用潜力，指出其对一些害虫具有良好的抗性，但需要与其他抗虫策略结合使用。在农业生产和园林绿化中，抗虫蛋白具有广阔的应用前景。

五、抗虫蛋白在园林植物保护中的应用及存在的问题

园林绿化是城市化进程中不可或缺的一部分，它为城市居民提供了一种休闲、娱乐、健身和美化环境的场所。然而，园林绿化也面临着各种问题，其中最为突出的是害虫的侵袭。传统的化学农药虽然可以有效地控制害虫的数量和种类，但也会对人体和环境产生污染和

危害。因此，寻找一种环保、安全、有效的防治害虫的方法成为园林绿化领域关注的热点问题。抗虫蛋白作为一种天然的植物保护剂，具有环保、安全、无毒副作用等优点，越来越受到园林绿化从业者和学者的关注和重视。抗虫蛋白在园林植物保护中的应用主要包括以下几个方面。

1. 防治园林植物害虫

抗虫蛋白可以作为一种天然的植物保护剂，用于防治园林植物的害虫。研究表明，抗虫蛋白可以有效地控制多种害虫的数量和种类，如粉蚧、白粉虱、蚜虫、蜘蛛等。抗虫蛋白通过作用于害虫消化道或神经系统，产生毒性作用，从而达到防治害虫的效果。与传统的化学农药相比，抗虫蛋白具有环保、安全、无毒副作用等优点，对人体和环境不会产生污染和危害。因此，抗虫蛋白是一种绿色的园林植物保护剂，可以有效地控制园林植物害虫的数量和种类，提高园林绿化的质量和效益。此外，同时应用两种或多种抗虫基因，不仅可有效提高抗虫性，还可拓宽抗虫谱[35]；选择特异的启动子和损伤诱导启动子，减少杀虫时间，尽量缩短敏感昆虫的适应[36]；建立避难所等[37]。

2. 保护园林植物生长和发展

抗虫蛋白可以促进园林植物的生长和发展，提高其产量和质量。研究表明，抗虫蛋白不仅可以控制害虫的数量和种类，还可以增强园林植物的抗病能力、抗旱能力和免疫功能，从而促进园林植物的生长和发展。此外，抗虫蛋白还可以改善土壤环境，提高土壤肥力，为园林植物的生长提供良好的生态条件。因此，抗虫蛋白是一种优质的园林植物保护剂，可以保护园林植物的生长和发展，提高园林绿化的质量和效益。

3. 促进园林绿化的可持续发展

可持续发展抗虫蛋白的应用可以促进园林绿化的可持续发展。与传统的化学农药相比，抗虫蛋白具有环保、安全、无毒副作用等优点，不会对人体和环境产生污染和危害。因此，抗虫蛋白的应用可以增加园林绿化的生态性和可持续性，为城市居民提供一个更加健康、安全的环境。此外，抗虫蛋白的应用还可以降低园林绿化的成本，提高园林绿化的效益和经济效益。因此，抗虫蛋白的应用是促进园林绿化可持续发展的重要手段之一。

抗虫蛋白在园林绿化中的应用虽然有很多优点，但同时也存在一些问题和挑战。

1. 抗虫蛋白的生产成本较高

抗虫蛋白的生产成本较高，主要是由于其生产过程需要较高的技术和设备投入。此外，抗虫蛋白的生产周期较长，也会影响其生产效率和成本。因此，如何降低抗虫蛋白的生产成本，提高其竞争力和市场占有率，是一个亟待解决的问题。

2. 抗虫蛋白的应用范围有限

目前，抗虫蛋白的应用范围还比较有限，主要集中在一些高端园林绿化项目中。这主要是由于其生产成本较高、应用效果尚未得到广泛验证等原因所致。因此，如何拓展抗虫蛋白的应用范围，推广其在园林绿化中的应用，是一个亟须解决的问题。

3. 抗虫蛋白的稳定性有待提高

抗虫蛋白在园林绿化中的应用还面临着稳定性问题。由于其易受环境因素和生物因素的影响，抗虫蛋白的稳定性较差，容易失去活性和效果。因此，如何提高抗虫蛋白的稳定性，保证其在环境中的长期效果，是一个亟须解决的问题。

4. 抗虫蛋白的安全性和风险评估有待加强

抗虫蛋白作为一种新型植物保护剂，其安全性和风险评估还需要加强。虽然抗虫蛋白相对于传统的化学农药而言具有更好的环保性和安全性，但其长期使用对环境和人体健康的影响还需要进一步评估和研究。

六、抗虫蛋白研究的未来发展方向

抗虫蛋白研究是一个新兴的领域，未来的研究方向主要包括以下几个方面：①抗虫蛋白的抗虫机制研究。目前，对于抗虫蛋白的抗虫机制还不是非常清楚，需要进一步深入研究。未来的研究可以从害虫的感知、反应和死亡等方面入手，探究抗虫蛋白与害虫的相互作用机制。②抗虫转基因植物的安全性评价。抗虫转基因植物的应用受到了一定的争议，未来需要加强对于其安全性的评价和监管。需要开展长期的安全性评价、生态学评价和社会经济效益评价等方面的研究，以确保抗虫转基因植物的安全性和可行性。③抗虫蛋白的产业化应用。抗虫蛋白的产业化应用是未来研究的重点之一。需要加强与农业企业、科技部门和政府部门的合作，探究抗虫蛋白的产业化应用模式和可行性，以推动抗虫蛋白的产业化进程。④抗虫蛋白的多样性研究。目前已经发现的抗虫蛋白种类还比较有限，需要进一步开展对不同来源的抗虫蛋白的研究，探究其抗虫机制和应用价值。⑤抗虫蛋白的优化和改良。抗虫蛋白的生物活性和稳定性等方面还存在一些问题，需要通过优化和改良其结构和性质，提高其应用效果和效率。⑥抗虫蛋白与其他农业技术的联合应用。抗虫蛋白可以与其他农业技术相结合，如基因编辑、微生物肥料等，形成多种农业技术的联合应用，进一步提高农业生产的效率和质量。⑦抗虫蛋白应用范围的扩大。目前的抗虫蛋白应用范围还比较有限，需要进一步探究其在不同农业领域、不同害虫种类、不同生态环境下的应用价值和适用性。⑧抗虫蛋白的生产技术和成本降低。抗虫蛋白的生产技术和成本还存在一定的问题，需要通过技术创新和生产工艺优化，降低其生产成本，提高其竞争力和市场占有率。⑨抗虫蛋白的国际合作和交流。抗虫蛋白研究具有国际性和交叉性，需要加强国际间的合作和交流，共同推动抗虫蛋白技术的发展和应用，为全球农业生产提供更加可持续和环保的解决方案。总之，抗虫蛋白研究是一个富有挑战和前景的领域，需要不断地进行技术创新和实践探索，以满足农业生产的多样化和个性化需求，为实现农业绿色、智能、可持续发展做出积极贡献。

参考文献

[1] LIU Y, WANG S, LI L, et al. The Cycas genome and the early evolution of seed plants[J]. Nat. Plants, 2022(8): 389-401.

[2] GUO J, WANG H, GUAN W, et al. A tripartite rheostat controls self-regulated host plant resistance to insects[J]. Nature, 2023, 618(7966): 799-807.

[3] REN J, GAO F, WU X, et al. Bph32, a novel gene encoding an unknown SCR domain-containing protein, confers resistance against the brown planthopper in rice[J]. Scientific reports, 2016(6): 37645.

[4] BAI Y, YANG C, HALITSCHKE R, et al. Natural history-guided omics reveals plant defensive chemistry against leafhopper pests[J]. Science (New York, N.Y.), 2022, 375(6580): eabm2948.

[5] DIFONZO C. The handy BT trait table for U.S. corn production, 2020.

[6] 曹茸. 我国首度批准发放转基因粮食作物安全证书 [N]. 农民日报, 2009, 12-25(001).

[7] CARRIÈRE Y, FABRICK J A, TABASHNIK B E. Can Pyramids and Seed Mixtures Delay Resistance to BT Crops?[J]. Trends in biotechnology, 2016, 34(4): 291-302.

[8] CAI D, THURAU T, TIAN Y L, et al. Sporamin-mediated resistance to beet cyst nematodes (Heterodera schachtii Schm.) is dependent on trypsin inhibitory activity in sugar beet (Beta vulgaris L.) hairy roots[J]. Plant molecular biology, 2003, 51(6): 839-849.

[9] VISHNUDASAN D, TRIPATHI M N, RAO U, et al. Assessment of nematode resistance in wheat transgenic plants expressing potato proteinase inhibitor (PIN2) gene[J]. Transgenic research, 2005, 14(5): 665-675.

[10] HILDER V, GATEHOUSE A, SHEERMAN S, et al. A novel mechanism of insect resistance engineered into tobacco[J]. Nature 1987, 330: 160-163.

[11] HAMZA R, PÉREZ-HEDO M, URBANEJA A, et al. Expression of two barley proteinase inhibitors in tomato promotes endogenous defensive response and enhances resistance to Tuta absoluta[J]. BMC plant biology, 2018, 18(1): 24.
[12] 王琳. 昆虫淀粉酶抑制剂的研究进展[J]. 中国农学通报, 2006, 22(8): 397-400.
[13] SCHROEDER H E, GOLLASH S, MOORE A. Bean α-amylase inhibitor confers resistance to the pea weevil (Bruchus pisorum) in transgenic peas (*Pisum sativum* L.)[J]. Plant Physiol, 1995, 107: 1233-1239.
[14] SALCEDO G, SÁNCHEZ-MONGE R, BARBER D, et al. Plant non-specific lipid transfer proteins: an interface between plant defence and human allergy[J]. Biochimica et biophysica acta, 2007, 1771(6): 781-791.
[15] LCVAN L, EAVAN S. The families of pathogenesis-related proteins, their activities, and comparative analysis of PR-1 type proteins[J]. Physiol Mol Plant Pathol, 1999, 55(2): 85-97.
[16] 任祎, 任贵兴, 马挺军, 等. 燕麦生物碱的提取及其抗氧化活性研究[J]. 农业工程学报, 2008, 24(5): 265-269.
[17] LI X Y, GAO L, ZHANG W H, et al. Characteristic expression of wheat PR5 gene in response to infection by the leaf rust pathogen[J]. Puccinia triticina Plant Int., 2015, 10(1): 132-141.
[18] MISRA R C, KAMTHAN M, KUMAR S, et al. A thaumatin-like protein of *Ocimum basilicum* confers tolerance to fungal pathogen and abiotic stress in transgenic *Arabidopsis*, Sci. Rep., 2016(6): 25340.
[19] LIU J J, EKRAMODDOULLAH A K M. The family 10 of plant pathogenesis-related proteins: their structure, regulation, and function in response to biotic and abiotic stresses[J]. Physiol Mol Plant P, 2006, 68(1-3): 3-13.
[20] AGARWAL P, AGARWAL P K. Pathogenesis related-10 proteins are small, structurally similar but with diverse role in stress signaling[J]. Mol Biol Rep, 2014, 41 (2): 599-611.
[21] LIU T, GUO X, BU Y, et al. Structural and biochemical insights into an insect gut-specific chitinase with antifungal activity[J]. Insect biochemistry and molecular biology, 2020(119): 103326.
[22] KUMAR M, BRAR A, YADAV M, et al. Chitinases—Potential Candidates for Enhanced Plant Resistance towards Fungal Pathogens[J]. *Agriculture*, 2018, 8(7): 88.
[23] 郝曜山, 孙毅, 杜建中, 等. 转双价抗虫基因BmkIT-Chitinase玉米株系的获得[J]. 分子植物育种, 2012(2): 147-154.
[24] MASUDA T, KITABATAKE N. Developments in biotechnological production of sweet proteins[J]. Journal of bioscience and bioengineering, 2006, 102(5): 375-389.
[25] PEÑARRUBIA L, KIM R, GIOVANNONI J J, et al. Production of the Sweet Protein Monellin in Transgetic Plants[J]. Bio/Technology, 1992, (10): 561-564.
[26] GANZ T. Defensins: antimicrobial peptides of innate immunity[J]. *Nature reviews. Immunology*, 2003, 3(9): 710-720.
[27] COLILLA F J, ROCHER A, MENDEZ E. Gamma-purothionins: animo acid sequence of two polypeptides of a new family of thionins from wheat endosperm[J]. FEBS Lett. 1990, 270: 191-194.
[28] MENDEZ E, MORENO A, COLILLA F, et al. Primary structure and inhibition of protein synthesis in eukaryotic cell-free system of a novel thionin, – hordothionin, from barley endosperm[J]. Eur. J. Biochem. 1990(194): 533-539.
[29] SCHNEPF E, CRICKMORE N, VAN RIE J, et al. Bacillus thuringiensis and its pesticidal crystal proteins[J]. Microbiology and Molecular Biology Reviews, 1998, 62(3): 775-806.
[30] HUANG D F, WANG Y H, ZHANG Z Y, et al. Expression of a Cry1Ac gene of Bacillus thuringiensis in transgenic cotton plants[J]. Journal of Insect Physiology, 2002, 48(8): 945-950.
[31] LIU J F, XU H L, DING J H, et al. Expression of Cry2Ab gene in transgenic rice and its resistance to rice leaf folder and rice planthopper. Acta Entomologica Sinica, 2015, 58(2): 136-142.
[32] GAO Y, WU K, GOULD F. Frequency of resistance to Bacillus thuringiensis toxin Cry1Ac in a Chinese population of cotton bollworm[J]. Pest Management Science, 2018, 74(4): 1068-1075.
[33] JONGSMA M A, BOLTER C. The adaptation of insects to plant protease inhibitors[J]. Journal of Insect Physiology, 1997, 43(10): 885-895.
[34] GATEHOUSE J A. Prospects for using proteinase inhibitors to protect transgenic plants against attack by herbivorous insects[J]. Curr Protein Pept Sci, 2011, 12(5): 409-16.
[35] 张启军, 颜文飞, 夏士健, 等. 农杆菌介导的针刺法将双价抗虫基因导入水稻[J]. 江西农业学报, 2015, 27(8): 6-9.
[36] DATTA K, VASQUEZ A, TU J, et al. Constitutive and tissue-specific differential expression of the cryIA(b) gene in transgenic rice plants conferring resistance to rice insect pest[J]. Theor Appl Genet 1998(97): 20-30.
[37] HUANG F, ANDOW D A, BUSCHMAN L L. Success of the high-dose / refuge resistance management strategy after 15years of BT crop use in North America[J]. Entomologia Experimentalis et Applicata, 2011, 140(1): 1-16.

苏铁类植物的价值及其面临的挑战

龚奕青，王运华，陈庭，李楠

（深圳市中国科学院仙湖植物园）

摘要：苏铁植物是古老的种子植物，起源于二叠纪，繁盛于中生代晚三叠纪至早白垩纪，晚白垩纪时衰退，中新世晚期又快速演化，近期不同物种的居群在不断收缩。现存苏铁类植物资源稀少，大多数处于濒危状态，许多苏铁分布于全球生物多样性保护热点地区，被认为是全球生物多样性保护的"旗舰物种"，也是巨大的基因资源"宝库"，不仅具有很重要的科研和生态价值，还具有一定的观赏、食用和药用价值。本文对苏铁植物类群现状和价值进行综述，并对苏铁保护提出一些建议。

关键词：苏铁植物；生物多样性保护；基因资源宝库

The Value of Cycads and their Challenges

Gong Yiqing, Wang Yunhua, Chen Ting, Li Nan

(Fairy Lake Botanical Garden, Shenzhen and Chinese Academy of Sciences)

Abstract: As an ancient lineage, Cycads originated in the Permian, flourished during the Late Triassic to Early Cretaceous of the Mesozoic、and declined in the late Cretaceous. It underwent a nearly synchronous global rapid evolution in the late Miocene, followed by a slowdown towards the recent. In addition, man-made habitat destruction and digging aggravated the endangered degree of Cycads. Cycads are rare and endangered plants, also termed "ship species", as many cycads are distributed in the hot spots of global biodiversity. It is also a huge treasure of genetic resources pool. They not only have important scientific research and ecological value, but also have certain ornamental, edible and medicinal value. In this paper, we reviewed the status and value of cycads, and some suggestions for cycad conservation were put forward. The Cycads constructive methods and strategies can put forward for other Rare and endangered plants' conservation.

Keywords: Cycads; Bio-diversity protection; Gene resource pool

一、引言

苏铁，泛指苏铁类（Cycads）植物，隶属于裸子植物门（Gymnosperms）苏铁纲（Cycadopsida）苏铁目（Cycadales），含苏铁科（Cycadaceae）和泽米科（Zamiaceae）2科10属约377种植物[1]，主要分布于亚洲、非洲、南美洲、北美洲和大洋洲的南北回归线之间的热带、亚热带地区。在中国，苏铁又名铁树、凤尾松、凤尾蕉、避火蕉、山菠萝等，分布在云南、四川、贵州、广西、广东、海南、福建及台湾8个地区。苏铁类植物具有圆柱状或者球状的茎，大型羽状叶顶生，很像棕榈类、蕨类植物，但它们却属于裸子植物。苏铁雌雄异株，雌性植株成熟时产生大孢子叶球（又称雌球花或雌球果），雄性植株产生小孢子叶球（又称为雄球花、雄球果），单生或数枚集生于茎干顶端。

苏铁植物是世界上最古老的种子植物之一。苏铁类化石在北美、中北欧、亚洲、澳大利亚、南极洲等地均有发现[2]，现生的苏铁类植物大部分是从中生代广布的种子蕨（Spermopteris）演化而来[3]。苏铁的小羽片幼时拳卷，与蕨类植物相似[4]；苏铁的精子具有游动鞭毛又与银杏相类似[5]，这是苔藓植物、石松类和蕨类植物共有的祖先特征。苏铁起源于古生代的二叠纪（距今2.7亿—2.8亿年）[6]，开始繁盛于中生代的三叠纪（距今2.25亿年）；在侏罗纪（距今1.9亿年）进入最盛期[7-10]，是与恐龙同时代的标志性植物，曾经几乎遍布整个地球，主宰着陆地生态系统；自白垩纪（距今1.36亿年）开始，被子植物开始繁盛，而大多数苏铁类植物逐渐退出历史舞台，仅剩少部分后裔孑遗分布在热带和亚热带的一些区域。在第三纪中新世晚期（12百万年前），苏铁类植物开始快速辐射演化，现代苏铁物种主要是这次辐射演化而来[11]。到第四纪（250万年前）冰川来临，北方寒流南侵，苏铁科植物大量灭绝，但由于青藏高原、秦岭等的阻隔，在四川、云南等地有部分苏铁科植物幸免于难。现存的苏铁类植物是由众多的祖先类群遗留下来的少数后裔进化而来的，因此苏铁——这孑遗植物，也成了著名的"活化石"。

苏铁作为古老孑遗的裸子植物在地球植被演化过程中扮演了重要的角色[12]，在漫长的演化过程中也形成一些独特的特征[13]，如苏铁植物雌雄异株，虫媒传粉，具有"推-拉传粉策略"（odor-mediated push-pull pollination），即苏铁通过调节雌雄球花温度和释放挥发物调控昆虫访花传粉行为[14]；苏铁的根除了肉质根和侧根，还具有与蓝细菌共生固氮的珊瑚状根[5]，根际微生物十分丰富；种子和营养组织中有BMAA（β-甲氨基-L-丙氨酸，β-methylamino-L-alanine）神经毒素积累[15]，从而阻止食草的脊椎动物掠食。苏铁代表了种子植物一条独立且历史悠久的演化路线，具有重要的科学、生态和经济价值。

苏铁是全球生物多样性保护的"旗舰类群"。地球上的生物多样性由于人类活动的影响而迅速衰竭，被称为"第六次生物大灭绝"，物种灭绝速度远远超过了新物种产生的速度，因而许多物种需要依赖人类的保护而得以生存。国际自然与保护联盟（IUCN）于1974年成立苏铁专家组，苏铁类植物已被列入《濒危野生动植物物种国际贸易公约》（CITES）附录Ⅱ中。中国约有23种苏铁自然分布，包括中国特有种攀枝花苏铁、德保苏铁、红河苏铁等，1999年公布的《国家重点保护野生植物名录》（第一批）和最新2021年公布的《国家重点保护野生植物名录》中，苏铁属所有种都列为国家一级保护野生植物。当前的保护遗传学研究主要通过对物种遗传多样性的检测，了解各居群的遗传结构，确定居群保护和利用的优先级；用系统学和谱系地理学的方法了解物种和居群进化历史，明确物种进化地位，为物种保护提供必要的信息和依据。植物保护的目标是保证物种长期生存，并使其保持生态和进化过程，这需要详细的物种信息和群体遗传研究基础，前者包括种群大小、年龄结构、物种自身生殖、扩散现状和温度、郁闭度等生态因子，群体遗传数据包括物种水平或者居群水平遗传多样性、遗传结构等信息，确保在就地保护、迁地保护和植物回归中尽可能减少遗传多样性的损失。遗传多样性是种内不同个体的遗传变异总和，任何物种只有具有一定的遗传多样性才能抵御自然界的各种生存考验；遗传结构是遗传多样性的空间分布式样，包括居群内遗传结构和居群间遗传分化。影响它们的主要因素包括物种本身的生物学特性，如繁育系统、种子休眠状况、花粉和种子散播机制、分布区域、遗传漂变、基因流、有效居群大小和非生物因素，如纬度、气候、土壤等生态因子。中国西南，主要是云南所在的区域位于红河断裂带[16]，这是由印度板块和欧亚板块碰撞产生的错位断裂带（fault zone）形成，纵切的河谷和山脉为现存苏铁属植物提供了良好的"避难所"[17]。

苏铁是中国传统的观赏树种，早在1000多年前的唐朝便有苏铁栽培。苏铁与佛教文化和地方民俗也存在密切联系，故名山古刹、名门望族的庭院以及南方古寺庙可见到栽种年代很久远的苏铁[12]。苏铁四季常绿，大型羽状复叶集生于茎干顶部，羽叶繁茂、四季常青、树形美观、寿命较长，给人清新秀丽和庄严肃穆的感觉，它既适合古代建筑的衬陪，又适合现代建筑的配置，深受人们的喜爱，所以如今在南方甚至北方的一些政府机关、银行、宾馆、公园、学校、风景区和寺庙都有苏铁栽植、盆栽或地栽，且多配置在花坛中心、建筑物门前或作为行道树等[12]。

二、苏铁植物多样性及其面临的挑战

（一）苏铁植物多样性

苏铁类植物，即苏铁目（Cycadales），含苏铁科（Cycadaceae）和泽米科（Zamiaceae）2科10属。苏铁科仅有苏铁属1属119种，分布横跨亚洲、大洋洲及非洲的马达加斯加；泽米科包含9个属。其中，产自古巴的小苏铁属（Microcycas）和产自非洲的蕨铁属（Stangeria）都只有1个种。均产自澳大利亚的波温铁属（Bowenia）和鳞皮泽米属（Lepidozamia）各有2个种。其余属的物种数量都至少大于18种，具体见表1。仙湖植物园有这苏铁目10个属的引种栽培，都长出了球花（图1）。

表1 苏铁目（Cycadales）的科属划分及分布

序号	科	属	种类及分布
1	苏铁科 Cycadaceae	苏铁属 Cycas	约119种，分布于中国南部各地、东南亚各国、澳大利亚、太平洋岛屿及非洲马达加斯加
2	泽米科 Zamiaceae	波温铁属 Bowenia	2种，澳大利亚特有
3		鳞皮泽米属 Lepidozamia	2种，澳大利亚特有
4		大泽米属 Macrozamia	41种，澳大利亚特有
5		双子铁属 Dioon	18种，分布于洪都拉斯、尼加拉瓜及墨西哥
6		角果泽米属 Ceratozamia	41种，主要分布于墨西哥、危地马拉和洪都拉斯
7		小苏铁属 Microcycas	1种，古巴特有
8		泽米属 Zamia	87种，分布于美洲
9		蕨铁属 Stangeria	1种，南非特有
10		非洲铁属 Encephalartos	65种，分布于非洲

图1 仙湖植物园栽培的苏铁类植物

苏铁类植物是裸子植物，种子直接着生在"大孢子叶"（生殖叶），不同科属的大孢子叶及大孢子叶形态差别很大。苏铁科苏铁属的大孢子叶呈叶状，一般为倒卵形、菱形至扇形，上部不育顶片掌状分裂或边缘据齿；胚珠2～14枚，生长在大孢子叶柄的两侧。大孢子叶数枚集生于茎顶，呈半球状、卵状，称为大孢子叶球，大孢子叶球分为紧密型和松散型两种类型。泽米科中，大孢子叶球具中轴，大孢子叶大多呈盾状，螺旋状垂直排列于中轴呈球果状。胚珠两枚，生于大孢子叶基部两侧。

（二）苏铁植物面临的挑战

随着野外调查的全面深入，越来越多的分类学问题出现。由于苏铁属种间杂交并不存在什么障碍，同时苏铁种间的地理分布存在重叠，形态性状的相似性较高。例如，在云南西双版纳的单羽苏铁和篦齿苏铁就存在混生现象，故会有一些天然的过渡类型存在，仅从某些极端的外部形态特征进行分类容易混乱，从而造成了苏铁属分类的复杂性。苏铁类植物对环境的耐受能力很强。在不同的生长或栽培环境下，同一种苏铁的外貌，包括其羽叶形态、颜色等都会有不同程度的变化。并且苏铁类植物很多性状多为数量性状，苏铁传统的形态分类十分困难。苏铁虽然古老，但大多数都已经灭绝，现代苏铁也是少数后裔在最近的10百万～20百万年前快速分化的，所以苏铁谱系分化不完全，存在不完全谱系分选，所以苏铁的分子系统或者群体遗传学研究存在较大难度。

苏铁植物自然分布在热带和亚热带地区，喜暖热湿润的环境，不耐寒冷。在广东、广西等南方地区，树龄10年以上的苏铁只要条件适宜几乎每年开花结实。移植到长江流域及北方各地栽培时，由于气候寒冷、雨量又少，且由于长日照及积温不够，往往需要几十年甚至几百年才能开花，有的终生不开花。所以在北方铁树开花是一桩罕见的事情。目前，苏铁的园林应用广泛，学校、公园、景区、公共绿地和植物园等都已经有苏铁栽培，华南地区的铁树开花十分常见，随着极端天气以及变暖趋势，近些年江浙地区开花结种的频率也有所提高。

苏铁生命力顽强，可以生长在很多其他种子植物都无法生存的严酷环境，然而，苏铁生长缓慢，发育期长，从种子发芽到植株开花需要10多年；苏铁雌雄异株而且雌雄异熟，依靠虫媒授粉，从而导致结实率低；这些因素使苏铁在与其他植物竞争中处于劣势。由于人类活动影响，特别是生境破坏和过度采挖，野生苏铁资源大量减少。苏铁是良好的园艺观赏植物，且在民间有各种神奇传说，故苏铁栽培和贩卖市场火爆，这使盗挖倒卖苏铁现象很严重，如福建省的连江马鼻，原先野生苏铁（*Cycas revoluta*）分布极多，现分布区内已经找不到半点儿踪迹，只在附近农户家中大量栽培。另外，一些地区的林户因家庭生产需要，也会将自留林地的耕作方式改变，或是租给他人搞经济林，这样也会造成苏铁生境的破坏。例如，广西的一些地区将一些山地种甘蔗、菠萝、木薯等经济作物，从而造成苏铁原生境的破坏或丧失。盗挖和生境破坏，导致苏铁许多种类的居群的年龄结构、雌雄比例严重失衡，四川峨眉山、福建沙县淘金山、广西和广东梅县等地的四川苏铁全是雌株[18]，台湾苏铁在广东阳江鹅凰嶂省级自然保护区只有一株生长状况极差的雌株，其余全是雄株，苏铁无法正常繁衍，会走向灭绝。苏铁长寿且容易世代交叠，传粉距离和种子扩散能力有限，故有些小居群保持一些稀有等位基因[19]，所以大多数苏铁的遗传多样性低，而居群间遗传分化大。居群个体数量少且年龄结构不合理、生态脆弱、雌雄异株、地理隔离难以授粉以及种子需要后熟等因素容易导致苏铁野生种濒临灭绝。

三、苏铁的价值

现存苏铁类植物也被誉为"植物界的大熊猫"，是当前世界重点保护的珍稀濒危植物之一。它们不仅具有很重要的科研和生态价值，还具有一定的观赏、食用和药用价值。

（一）生物多样性保护的"旗舰物种"

现存苏铁类植物资源稀少，大多数处于濒危状态。据统计，世界上约40%的苏铁种类分布于全球生物多样性保护的热点地区，常被当作全球生物多样性保护的"旗舰物种"。"旗舰物种"是一个栖息地里具有代表性、最具有公众号召力的物种。一个物种如果要在自然中长期健康的生存，需要一个复杂、完整的生态系统。苏铁类植物的生活受外界环境的影响非常大，如果一个地区的苏铁物种灭绝了1种，也就意味着与该地区苏铁物种息息相关的其他至少20个以上的生物物种即将消失。因此，保护了苏铁，也就保护了苏铁赖以生存的环境，保护了许许多多生长栖息于苏铁林中的各种野生动植物和众多微生物。

（二）苏铁基因资源宝库

苏铁基因组很大。攀枝花苏铁的基因组研究发现，许多关键创新性状如种子发育、花粉、次生生长相关的基因家族均发生了创新或扩张。在种子植物的祖先节点共发现663个新获得的基因家族和368个扩张的基因家族。其中，106个新获得和55个显著扩张的基因家族与种子生理发育有关，包括调控胚胎早期发育、种子休眠和萌发、种子能量和营养代谢，种皮形成以及种子的免疫和应激反应等。

通过雌雄攀枝花苏铁群体重测序研究，全基因组关联分析发现苏铁性别差异区域定位在第8号染色体上，符合XX/XY性别决定系统，性别决定区位于8号染色体上。雄株Y染色体有一个特有基因，该基因编码MADS-box转录因子，据此设计分子标记，经过验证，可以利用此分子标记从分子水平鉴定苏铁科苏铁属植物的雌雄。目前，泽米科的雌雄鉴定也据此展开了研究，这为苏铁类植物的野外雌雄空间分布格局研究和园林培育提供了理论基础。

攀枝花苏铁有一种细胞毒素蛋白基因（Cytotoxin），该基因起源于细菌，通过水平基因转移的方式转移到真菌和苏铁中。这个基因家族在苏铁内至少有7个拷贝，编码的蛋白质类似于荧光假单胞菌的Fit毒素和"使毛毛虫松软"的Mcf毒素。该毒素蛋白在苏铁科苏铁属物种中都存在。通过大肠杆菌原核表达提纯蛋白，然后毒理实验检测该蛋白的毒性，表达的毒素蛋白产物对小菜蛾和棉铃虫有显著致死性，显示出毒素蛋白具有一定的农业应用前景。通过基因工程，将含该基因线性载体转入到棉花后，不仅可以使棉花同时获得草地贪夜蛾和棉铃虫抗性，还可以利用基因互补的方式加强转基因棉花的抗虫能力，拓宽了棉花抗虫谱，使其获得能够高效杀死主要害虫的广谱抗虫性。目前，农作物抗病、抗虫育种可用的抗性基因资源仍然匮乏，仍需要从大量的基因资源中挖掘新的抗病虫基因，并利用基因互补的方式加强转基因作物或植物的抗虫能力，同时也需应注意延缓害虫产生抗（耐）性。通过苏铁的Cytotoxin基因转基因工程可提高其他植物抗虫性，不仅为植物抗虫种质的创制及新品种的选育提供理论基础和应用参考，也可以科学有效地提高景观植物、作物等抗虫害的能力。

（三）园林用途

苏铁类植物生性强健，树姿优美古朴，四季常青，雌雄球花型奇异，其叶片还常常用于插花的辅助材料，所以苏铁一直是深受人们喜爱的绿化树种和庭院植物，广泛栽植于住宅小区、公园绿地、大楼四周、大型厅堂、会场及居室等处，既可作主景树，又可为配景树。苏铁因其起源古老、生命长久且终生翠绿，象征着吉祥与长寿，它还是重要的佛教植物之一，禅宗以"铁树华开世界香"来比喻法界一切物，皆由无心无作之妙用所显现者，所以寺庙中也常常栽植苏铁。四川苏铁就是1976年以栽培在四川峨眉山伏虎寺的植株为模式发表的物种（图2）。在福建的一些寺庙、风水林等种植苏铁、四川苏铁或者台湾苏铁。除了苏铁、四川苏铁、台湾苏铁、攀枝花苏铁和越南篦齿苏铁，

图2 栽培在四川峨眉山伏虎寺的一株四川苏铁

现在鳞秕泽米苏铁、摩尔大泽米苏铁在中国应用也越来越广泛。

（四）盆景应用

苏铁属于浅根性植物，珊瑚根背地生长，不需要太多土壤就能存活，适合盆栽成盆景（图4、图5）。苏铁以其独特的树形、优美的枝叶、奇特的花果而深得人们的喜爱，广泛应用于南方各类园林景观中。苏铁老干如奇石般装饰盆景，满布落叶痕迹，斑然似鱼鳞，别具风韵。而丛栽式苏铁盆景，再配以巧石、古亭、人形动物等配件，则更富雅趣。苏铁、石山苏

图3 苏铁盆景

图4 石山苏铁盆景

图5 全缘叶泽米苏铁盆栽

铁、德保苏铁、锈毛苏铁等的茎多分枝，矮而粗，且基部膨大，羽叶短、厚革质，常被用作盆景；泽米科一部分种类，茎干矮小，萌生能力极强，分枝多，也是作盆景的好材料。近些年，一些苏铁的实生苗被用来作小盆栽，如鳞秕泽米苏铁的一年生苗木，其叶片4片，盆栽条件下生长缓慢，十分适合放在茶台等塑造微型景观。

（五）食用和药用价值

苏铁的茎干和种子富含淀粉，在印度东部和南部、日本、东南亚和澳大利亚等国的一些地区，人们常常把苏铁作为食物的来源，在中国，在经济困难、粮食短缺时期，苏铁也被作为食物来源，目前还有偏远山区会用其酿酒，但制作过程中均须采取脱毒处理。他们将苏铁树干中的大量淀粉提取出来，然后加工成西米食用。一些苏铁属种类，它们的根、茎、大孢子叶等均可作为药物治疗用途。一些医药典籍或者民间偏方等也简单记录苏铁全身可入药。

苏铁的演化历史悠久，又有与蓝细菌等共生形成珊瑚根，所以苏铁所含的次生代谢产物十分丰富和复杂，具有潜在的药用价值。

苏铁类植物含有毒素，主要包括苏铁苷和BAMM的神经毒素。种子有毒，种皮和种仁含苏铁苷（cycasin, methylazoxymethanol β-D-glucoside），新闻或文献均有报道，误食苏铁种子而出现恶心、呕吐、腹痛等消化道症状。2004年，通过对太平洋地区的关岛本土居民的帕金森综合征的研究发现，导致这种病的罪魁祸首是分布于当地的一种苏铁植物 *Cycas circinalis* 里分离出来的一种名为BAMM的神经毒素，这种毒素是由苏铁珊瑚根中寄生的蓝藻产生的，经过苏铁茎干传输累积在苏铁种皮中，而当地有一种狐蝠专食当地苏铁种子，通过食物链中狐蝠的富集，BAMM的浓度大幅增加，由于部分关岛居民喜食狐蝠，从而造成了BAMM在人体富集，最终导致帕金森综合征的发生。

四、苏铁植物的迁地保护

（一）引种

1988年，仙湖植物园开始收集苏铁类植物；1994年正式选址建立苏铁园；2002年，我国第一个专类植物迁地保护中心——国家苏铁种质资源保护中心在仙湖植物园挂牌成立。通过与国内国际间的多个植物园、农场、苗圃开展苏铁类植物的种子交换，经过多年的引种栽培，中心已经收集了来自广西、广东、福建、海南、云南、四川等地以及大洋洲、美洲、非洲、东南亚等地的各种苏铁类植物。

国内物种，尽可能引种不同居群的苏铁的种子，做好引种记录，以保证更多的遗传多样性被保护。国外引进的苏铁植物要严格进行检验检疫，并隔离观察3～5年，无病虫害等现象后再开展应用，并最好持续跟踪，记录病虫害及生长状况。

（二）栽培管理

苏铁喜疏松、透气、排水性好、富含有机质以及pH值中性的土壤环境，最忌发生涝害，可以用河沙调节基质的孔隙度和排水性。春季施速效肥，秋冬季节宜施有机肥，可多施磷钾肥，增加植物抗性，也可在新羽叶抽发前或抽发初期喷洒叶面肥。

苏铁羽叶十分繁茂，集生在茎干顶部，故顶部重量大。日常管理时，秋冬季节气候相对干燥，可高强度开展老叶修剪，这样既可以减轻茎干顶部的重量，又可以增加通透性，减少来年类似介壳虫的苏铁病虫害发生。苏铁叶先端刺化，叶柄也具有较多的刺，对植株较高需要搭梯子等高空作业的，管养时需注意人身安全。秋冬之外的其他时间段，根据管理需要也可对老叶进行修剪；台风等极端天气来临之前，也要勤对羽叶开展修剪、支撑检查，要注意防止伤口感染和修剪后的造型。

苏铁叶片密集于茎干顶部，密不透风，容易被褐软蚧（*Coccus hesperidum*）、桑白蚧（*Pseudaulacaspis pentagona*）、黑褐圆盾蚧（*Chrysomphalus ficus*）等介壳虫寄生，严重时，介壳虫的若虫、成虫群集在枝干和羽叶上刺吸汁液，介壳层层重叠，导致植物正常生长发育受阻。新叶刚发出时，易受曲纹紫灰蝶（*Chilades pandava*）的危害，灰蝶幼虫啃食幼嫩的新叶和叶柄，2～3天内能将新羽叶吃得残缺不全或者近乎吃光；若成虫将卵产于球花上面，幼虫则钻蛀球花幼嫩组织取食，球花受害后轻则部分花粉受损，重则整个球花提前干枯，胚珠或花粉不能成熟，影响苏铁的观赏价值和生长繁殖。

五、小结

仙湖植物园的苏铁种质资源保护中心集科研科普、迁地保护、旅游于一体的多功能的中心，是开展苏铁类植物迁地保育和研究的重要场所和基地。这里有婆娑多姿的广西德保苏铁、铿锵有力的攀枝花苏铁、磅礴大气的越南篦齿苏铁、小巧玲珑的石山苏铁、充满异域风情的刺叶苏铁、秀气的大泽米铁、婀娜的波温铁，可以成就一道道独特的风景，随时能见"铁树开花"。通过基础科研，挖掘苏铁基因资源，同时为科学有效地保护苏铁不断探索新方法。

参考文献

[1] CALONJE M, STEVENSON D W, OSBORNE R. The World List of Cycads[ED/OL]. online edition [Internet]. 2024.
[2] 胡雨帆. 我国某些苏铁类生殖器官化石的发现兼论苏铁类起源[J]. 植物学通报, 1995, 12(2): 43-48.
[3] Mamay S H, Paleozoic origin of the cycads [R]. Washington: US Goverment Printing Office, 1976.
[4] 王定跃. 苏铁科植物的形态结构, 系统分类与演化研究[D]. 南京: 南京林业大学, 2000.
[5] 管中天, 周林. 中国苏铁植物[M]. 成都: 四川科学技术出版社, 1996.
[6] GAO Z, BARRY A T. A review of fossil cycad megasporophylls, with new evidence of *Crossozamia pomel* and its associated leaves from the lower permian of Taiyuan, China [J]. Review of Palaeobotany and Palynology, 1989, 60(3): 205-223.
[7] LEARY R L. Possible early *Pennsylvanian ancestor* of the Cycadales [J]. Science, 1990, 249(4973): 1152-1154.
[8] CANTRILL D. A petrified cycad trunk from the Late Cretaceous of the Larsen Basin, Antarctica [J]. Alcheringa, 2000, 24(4): 307-318.
[9] LI N, FU X, ZHANG W, et al. A new genus of Cycadalean plants from the Early Triassic of Western Liaoning, China-Mediocycas gen. nov. and Its Evolutionary Significance [J]. Acta Palaeontologica Sinica, 2005, 44(3): 423.
[10] WANG X, LI N, WANG Y, et al. The discovery of whole-plant fossil cycad from the Upper Triassic in western Liaoning and its significance [J]. Chinese Science Bulletin, 2009, 54(17): 3116-3119.
[11] NAGALINGUM N S, MARSHALL C R, QUENTAL T B, et al. Recent synchronous radiation of a living fossil [J].Science, 2011, 334 (6057):796-799.
[12] 王发祥, 梁惠波, 王定跃. 中国苏铁[M]. 广州: 广东科技出版社, 1996.
[13] SCHNEIDER D, WINK M, SPORER F. Cycads: their evolution, toxins, herbivores and insect pollinators [J]. Naturwissenschaften, 2002, 89: 281-294.
[14] TERRY I, WALTER G H, MOORE C, et al. Odor-mediated push-pull pollination in cycads [J]. Science, 2007, 318 (5847):70-70. doi:10.1126/science.1145147
[15] KARAMYAN V T, SPETH R C. Animal models of BMAA neurotoxicity: A critical review [J]. Life Sciences, 2008, 82 (5):233-246
[16] HALL R. Reconstructing Cenozoic SE Asia [J]. Geological Society, London, Special Publications, 1996, 106(1): 153-184.
[17] TANG W. Continental drift and the evolution of Asian Cycas [J]. Journal of the Cycad Society of South Africa, 2004(80): 23-28.
[18] 龚奕青. 四川苏铁的资源调查和遗传多样性研究及其保育策略[D]. 广州: 中山大学, 2012.
[19] XIAO S, JI Y, JIAN L, et al. Genetic characterization of *Cycas panzhihuaensis* (Cycadaceae): crisis lurks behind a seemingly bright prospect, 2018. DOI:10.7287/peerj.preprints.27265v1.

人类活动干扰对猕猴行为模式影响的研究
——以深圳市塘朗山郊野公园猕猴种群为例

史鸿基[1]，代晓康[1]，郑小兰[1]，崔嵩[1]，王思琦[1]，刘克亚[1]，易筱樱[2]，樊宇轩[2]

（1. 深圳市公园管理中心；2. 中山大学生命科学学院）

摘要：随着生态文明建设的发展，城市内野生动物种群也在逐渐恢复。然而，城市内人类活动在改变动物本身行为模式的同时，也带来更大的人兽冲突风险。本研究以深圳市塘朗山郊野公园的野生猕猴（*Macaca mulatta*）种群为研究对象，基于行为观察，探究其行为模式如何受到人类活动影响以及人猴冲突事件的影响因素。研究结果显示，人为投食显著影响了猕猴的活动节律以及人猴互动模式。游客投食行为降低了投食者本身受到猕猴攻击的可能性，提高了周边其他游客被攻击的概率。本研究旨在为城市内野生动物的保护、管理及解决人兽冲突问题提供科学依据。我们认为，解决猕猴与游客的冲突不仅需要通过强化法规、加强现场管理和公众教育来减少投喂行为，还要关注特定人群的行为模式，确保公园内的人猴互动安全有序。这些具体措施的实施，不仅能够降低冲突事件发生的频率，还可以在更广泛的背景下促进人与自然的和谐共处。通过尊重自然、减少干预，游客和公园管理方共同努力，能够有效保护野生动物的自然习性和生态系统的平衡，推动可持续的生态旅游模式。

关键词：生态旅游；人类干扰；猕猴行为节律

Study on the Effect of Human Disturbance on the Behavior Pattern of *Macaca mulatta*
——A Case Study in Tanglangshan Countrypark, Shenzhen

Shi Hongji[1], Dai Xiaokang[1], Zheng Xiaolan[1], Cui Song[1], Wang Siqi[1], Liu Keya[1], Yi Xiaoying[2], Fan Yuxuan[2]

(1. Shenzhen Park Service; 2. School of Life Sciences, Sun Yat-sen University)

Abstract: With the advancement of ecological civilization, urban wildlife populations are gradually recovering. However, human activities not only alter animal behavior but also increase the risk of human-animal conflicts. In this study, we focused on a population of rhesus macaques (*Macaca mulatta*) in Shenzhen Tanglangshan Countrypark to investigate how human activities influence their behavior patterns and the factors contributing to human-animal conflict. Our findings revealed that anthropogenic food provision significantly impacts the macaques' activity budgets and interaction with humans. While feeding decreases the likelihood of the feeder being attacked, it may increase the risk of other tourists being targeted. This study aims to provide a scientific basis for urban wildlife conservation and the management of human-animal conflicts. We believe that resolving conflicts between macaques and tourists requires not only reducing feeding behavior through strengthened regulations, enhanced on-site management, and public education, but also paying attention to specific behavior patterns of certain groups of people to ensure safe and orderly human-monkey interactions within the park. The implementation of these specific measures can not only reduce the frequency of conflict incidents but also promote harmonious coexistence between humans and nature in a broader context. By respecting nature, reducing intervention, and working together with park management, tourists can effectively protect the natural behaviors of wildlife and maintain the balance of ecosystems, promoting a sustainable eco-tourism model.

Keywords: Ecotourism; Human disturbance; *Macaca mulatta* behavioral rhythms

一、引言

随着公众对自然环境的亲近意愿日益增强，对野生动物互动体验的兴趣也愈发浓厚，以野生动物为观赏对象的生态旅游业蓬勃发展。非人灵长类动物具有大脑发达、行动敏捷、模仿能力强等特质[1]，且与人类存在较近的亲缘关系，同时在文化或宗教中承载特殊意义[2, 3]。这些因素使非人灵长类动物独具吸引力，成为全球最为重要的野生动物旅游资源之一。作为生态旅游区的重要观赏资源，人类为它们提供了一个资源丰富、缺少捕食者的环境，很大程度上促进了种群的增长和扩散[4]。猕猴（*Macaca mulatta*）因其行为多变、表情生动而深受公众喜爱，是我国许多旅游区的重要观赏资源，成为最常见的投食动物之一[5]。国内存在至少164处猕猴观赏区，其中有53处明确为从其他地区引入的猕猴种群。由于大量人工投喂及捕食者缺失，这些旅游区的猕猴种群数量快速增长[5-7]。然而，投喂导致的种群密度的增加以及人类－猕猴关系的改变，也不可避免地带来了人猴冲突的问题。

猕猴属于猴科猕猴属，在我国属于国家二级保护野生动物。它是世界上分布最广泛的非人灵长类动物，广泛分布在中国、印度、孟加拉国、巴基斯坦、尼泊尔、缅甸、泰国、阿富汗、老挝和越南等多个国家[8]。猕猴具有很强的适应能力，能够生活在多样化的栖息地类型，具有极高的海拔分布变化幅，可自海拔0m分布至4 000m[8]。猕猴的食物种类非常多样，主要以植物性食物为主，这与它们所处环境中丰富的食物资源有关[9-11]。在热带和亚热带地区，猕猴主要吃水果，而在温带地区和石灰岩森林中，它们的食谱则偏向吃树叶。此外，猕猴还会吃白蚁、蚂蚁、甲虫、蘑菇，甚至鸟蛋、贝类和鱼[12]。这种多样化的食物选择帮助猕猴很好地适应了与人类共存的环境。当许多灵长类动物因为人类活动面临种群减少的威胁时，猕猴在靠近人类居住的农村和城镇地区反而数量增加[4]。在一些地区，猕猴甚至从人类那里获得了高达93%的食物来源，主要是通过人们的投喂或掠夺农作物[13]。

生态旅游区内的高强度人为投食在改变动物本身行为模式的同时，也带来更大的人兽冲突和破坏生态系统平衡的风险。受到长期投食的灵长类动物往往与人类有更多的冲突[14, 15]。在贵州黔灵山森林公园，该地接受投食的猕猴群体自1992年至2018年，以年均8.08%的增长率，增加约1 000只的水平，但与之相伴的是猴伤人事件逐年增加，年均伤人超过1 000次[16]。在新加坡城市周边区域，人类与长尾猕猴（*Macaca fascicularis*）之间65%的互动与食物有关[17]，并且所有记录到的长尾猕猴对游客的非接触威胁行为均发生在人类投食时[18]。在台湾，游客投食加剧了寿山自然公园的台湾猕猴（*Macaca cyclopis*）对游客的攻击性[19]。此外，人为投食会让动物的活动局限于投食点附近的小片区域，使该区域植被因过度利用而显著退化[20]，并导致植被物种多样性显著下降[6]。如果监管不当，猕猴对栖息地内植被和其他物种以及栖息地周边居民、公共设施会造成负面影响[21]。因此，亟须研究确定人类干扰下猕猴种群的行为模式变化，分析人猴冲突情况，为生态旅游区内猕猴种群的保护和管理以及人猴冲突的预防措施提供建议。

随着生态文明建设的逐步推进，深圳市内已有许多地区出现野生猕猴的目击报告，如梧桐山国家森林公园[22]、塘朗山郊野公园[23]以及排牙山—七娘山节点生态廊道[24]。以塘朗山郊野公园为例，目前公园内已有稳定的野生猕猴种群，吸引了广大市民前往观看。塘朗山猕猴的回归和种群恢复是深圳市生物多样性保护的重要成果，塘朗山的猕猴有可能成为深圳生物多样性保护的"新名片"。保护塘朗山的猕猴符合深圳市"十四五"生态文明建设与公园城市建设中的"人与自然和谐发展"思想，有助于深圳市生态文明建设，因此具有重要意义。然而，在加深市民对野生动物了解的同时，与猕猴接触也增加了人猴冲突的风险。规避潜在的人猴冲突、引导市民朋友规范游览对野生动物的保护与管理以及城市管理均是极为重要的。因此，本研究以深圳市塘朗山郊野公园的野生猕猴种群作为研究对象，基于现场观察获取猕猴种群的行为模式数据。本研究旨在探究塘朗山郊野公园内猕猴种群的行为模式、确定人类干扰对塘朗山猕猴种群活动节律及人猴互动模式的影响，从而为相关动物保护以及管理政策的出台提供理论和数据支撑。

二、方法

（一）研究地点与研究对象

研究地点位于广东省深圳市的塘朗山郊野公园（地理位置为北纬22°34′12″～22°34′40″、东经113°59′13″～113°59′21″），公园坐落在深圳市南山区的东北部，总面积约为9.93km²，公园内最高的山峰是塘朗顶，海拔大约430m[25]。塘朗山郊野公园属亚热带季风气候，气候特点是冬季温和，夏季潮湿炎热，年平均气温约为22.7℃，年降水量接近1 948mm，降水主要集中在每年4～9月[26]，这种气候条件为丰富的植被提供了理想的生长环境。公园内的植被类型多样，主要由南亚热带季风常绿阔叶林、人工林和南亚热带沟谷季雨林构成，森林高度在9～11m，郁闭度约为80%，森林覆盖率较高，为公园内的野生动物提供了栖息场所[26]。

近年来，塘朗山郊野公园的野生猕猴种群吸引了大量游客前来观赏。由于部分游客投喂食物，这群猕猴逐渐形成了依赖人类的习惯，频繁在公园的道路周边活动。随着人猴接触增多，猕猴与游客之间的互动变得更加频繁，导致了冲突和伤人事件的发生。

根据2023年7月的调查，公园内栖息的猕猴群体被命名为LZ群，共有20只猕猴，包括2只成年雄性、5只成年雌性、9只青少年猴和4只新生幼猴。这群猕猴群体虽然不大，但由于

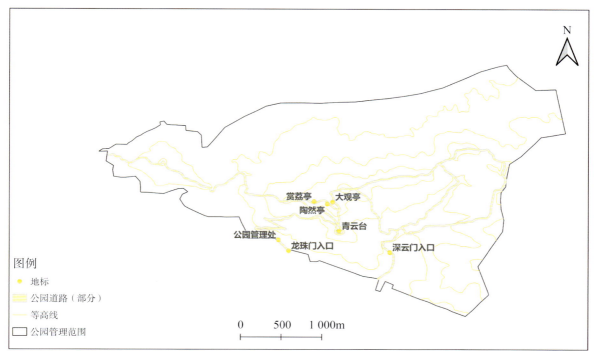

图1 研究地点示意图

它们与人类的频繁互动，成为研究人类干扰下猕猴行为模式的一个重要案例。本研究选择了LZ群作为研究对象，主要通过对它们的行为观察，探讨在高强度人类活动干扰下，猕猴的活动节律是如何变化的，以及它们与人类互动的模式如何演变。通过分析这些行为数据，可以更好地理解猕猴在城市环境中的适应能力。

（二）数据收集

在2023年10~11月，研究人员对塘朗山郊野公园内的LZ群进行了为期一个月的行为数据采集。研究人员每天上午9:00~12:00，下午2:00~6:00，沿着公园的主干道寻找猴群。每当发现它们时，记录它们出现的具体时间和地点，并开始对猴群的行为进行观察。通过这种方式，能够准确了解猴群的日常行为模式及它们在公园内的分布情况。为统计猴群在公园内出现的概率，研究人员采用10分钟为间隔的瞬时扫描法[27]，在每个扫描回合内记录此时猴群是否在路边出现。使用瞬时扫描法共获取26天扫描数据（其中工作日18天、休息日8天），包含305个扫描回合共1 573条数据。

研究人员同时使用全事件记录法记录人猴互动事件[27]，人猴互动事件被定义为人或者猕猴因另一方的存在或行为做出行为上的改变[28]，若一方对另一方的行为无反应，则不视为互动。记录人猴互动事件时，同时记录互动时间、地点、人猴之间的距离、游客及猕猴的年龄性别组、游客及猕猴的行为。游客行为包括发声、肢体动作、拍照、投食、攻击、触碰，并根据意图及是否投喂简化为两类行为类型，包括有关食物的互动行为及无关食物的互动行为（表1）。猕猴行为则被分类为攻击行为和非攻击行为。人猴之间的距离划分为2m及以内和2m外。游客的年龄性别组分成三类：成年男性、成年女性及青少年。LZ群个体同样被划分为成年雄性、成年雌性和青少年三个年龄性别组。

表1 游客行为类型

行为类型	游客行为	描述
有关食物的互动行为	携带食物	游客携带食物但没有投食
	投食	游客扔食物或者递食物给猕猴
无关食物的互动行为	靠近	游客快速向猕猴移动，使彼此间的距离缩小至5m以内
	肢体动作	游客做出各种肢体动作引起猕猴的注意，比如跳、挥手
	发声	游客发出各种声音引起猕猴的注意
	拍照	游客用手机或相机拍猕猴
	摇动树枝	游客摇晃猕猴所在树上的树枝，以吸引猕猴注意
	对视	游客和猕猴对视
	攻击	游客使用登山杖、棍子或举拳对猕猴挥舞或击打
	触碰	游客触碰猕猴身体

项目过程中研究人员尽量避免与猕猴接触，且猕猴与公园保安和研究人员的互动行为不予记录。只记录由游人与猕猴双方主动引起的互动行为。使用全事件记录法共获取28天数据（其中工作日20天，休息日8天），获取事件共459条。

（三）数据分析

1. 猕猴出现概率

为了研究猕猴在路边出现的规律，研究人员基于瞬时扫描法获取的猕猴目击事件计算每小时内LZ群在路边出现的概率，该出现率P_i计算如下所示：

$$P_i = \sum_{j=1}^{6} A_{ij}/6$$

式中，P_i即为在每日时间i下LZ群在路边出现的概率；A_{ij}为时间i的第j个扫描回合内LZ群是否出现，若出现则记为1，未出现则记为0，由于单次扫描回合为10分钟，因此每个小时内最大扫描回合数为6。

对于LZ群一整天都没在路边出现的情况（观察周期内出现两次，分别为2023年10月16日和2023年10月19日），则当天出现率记为0。用Wilcoxon秩和检验比较工作日和休息日的出现率。基于该方法，研究人员能够获取LZ群在一天中国不同时间段在路边出现的平均概率。

2. 猕猴攻击游客的影响因素

我们将单次人猴互动事件作为分析单元构筑模型。每个分析单元中包括发生事件时的天气、事件发生地点、游客年龄性别组、猕猴年龄性别组、游客行为、人猴之间的距离、处于工作日或休息日及猕猴是否攻击游客。在去除不完整数据后，共有342个分析单元被用于分析。

由于潜在自变量及分类过多，单纯将所有潜在自变量引入模型可能难以拟合可靠模型。因此，我们采用随机森林（random Forest）方法对自变量进行预筛选，随后仅将重要性（平均精确率减少，mean decrease in accuracy, MDA）最高的变量作为自变量加入模型进行分析[29]。我们使用R程序包"caret"[30]中的"train"功能建立随机森林模型，并进行参数调优（parameter tunning）。经过筛选后，最终确认游客年龄性别组、猕猴年龄性别组、游客行为及人猴之间的距离对猕猴是否攻击游客有较高的影响力（Importance > 10）。

我们将猕猴是否攻击游客作为因变量，游客年龄性别组（成年男性、成年女性、青少年）、猕猴年龄性别组（成年男性、成年女性、青少年）、游客行为（有关食物的互动行为、无关食物的互动行为）及人猴之间的距离（2m以内、2m以外）作为自变量建立逻辑斯蒂回归模型。我们使用空模型检验（Null-model test）检验加入这些自变量是否提高模型的变量解释能力。似然比检验（Likelihood Ratio test, LRT）结果显示模型解释力显著高于空模型（df =7, δ Deviance = 107.93，$P < 0.001$）。随后，我们使用Hosmer-Lemeshow Goodness of Fit test评估模型的表现。结果显示模型有较高预测能力（χ^2= 4.60, df = 8, $P = 0.800$）。为了筛查潜在的异常值，我们计算了Cook's distance，并确认所有分析单元的Cook's distance均小于0.05，不存在异常值。通过计算方差膨胀系数（variance inflation factor, VIF），我们确认模型中不存在多重共线性（multicollinearity）现象（VIF均小于3）。

三、结果

（一）猕猴出现概率

对LZ群在路边的出现率统计显示，观察期间在路边的出现率为25.94%（SE = 2.62%），其中在工作日出现率为24.88%（SE = 3.07%），休息日出现率为28.57%（SE = 5.25%）。LZ群在各时段上的出现率如下所示（图2），可见LZ群在工作日16:00～17:00存在单个出现高峰，而在休息日存在两个出现高峰，分别为10:00～11:00以及15:00～17:00。14:00～15:00和17:00～18:00。

（二）人猴互动影响因素

在342次完整全事件数据记录中，参与互动的猕猴主要为青少年猴（38.89%，$N = 133$），其次为成年雄性猕猴（34.79%，$N = 119$）及成年雌性猕猴（26.31%，$N = 90$），主要参与互动的游客依次为成年男性游客（49.32%，$N = 170$）、成年女性游客（32.16%，$N = 110$）及青少年游客（19.99%，$N = 62$）。人猴互动中频次

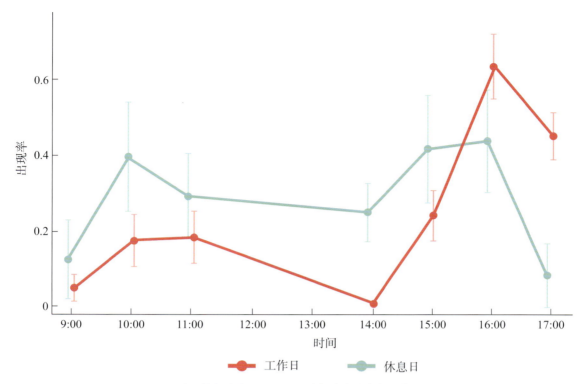

图2 塘朗山郊野公园LZ群在道路周边出现率

最高的游客行为是投食，占比达68.13%（$N = 233$），互动事件发生时人猴距离一般在2m以内（67.84%，$N = 232$）。

不同猕猴个体与游客互动频次记录如表2所示。其中19.59%的人猴互动事件中出现了猕猴的攻击行为（$N = 67$），其中一只青少年个体NB引发了22次攻击行为，一只成年公猴BJT发起了21次攻击行为。由于部分事件发生的距离较远，或是参与人猴互动事件的个体为无明显个体特征的1~2岁小猴，故部分事件仅能记录到参与互动猕猴的性别年龄组。在猕猴攻击游客事件发生时，游客行为主要有靠近（29.85%，$N = 20$）、拍照（20.89%，$N = 14$）、投食（20.89%，$N = 14$）、触碰猕猴（16.42%，$N = 11$）、其他（包括攻击猕猴或与猕猴眼神接触、携带食物、用肢体动作或声音吸引猕猴注意）（11.94%，$N = 8$）。

表2 与游客发生互动的个体统计

个体编号	性别年龄组	攻击	非攻击	个体编号	性别年龄组	攻击	非攻击
WK	成年雄性	4	12	TS	成年雌性	0	2
BJT	成年雄性	21	80	YM	成年雌性	5	8
DB	成年雄性	0	2	FY	青少年雌性	2	20
NB	青少年雄性	22	17	–	成年雌性	1	11
BJ	成年雌性	1	3	–	青少年	10	62
HHE	成年雌性	0	27	总计		67	275
QQ	成年雌性	1	31				

逻辑斯蒂回归模型显示，有关食物的游客行为相比与无关食物的会极其显著地降低猕猴攻击游客的可能性（$P < 0.001$）；游客与猕猴距离在2m内受到攻击的可能性显著高于距离超过2m（$P = 0.022$）；不同性别年龄组的游客在受猕猴攻击的概率上均未出现显著差异；考虑到猕猴的年龄性别，成年雄性及青少年猕猴相比于成年雌性更易攻击人类（成年雄性：$P = 0.028$；青少年：$P = 0.025$），且成年雄性猕猴与青少年之间并未表现出显著差异（图3，表3）。

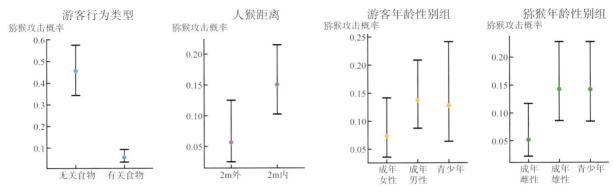

图3 猕猴攻击游客的影响因素

注：图中点代表猕猴攻击游客概率的效应值，柱代表该概率估计值的置信区间；游客行为分为两类，包括有关的食物互动行为（游客携带食物或投食）及无关食物的互动行为（靠近、肢体动作、发声、拍照、摇动树枝、对视、攻击、触碰猕猴）。

表3 逻辑回归模型结果

自变量		估计值 ± 标准差	Z值	P值
截距		−2.18 ± 0.68	−3.21	0.001**
游客行为类型	有关食物（无关食物）	−2.63 ± 0.35	−7.56	<0.001**
人猴距离	2m及以内（2m外）	1.08 ± 0.47	2.29	0.022*
游客年龄性别组	成年男性（与成年女性比较）	0.70 ± 0.42	1.65	0.010
	青少年（与成年女性比较）	0.62 ± 0.50	1.25	0.213
	青少年（与成年男性比较）	−0.08 ± 0.42	−0.19	0.852
猕猴年龄性别组	成年雄性（与成年雌性比较）	1.10 ± 0.50	2.20	0.028*
	青少年（与成年雌性比较）	1.09 ± 0.49	2.23	0.025*
	青少年（与成年雄性比较）	−0.00 ± 0.37	−0.01	0.990

注：括号内表示自变量的参照组；* 代表结果显著（$P \leq 0.05$）；** 代表结果极显著（$P \leq 0.01$）。

四、讨论

本研究以生活在强烈人为干扰环境下的塘朗山郊野公园猕猴种群为研究对象，揭示了人为干扰对猕猴活动节律及与人类互动模式的影响。结果显示，以投食为代表的人类干扰对塘朗山猕猴在路边的出现概率产生影响，表现为：整体上工作日相比休息日LZ群在路边出现率更低，且在工作日16:00～17:00出现单个高峰期，而在休息日存在两个高峰期（10:00～11:00，15:00～17:00）（图2）。我们认为这一差异与塘朗山郊野公园客流量变化模式高度同步，表明塘朗山郊野公园猕猴群已经高度适应人为投食，并据此调整猴群的活动。根据公园管理处提供

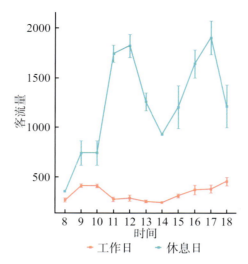

图4 塘朗山郊野公园客流量变化（2023年10月15日至2023年10月21日）

的客流量数据（图4），塘朗山郊野公园在休息日客流量较高，而工作日客流量较少。为获取食物，猕猴倾向于在游客经过路段出现，因此休息日的出现率更高且与客流量变化表现出相似的趋势。

自然条件下，猕猴对人类抱有警戒心，会与人类保持距离或主动避开人类。然而，在塘朗山郊野公园游客不断主动投喂食物的训练下，猕猴的警戒心会逐渐消除，猕猴与人之间的互动模式也会发生改变。本研究结果显示，塘朗山郊野公园大多数人猴互动都与食物有关（68.13%，$N = 233$）；在人猴互动事件中，与猕猴保持过近距离显著增加了游客被猕猴攻击的风险（$P = 0.022$），这一结果与先前的多项研究相吻合[7,31]。过近的距离使动物处于紧张状态，易发生应激反应从而伤害游客[32]。而投喂却显著降低游客被攻击的风险（$P < 0.001$），这与Beisner的研究结果相吻合，即游客投喂时食物能够有效转移猕猴注意力，进而降低了投食者遭受猕猴攻击的可能性[28]。然而，投喂吸引猕猴与游客保持较近距离，提高了周围人被攻击的可能；另外，投食易引起路人围观聚集，这些围观者又可能做出其他危险行为引发猴对人的攻击[33]。

目前，塘朗山郊野公园人猴冲突的情况尚未达到国内其他旅游地的严重程度。若投食情况不加控制，猕猴可能在某些与游客的互动中因攻击游客而获得食物，进而形成条件反射，把攻击游客行为与获取食物直接联系起来，届时将对游客人身安全造成极大隐患。以黔灵山公园为例，游客日均向每个猴群投食超过20kg[16, 34]，这种人猴频繁接触导致猴伤人事件逐年攀升，2012年已达1 693人次[16]。而李毅等对贵阳市人猴冲突次数统计显示，2014—2022年贵阳市共发生2 000起人猴冲突事件[35]。同样，峨眉山的藏酋猴（*Macaca thibetana*）因长期接受游客投食，已发展出抢夺食物甚至威胁游客的行为，导致游客受伤[36]。大量投食会直接导致猕猴种群数量剧增[37, 38]，进而加剧人猴冲突。对比其他生态旅游景区，当前塘朗山郊野公园野生猕猴与游客的冲突仍处于较平缓的阶段。然而，考虑到猕猴行为模式受到人类干扰的影响，人猴冲突可能会随着时间推进不断加剧，有必要尽早实施干预措施，以防止情况进一步恶化。

本研究为公园内野生动物管理提供了重要的参考结论，即对游客的投食行为进行严格管控是极为必要的。因此，为了减少猕猴对游客的攻击行为，保障游客安全，维护公园生态的和谐稳定，本研究建议采取以下措施：

（1）加强立法和规则的实施。现有的法规或公园规定对游客的行为约束有限，导致投喂猕猴等不当行为时有发生。建议公园管理方配合地方立法机关，制定或完善相关法律法规，明确禁止投喂野生动物的行为。

（2）动员志愿者和义工协助现场管理。单凭公园管理方的安保人员可能无法说服游客停止投喂，及时对游客的行为进行管理。因此，可以通过招募志愿者和义工，作为公园管理方巡逻的补充力量。他们可以协助安保人员，主动劝导游客保持与猕猴的安全距离，制止投喂行为，并提供必要的安全建议。

（3）加大公众教育力度。有效的公众教育是预防人猴冲突的关键。通过社交媒体、官方网站、宣传手册、展板等多种方式，向游客传达投喂猕猴的危害及如何与野生动物安全相处的知识。宣传内容应重点强调以下几点：禁止投喂猕猴，投喂是对猕猴的错误训练，使动物通过攻击游客获取食物，且食物会使猕猴接近人类，增加人猴冲突风险；与猕猴保持足够的安全距离，避免靠近或尝试与其互动；避免与猕猴长时间直视，在猕猴社会中低等级会回避高等级的目光，人类与猕猴直视会被猕猴视为对其高等级权威的挑战，从而发起攻击；不进行突然的大幅度动作，因为这可能会惊吓猕猴并引发攻击。

（4）针对特定群体的管理措施。研究表明，成年男性游客和成年雄性猕猴在互动中展现出较高的活跃度和攻击性。因此，建议公园管理方特别关注这些群体的行为。可以通过在关键区域增派安保力量，提醒成年男性游客注意与猕猴保持安全距离，避免主动挑衅或试图近距离接触猕猴。

（5）建立人猴和谐共处的生态旅游环境。公园管理方应与研究人员、生态保护专家密切合作，通过长期的科研和监测，对塘朗山郊野公园猕猴的种群结果与行为模式进行追踪，并据此优化人与猕猴的互动模式，构建和谐共处的生态环境。公园管理方还可以根据结果调整游客路线设计和景区规划，减少游客与猕猴的直接接触机会，从而在保护游客安全的同时，维持猕猴的自然生活状态。

通过以上措施，公园管理方可以有效减少猕猴与游客的冲突事件，保障游客的安全，保护公园的生态环境，并为生态旅游的可持续发展打下坚实的基础。

综上所述，解决猕猴与游客的冲突不仅需要通过强化法规、加强现场管理和公众教育来减少投喂行为，还要关注特定人群的行为模式，确保公园内的人猴互动安全有序。这些具体措施的实施，不仅能够降低冲突事件的频率，还可以在更广泛的背景下促进人与自然的和谐共处。通过尊重自然、减少干预，游客和公园管理方共同努力，能够有效保护野生动物的自然习性和生态系统的平衡，推动可持续的生态旅游模式。最终，这种以保护生态为核心的管理策略，不仅造福了猕猴和其他野生物种，也为后代提供了一个更加和谐、美好的自然环境。

参考文献

[1] 李进华. 野生灵长类资源的旅游开发与保护关系探讨 [J]. 自然资源学报, 1998, 13(4): 371-374.

[2] ZHANG P. Good gibbons and evil macaques: a historical review on cognitive features of non-human primates in Chinese traditional culture [J]. Primates, 2015, 56(3): 215-225.

[3] SENGUPTA A, RADHAKRISHNA S. Factors predicting provisioning of macaques by humans at tourist sites [J]. International Journal of Primatology, 2020, 41(3): 471-485.

[4] 张鹏. 人工投食行为对非人灵长类社会生态的影响 [J]. 人类学学报, 2008, 27(3): 274-283.

[5] 王钰炜, 路纪琪, 田军东. 国内涉及非圈养猕猴的旅游区现状调查 [J]. 动物学杂志, 2022, 57(4): 514-520.

[6] 朱源, 卢志远, 李达, 等. 贵州黔灵山公园半野生猕猴的种群动态 [J]. 兽类学报, 2019, 39(6): 630-638.

[7] 张鹏, 段永江, 陈涛, 等. 海南南湾猴岛景区内猕猴与游客接触行为的研究 [J]. 兽类学报, 2018, 38(3): 267-276.

[8] SINGH M, KUMAR A, KUMARA H N. *Macaca mulatta* (amended version of 2020 assessment) [J]. The IUCN Red List of Threatened Species 2024, 2024: e.T12554A256057746.

[9] ZHOU Q, WEI H, TANG H, et al. Niche separation of sympatric macaques, *Macaca assamensis* and *M. mulatta*, in limestone habitats of Nonggang, China [J]. Primates, 2014, 55(1): 125-137.

[10] TANG C, HUANG L, HUANG Z, et al. Forest seasonality shapes diet of limestone-living rhesus macaques at Nonggang,

China [J]. Primates, 2016, 57(1): 83-92.

[11] 丁振芳, 郝静, 徐华林, 等. 猕猴觅食策略的地域性差异 [J]. 人类学学报, 2020, 39(3): 495-506.

[12] FOODEN J. Systematic review of the rhesus macaque, *Macaca mulatta* (Zimmermann, 1780) [M]. Chicago: Field Museum of Natural History, 2000.

[13] SOUTHWICK C H, SIDDIQI M F. Primate commensalism: the rhesus monkey in India [J]. Revue d'Écologie (La Terre et La Vie), 1994, 49(3): 223-231.

[14] FA J E. Visitor-directed aggression among the Gibraltar macaques [J]. Zoo Biology, 1992, 11(1): 43-52.

[15] FUENTES A, GAMERL S. Disproportionate participation by age/sex classes in aggressive interactions between long-tailed macaques (*Macaca fascicularis*) and human tourists at Padangtegal monkey forest, Bali, Indonesia [J]. American journal of primatology, 2005, 66(2): 197-204.

[16] 黎道洪, 何明会, 张玲莉, 等. 贵阳市黔灵山公园半野生猕猴的种群生态及管理研究 [J]. 贵州师范大学学报(自然科学版), 2014, 32(4): 16-21.

[17] SHA J C M, GUMERT M D, LEE B P Y H, et al. Status of the long-tailed macaque *Macaca fascicularis* in Singapore and implications for management [J]. Biodiversity and Conservation, 2009, 18(11): 2909-2926.

[18] FUENTES A, KALCHIK S, GETTLER L, et al. Characterizing human–macaque interactions in Singapore [J]. American Journal of Primatology, 2008, 70(9): 879-883.

[19] HSU M J, KAO C-C, AGORAMOORTHY G. Interactions between visitors and *Formosan macaques* (*Macaca cyclopis*) at Shou-Shan Nature Park, Taiwan [J]. American Journal of Primatology, 2009, 71(3): 214-222.

[20] YANG B, HONG B, ANDERSON J, et al. Dead trees as an indicator in tourism risk monitoring at primate ecotourism sites [J]. Current Zoology, 2022, 69(1): 103-105.

[21] 贵阳市林业局. 贵阳市林业局关于黔灵山公园猕猴种群调控的情况通报 [EB/OL]. (2024-2024-02-28) https://www.guizhou.gov.cn/zmhd/hygq/202402/t20240228_83861450.html.

[22] 李锋, 陶青, 陈柏承, 等. 广东深圳梧桐山国家森林公园哺乳动物物种资源调查 [J]. 广东农业科学, 2014, 41(3): 140-144.

[23] 深圳晚报. 塘朗山猴群出没 专家建议以自然保护为主, 不要过多干扰猴群生活, 不要投喂 [EB/OL]. http://cgj.sz.gov.cn/zjcg/zh/content/post_7149141.html.

[24] 李艳秋, 刘倩卉. 广东首条野生动物生态保护廊道建设显成效 [J]. 国土绿化, 2022 (10): 46-47.

[25] 陈永宏. 郊野公园景观规划设计的研究 [D]. 南京: 南京林业大学, 2007.

[26] 杨超琼, 褚艳玲, 张倩, 等. 深圳市南山区重要生态资源斑块植被调查及干扰状况分析 [J]. 环境生态学, 2021, 3(6): 21-29.

[27] ALTMANN J. Observational study of behavior: sampling methods [J]. Behaviour, 1974, 49(3): 227-267.

[28] BEISNER B A, HEAGERTY A, SEIL S K, et al. Human–wildlife conflict: Proximate predictors of aggression between humans and rhesus macaques in India [J]. American Journal of Physical Anthropology, 2015, 156(2): 286-294.

[29] GENUER R, POGGI J-M, TULEAU-MALOT C. Variable selection using random forests [J]. Pattern Recognition Letters, 2010, 31(14): 2225-2236.

[30] KUHN M. Building Predictive Models in R Using the caret Package [J]. Journal of Statistical Software, 2008, 28(5): 1-26.

[31] MCCARTHY M S, MATHESON M D, LESTER J D, et al. Sequences of Tibetan Macaque (Macaca thibetana) and Tourist Behaviors at Mt. Huangshan, China [J]. Primate Conservation, 2009, 24(1): 145-151.

[32] GILHOOLY L J, BURGER R, SIPANGKUI S, et al. Correction to: Tourist Behavior Predicts Reactions of Macaques (Macaca fascicularis and M. nemestrina) at Sepilok Orang-Utan Rehabilitation Centre, Sabah, Malaysia [J]. International Journal of Primatology, 2021, 42(3): 349-368.

[33] MARÉCHAL L, SEMPLE S, MAJOLO B, et al. Impacts of tourism on anxiety and physiological stress levels in wild male Barbary macaques [J]. Biological Conservation, 2011, 144(9): 2188-2193.

[34] 郭艳清. 黔灵山公园猕猴(*Macaca mulatta*)种群遗传学研究 [D]. 贵阳: 贵州师范大学, 2019.

[35] 李毅, 王奕凯, 骆畅, 等. 贵阳市人猴冲突及其时空分布 [J]. 兽类学报, 2024, 44(4): 449-455.

[36] ZHAO Q. Tibetan macaques, visitors, and local people at Mt. Emei: problems and countermeasures [M]//Paterson J D, WALLIS J. Commensalism and conflict: the human–primate interface. Norman, Okla; American Society of Primatologists. 2005: 376-399.

[37] MARTY P R, BALASUBRAMANLAM K N, KABURU S S K, et al. Individuals in urban dwelling primate species face unequal benefits associated with living in an anthropogenic environment [J]. Primates, 2020, 61(2): 249-255.

[38] LOWRY H, LILL A, WONG B B. Behavioural responses of wildlife to urban environments [J]. Biological Reviews Cambridge Philosophical Society, 2013, 88(3): 537-549.

察隅县的植被类型

王晖，赵国华，吕梓悦
（深圳市中国科学院仙湖植物园）

摘要： 察隅县处于喜马拉雅山脉与横断山脉交会处，辖区内高山众多，有丰富的高山草甸、灌丛、冰川、流石滩和雪峰等景观。受海拔高差和气候的影响，察隅县的植被类型多样，几乎涵盖了青藏高原的所有植被类型。随着海拔从高到低，气候从湿润至干燥，察隅的植被类型大致可分为10种。

关键词： 察隅县；青藏高原；自然景观；植被类型

Vegetation Types in Chayu County

Wang Hui, Zhao Guohua, Lü Ziyue
(Fairy Lake Botanical Graden, Shenzhen and Chinese Academy of Sciences)

Abstract: Located at the confluence of the Himalayas and the Hengduan Mountains, Chayu County has many high mountains in its jurisdiction, with rich landscapes such as alpine meadows, shrubs, glaciers, flowstone flats and snow-capped peaks. Affected by the combined influence of altitude, mountains, air currents, water currents and light, the vegetation of Chayu County is diverse, covering almost all vegetation types on the Qinghai-Tibet Plateau. From high to low altitude and from humid to dry climate, the vegetation types in Chayu can be divided into 10 types.

Keywords: Chayu County; Qinghai Tibet Plateau; Natural landscape; Vegetation type

林芝市察隅县地处西藏自治区东南部，北部与波密县和昌都市八宿县相连，南部与缅甸和印度两国接壤，东边与云南德钦、贡山和西藏左贡相接，西边与墨脱相邻，县辖面积约3.153万 km²，县内有3乡（察瓦龙、古玉、古拉）、3镇（竹瓦根、上察隅、下察隅）和1居委会（吉公居委会）。

地理上，察隅县位于念青唐古拉山脉南面，喜马拉雅山脉东端，横断山脉西侧的高山峡谷地带。县域范围内地势北高南低，海拔高差极大，最高处为岗日嘎布山脉主峰白日嘎（若尼峰），海拔6 882m，最低处的察隅河谷海拔仅约600m，高差达6 200m，平均海拔2 800m。气候上，因受海拔高差、山脉走向和水汽传播的影响，该地3乡3镇的气候差异较大，处于察隅河及其支流沿岸的竹瓦根镇桑久村、扎拉村、雄久村一带和上察隅镇、下察隅镇受印度洋暖湿气流影响，气候总体温和湿润，有"西藏小江南"之称；处于怒江干热河谷中的察瓦龙乡和古拉乡气候总体炎热干燥，藏语"察瓦龙"即炎热河谷之意；古玉乡和竹瓦根镇的嘎达村、目若村、日东村一带由于海拔较高，气候总体寒冷干燥。

一、河流和湖泊

因北部、东部和西部均有高大山脉拦截印度洋的暖湿气流，察隅县内河流众多，水量丰富。县内的河流主要汇入三大水系，其中察隅河及其支流桑曲、贡日嘎布曲、娄巴曲和清水河（图1）等汇入雅鲁藏布江—布拉马普特拉河水系；怒江及其支流昂曲、让舍曲和玉曲等汇入怒江水系；独龙江上游的克劳龙河及其支流日东曲和吉太曲等汇入伊洛瓦底江水系。察隅的众多河流为孟加拉湾和中南半岛地区提供了巨大的水量，是"南亚水塔"的重要组成部分。因降雨和融雪量不同，察隅的河流四季水量差异较大，景观也有很大差别。如察隅河和怒江，在冬、春季水量较小时水流平缓，水体清澈并呈蓝色和蓝绿色。夏、秋季水量较大时水流湍急、波浪滔天，水体含较多泥沙而呈黄色。但一些河流因流经区域含沙量少，河水终

图1 察隅河

年清澈，其在竹瓦根镇雄久村附近与夏季浑浊的桑曲汇合时形成"泾渭分明"的景观。桑曲在竹瓦根镇桑久村附近河道变窄，夹带泥沙的湍急河流将两岸的岩石打磨得千奇百怪，秋冬季水位下降后这些奇石露出水面，与湛蓝的河水共同形成"千年水磨岩"的奇特景观。此外，察隅县还有察隅大峡谷、怒江"V"形拐弯、毕达瀑布等山体与河流共同形成的自然景观。

察隅县的水资源丰富，但因山高谷深，水流湍急，没有大型湖泊，主要以中、小型的冰斗湖为主。这些湖泊多由冰川堆积物堵塞河道形成，水源为更高海拔地区的冰川融水，常呈现出美丽的蓝色、蓝绿色或绿色。冰斗湖因分布的海拔较高，很难接近，目前可乘交通工具或短时间徒步前往古玉乡的次龙沟（图2）、竹瓦根镇的甲曲措、心湖和古拉乡的白雪措等。心湖位于国道219"丙察察"段边，是一呈心形的小型湖泊，颜色为绿色。因其形状特别，位置显著，且是"茶马古道"的重要节点，现已成为"丙察察"段的著名景点之一。

二、雪山和冰川

岗日嘎布山和横断山地势高峻，察隅县辖区内5 000m以上的雪峰多不胜数，无论在海拔较高的古玉乡还是在海拔较低的下察隅镇，放眼望去数座雪峰屹立在群山之巅，它们与河流、田野、森林、青山和飞瀑一同构成了"雪域江南"的美景。梅里雪山的主峰卡瓦格博（Kawagarbo Snow Peak）是县内最著名的雪山，其位于察隅县与云南省德钦县的交界处，面向察隅县的是该雪山的西坡，美丽的雪峰加上数条蜿蜒而下的冰川构成绝美的景色（图3）。天气晴朗的傍晚，在察瓦龙乡的甲应村可近距离观赏"日照金山"。岗日嘎布山最高峰白日嘎（若尼峰）位于上察隅镇，海拔6 882m，是察隅县海拔最高的山峰。位于察瓦龙乡的木孔雪山

图2 次龙沟

图3 卡瓦博格峰

则完全在察隅县境内，由2座高度相似的雪峰组成，海拔约6 005m。站在雄朱拉垭口观看，其山体陡峭但山顶平直，容易识别。

因雪山的雪层在重力作用下逐渐成冰并向下流动，最终形成冰川，故积雪量大的雪山山体均有丰富的冰川。察隅县的雪山周围水汽较为充足，经千万年积累已形成世界上规模最大的中低纬度海洋性冰川群之一，其中海拔最低的阿扎冰川位于察隅县境内，因靠近阿扎村而得名。阿扎冰川的末端海拔仅2 000余米，冰舌伸入原始森林中，有"绿海冰川"之称。此外，在通往察隅县各条公路的高海拔垭口，均可见到较多形态各异的雪峰及冰川，形态或孤峰突起，或层峦叠嶂，或壁立千仞，或挺拔俊秀，充分展现出雪域高原的自然风光。

三、植被类型

受海拔、山体、气流、水流和光照的共同影响，察隅县的植被类型十分丰富，几乎涵盖了青藏高原所有植被类型，充分体现"一山有四季，十里不同天"的自然景观。从雪线附近的流石滩植被到河谷的亚热带阔叶林，从干旱的仙人掌林到湿润的芭蕉林，还有沼泽、亚高山草甸等隐域性植被，是研究植被空间分布的热点地区。从高海拔至低海拔，察隅县的植被类型分为10种。

（一）高山流石滩植被（Alpine Screes）

高山流石滩是高山岩石因极大的昼夜温差和物理风化剥裂形成的大面积岩石碎屑坡，大小不一的岩石碎屑中含有少量的土壤，处于向冰雪带过渡的地带，被认为是植物生存环境中最为极端的生境之一（图4）。但这样严酷的环境也孕育了多种特有植物。察隅的高山流石滩植被位于海拔4 500～5 000m，主要以零散生长的一年生、二年生和多年生垫状植物及宿根植物为主。常见的植物有水母雪兔子（*Saussurea medusa*）（图5）、绵头雪兔子（*S. laniceps*）（图6）、全缘叶绿绒蒿（*Meconopsis integrifolia*）、总状绿绒蒿（*M. racemosa*）（图7）、大花虎耳草（*Saxifraga stenophylla*）（图8）、矮龙胆（*Gentiana wardii*）、美龙胆（*Kuepferia decorata*）、梭砂贝母（*Fritillaria delavayi*）等。高山流石滩看似荒芜，却生长着众多青藏高原特有野生花卉，特别是在夏季冰雪融化后，众多野花竞相开放，形成独特的景观。

图4 流石滩

图5 水母雪兔子

图6 绵头雪兔子

图7 总状绿绒蒿

图8 大花虎耳草

(二)高山草甸和灌丛(Alpine Alm and Scrub)

由于察隅县整体受印度洋暖湿气流影响，高山上湿润多雨，温度也比青藏高原腹地同海拔区域高，所以高山草甸常与高山灌丛组合并生（图9）。它们主要分布在4 000～4 500m的海拔，通常山体阳坡及积水洼地生长草甸，而阴坡则生长灌丛。高山草甸主要以嵩草属（*Kobresia*）和薹草属（*Carex*）植物为主，是察隅县牧民的夏季牧场。此外，还有毛瓣美丽乌头（*Aconitum pulchellum* var. *hispidum*）、云生毛茛（*Ranunculus nephelogenes*）（图10）和龙胆属（*Gentiana*），部分较干旱的草甸也可见大片狼毒（*Stellera chamaejasme*）（图11）。高山灌丛主要以高山柏（*Juniperus squamata*）、雪层杜鹃（*Rhododendron nivale*）（图12）、岩须（*Cassiope selaginoides*）、鬼箭锦鸡儿（*Caragana*

图9 高山灌丛

图10 云生毛茛

图11 狼毒

jubata)、岩生忍冬（*Lonicera rupicola*）、迟花柳（*Salix opsimantha*）等矮小或匍匐灌木为主，呈块状分布。德姆拉山口附近的雪层杜鹃灌丛分布面积大，每年6月开花时形成大片花海。单叶绿绒蒿（*Meconopsis simplicifolia*）（图13）、苞叶雪莲（*Saussurea obvallata*）、合萼肋柱花（*Lomatogonium gamosepalum*）、藏波罗花（*Incarvillea younghusbandii*）等草本也常伴生于高山灌丛中。

图12 雪层杜鹃

图13 单叶绿绒蒿

（三）寒温性常绿针叶林（Cold-Temperate Evergreen Needleleaf Forest）

寒温性常绿针叶林是青藏高原的典型森林植被（图14）。在察隅县，寒温性常绿针叶林主要分布在3 800～4 200m的海拔，是垂直分布最高的森林植被。其组成的树种主要是云杉属（*Picea*）的油麦吊云杉（*P. brachytyla* var. *complanata*）和川西云杉（*P. likiangensis* var. *rubescens*），冷杉属（*Abies*）的急尖长苞冷杉（*A. georgei* var. *smithii*）和察隅冷杉（*A. chayuensis*），以及澜沧黄杉（*Pseudotsuga forrestii*）等。这些树木苍劲挺拔，枝条上常挂满松萝，树干上布满厚实的地衣和苔藓，加上林间时常云雾缭绕，形成神秘的森林景观。寒温性常绿针叶林下及林缘有较多的草本及灌木，大王马先蒿（*Pedicularis rex*）、德钦乌头（*Aconitum*

图14 寒温性常绿针叶林

ouvrardianum)、甘青老鹳草（*Geranium pylzowianum*）、鳞腺杜鹃（*Rhododendron lepidotum*）、高山杓兰（*Cypripedium himalaicum*）（图15）、广布小红门兰（*Ponerorchis chusua*）等均能在这里见到。与寒温性常绿针叶林处于同一海拔区间的还有少部分的柏树林，组成树种主要是大果圆柏（*Juniperus tibetica*）和垂枝香柏（*J. pingii*）。因历史气候变化，部分柏树枯死后树干百年不朽，颜色灰白且形态各异，形成独特的枯木林景观。

（四）亚高山草甸（Subalpine Alm）

亚高山草甸属隐域性植被，多因开垦森林放牧而形成（图16）。察隅县的亚高山草甸通常分布在海拔3 800～4 000m的河谷两侧，草甸地势平缓，水源丰富，周围被寒温性常绿针叶林围绕，生境良好，草本植物资源非常丰富。每年初夏至秋季，这里的草甸上的野花次第开放，常见的种类有紫菀属（*Aster*）的重冠紫菀（*A. diplostephioides*）（图17）和萎软紫菀（*A. flaccidus*），马先蒿属（*Pedicularis*）的三色马先蒿（*P. tricolor*）（图18）和喙毛马先蒿（*P. rhynchotricha*），报春花属（*Primula*）的钟花报春（*P. sikkimensis*）和雅江报春（*P. involucrata* subsp. *yargongensis*）等。亚高山草甸是察隅县牧民的夏秋季牧场，其中以国道219"丙察察"段途经的目若牧场和日东牧场较为知名。日东牧场每年8月举办盛大的赛马节，吸引众多当地居民及游客。草甸周围常见牧民放牧期居住的牧房，与远处雪山、森林和野花形成优美的牧区风景。

图15 高山杓兰

图16 亚高山草甸

图17 重冠紫菀

图18 三色马先蒿

（五）硬叶常绿阔叶林（Sclerophyllous Evergreen Broadleaf Forest）

硬叶常绿阔叶林是特殊的森林植被类型，主要分布在青藏高原南部和东南部（图19）。察隅的硬叶常绿阔叶林树种基本为川滇高山栎（*Quercus aquifolioides*），分布在海拔2 300～3 800m，因水热条件差异生长成或高大或矮小的乔木，其间伴生有双核枸骨（*Ilex dipyrena*）、高山松（*Pinus densata*）和云南松

（*P. yunnanensis*）等乔木。川滇高山栎林虽四季常绿，但在雨季和旱季呈现不同的颜色。雨季时，植株叶片平展林相呈深绿色；旱季时，植株叶片立起露出黄褐色背面，林相也呈黄褐色，颇为奇特。由于硬叶常绿阔叶林的落叶不易腐烂，会堆积成厚实的落叶层，林下植物较少，林缘常见滇牡丹（*Paeonia delavayi*）（图20）、头蕊兰（*Cephalanthera longifolia*）、云南山梅花（*Philadelphus delavayi*）（图21）等草本及藤本植物。察隅县重要的野生食用菌松口蘑（松茸）主要生长在该类林下。

图19 硬叶常绿阔叶林

图20 滇牡丹

图21 云南山梅花

（六）暖性常绿针叶林（Subtropical Evergreen Needleleaf Forest）

暖性常绿针叶林是察隅县分布最广、海拔跨度最大的植被（图22），分布在海拔1 500～3 800m相对干旱的河谷地带。主要树种为云南松，在较高海拔区域更替为高山松，并常与寒温性常绿针叶林交错生长，其间有华山松（*Pinus armandii*）、黄连木（*Pistacia chinensis*）、藏南槭（*Acer campbellii*）等乔木。云南松适应性极强，耐贫瘠，在石缝中亦能扎根生长。竹瓦根镇扎拉村至雄久村一带山体陡峭，云南松也能生于其上，形成峭壁松林的独特景观。由于暖性常绿针叶林覆盖的海拔跨度大，其林下伴生植物多种多样，微绒绣球（*Hydrangea heteromalla*）、尼泊尔鸢尾（*Iris decora*）（图23）、美丽金丝桃（*Hypericum bellum*）等主要生长在海拔2 800～3 500m的区域，密序溲疏（*Deutzia compacta*）、头状四照花（*Cornus capitata*）（图24）、淡红忍冬（*Lonicera acuminata*）等主要生长在海拔2 000～2 800m的区域，大叶仙茅（*Curculigo capitulata*）和高盆樱桃（*Prunus cerasoides*）等则生长在海拔1 500～2 000m的区域。

图22 暖性常绿针叶林

图23 尼泊尔鸢尾

图24 头状四照花

（七）暖性针叶与阔叶混交林（Subtropical Mixed Needleleaf and Broadleaf Forest）

察隅县的暖性针叶与阔叶混交林主要集中在上察隅镇贡日嘎布曲及其支流沿岸（图25）。因贡日嘎布曲河道较桑曲河平直且水流平缓，故自南而来的印度洋暖湿气流更易进入贡日嘎布曲一侧，使上察隅镇2 000～3 000m海拔的河谷地带具备良好的气候环境，从而孕育了繁茂的暖性针叶与阔叶混交林。其主要树种为云南黄果冷杉（*Abies ernestii* var. *salouenensis*）和曼青冈（*Cyclobalanopsis oxyodon*），还有云南红豆杉（*Taxus yunnanensis*）、察隅槭（*Acer tibetense*）等乔木。暖性针叶与阔叶混交林是察隅县最为壮观的植被，树木高大粗壮，胸径在1.5m甚至更粗的乔木比比皆是。在此发现的一株云南黄果冷杉高达83.2m，目前是我国记录第二高树木。由于生长条件好，该林下植物丰富，有附生于树干上的黄花球兰（*Hoya fusca*）（图26）、虎头兰（*Cymbidium hookerianum*）等，有地生的肾唇虾脊兰（*Calanthe brevicornu*）、三棱虾脊兰（*C. tricarinata*），有木本花卉鹦哥花（*Erythrina arborescens*）、泡泡叶杜鹃（*Rhododendron edgeworthii*）（图27）等。察隅的暖性针叶与阔叶混交林所在区域空气湿润，瀑布和溪流众多，著名的毕达瀑布也位于此，是观赏自然景观和野生花卉的理想区域。

图25 暖性针叶与阔叶混交林

图26 黄花球兰

图27 泡泡叶杜鹃

（八）常绿阔叶林（Evergreen Broadleaf Forest）

察隅县的常绿阔叶林主要分布在下察隅镇海拔1 300～1 800 m的溪流两侧及阴坡上，被暖性常绿针叶林围绕（图28）。其主要树种为云南樟（*Cinnamomum glanduliferum*）、少脉水东哥（*Saurauia polyneura* var. *paucinervis*）（图29）、印度栲（*Castanopsis indica*）和尼泊尔野桐（*Mallotus nepalensis*）等乔木，部分土壤极湿润的区域有成片小果野蕉（*Musa acuminata*）群落，形成热带气息的"芭蕉林"景观。部分沟谷及溪流边也有成片的苹果榕（*Ficus oligodon*）、森林榕（*F. neriifolia*）等榕属植物，具有老茎生花、板状根和气生根等热带植物特点。察隅县的常绿阔叶林郁密度高，灌木及草本主要生长在林缘地带，常见的有大花斑叶兰（*Goodyera biflora*）、红姜花（*Hedychium coccineum*）（图30）、小花姜花（*H. sinoaureum*）、扇形鸢尾（*Iris wattii*）和大花蔓龙胆（*Crawfurdia angustata*）等。

图28 常绿阔叶林

图29 少脉水东哥

图30 红姜花

（九）干热河谷（Dry-hot Valley）

察隅县的干热河谷景观集中在怒江沿岸的察瓦龙乡和古拉乡一带（图31）。因伯舒拉岭的阻隔，印度洋的暖湿气流很难抵达这里，自云南来的季风到达时已变得非常微弱，造成这一带降雨少，夏季空气干燥炎热，河谷两岸岩石裸露，流沙不断。干热河谷中的乔木很少，多为耐旱植物形成的斑块状低矮灌丛，主要的灌木为梨果仙人掌（*Opuntia ficus-indica*）（图32）、白刺花（*Sophora davidii*）、丝毛瑞香（*Daphne holosericea*）和莸属（*Caryopteris*）植物。梨果仙人掌在河谷沿岸山坡上成片生长且植株高大，形成"仙人掌林"。因其产果量大，味美清甜，当地群众常采集食用或酿酒。察瓦龙乡和古拉乡的干热河谷区域虽然植被稀疏，但也有部分适应干热气候的草本花卉，如长萼石莲（*Sinocrassula ambigua*）、钝叶石莲（*Sinocrassula indica* var. *obtusifolia*）（图33）、两头毛（*Incarvillea arguta*）、丽子藤（*Dregea yunnanensis*）等，沟谷边还可见灰绿黄堇（*Corydalis adunca*）和小鞍叶羊蹄甲（*Bauhinia brachycarpa* var. *microphylla*）。

图31 干热河谷

图32 梨果仙人掌

图33 钝叶石莲

（十）湿地（Wetland）

湿地十分适合隐域性植被生长，察隅县的冰川融水提供了丰富的水源，在各个海拔区间，均可见湿地（图34）。由于高山峡谷区的地形起伏大，河流一般较为湍急，所以湿地面积均较小。湿地中生长的野花与湿地所处的海拔高度密切相关，3 000m以上的湿地，主要生长毛茛科（Ranunculaceae）、报春花科（Primulaceae）和菊科（Asteraceae）植物，如生长在水洼中的水毛茛（*Batrachium bungei*）（图35），在湿地边的钟花报春（*Primula sikkimensis*）、西藏报春（*P. tibetica*）、长茎毛茛（*Ranunculus nephelogenes* var. *longicaulis*）和橐吾属（*Ligularia*）植物。3 000m以下的湿地中优势种为菖蒲（*Acorus calamus*），湿地边生长细花虾脊兰（*Calanthe mannii*）、地耳草（*Hypericum japonicum*）、大管马先蒿（*Pedicularis macrosiphon*）（图36）等花卉。

图34 湿地

图35 水毛茛

图36 大管马先蒿

地处喜马拉雅南坡的察隅县因地形复杂、气候多样，孕育了丰富的植被类型，更有丰富的植物资源，如天麻（*Gastrodia elata*）、贝母（*Fritillaria cirrhosa*）、小白及（*Bletilla formosana*）、手参（*Gymnadenia conopsea*）、疏花草果药（*Hedychium spicatum var. acuminatum*）、滇牡丹等药材，辣薄荷草（*Cymbopogon jwarancusa*）、竹叶花椒（*Zanthoxylum armatum*）、垂枝香柏等香料，丽江山荆子（*Malus rockii*）、头状四照花、川梨（*Pyrus pashia*）、小果野蕉（*Musa acuminata*）等果树及果树近缘植物，以及云南黄果冷杉、高山松、高山柏、大果圆柏、油麦吊云杉、川西云杉等材用树。近年来，随着我国生态文明建设的推进，自然生态旅游越来越受群众欢迎。察隅县优越的生态环境、壮丽的高原景观和多样的植物种类是发展旅游业的天然资源禀赋。2009年印发的《林芝地区察隅县旅游发展总体规划（2009—2030年）》建议将观花旅游、摄影旅游、探险旅游和自驾旅游作为察隅县的特色旅游产业。在察隅县的众多植物资源中，野生花卉资源尤其丰富，不仅种类多，而且分布集中，在很多植被类型下均有成片分布的野生花卉景观。如何利用好这些野生花卉资源，结合县域内文旅路线和景点，打造好野花观赏的旅游品牌还需要精心策划。在生态环境和植物多样性保护的大环境下，发展自然旅游无疑是既能保护当地植物多样性，又能开发植物资源，带动文旅产业发展，促进乡村振兴的重要手段。

参考文献

[1] 牛洋,孙航.横断山有花植物图鉴[M].昆明:云南科技出版社,2016.
[2] 中国科学院青藏高原综合科学考察队,吴征镒.西藏植物志[M].北京:科学出版社,1983.
[3] 吴玉虎.青藏高原维管植物及其生态地理分布[M].北京:科学出版社,2008.
[4] 李恒,武素功.西藏植物区系区划和喜马拉雅南部植物地区的区系特征[J].地理学报,1983,(3):252-261.
[5] 谷安琳,王庆国.西藏草地植物彩色图谱.第一卷[M].北京:中国农业科学技术出版社,2013.
[6] 边巴多吉.西藏常见野生植物图鉴[M].拉萨:西藏人民出版社,2020.
[7] 谷文乾,杨欣欣,张淑钧,等.青藏高原东南部察隅河流域种子植物区系研究[J].西北植物学报,2022,42(10):1749-1759.
[8] 薛敬丽,李照青,卢杰,等.西藏察隅自然保护区种子植物区系研究[J].湖北农业科学,2018,57(10):6.
[9] 中国科学院青藏高原综合科学考察队.横断山区维管植物[M].北京:科学出版社,1993.

城市管理标准化优化策略研究

秦晓红，刘伟，王丽娟，丁泽林
（深圳市标准技术研究院）

摘要： 本文以城市管理精细化与标准化为引，概述了国内外城市管理标准化现状，并对深圳市城市管理标准化情况进行了分析，给出了深圳市未来城市管理标准化工作的建议。

关键词： 城市管理；精细化；标准化；现状；建议

A Study of Standardisation Strategies for Urban Management

Qin Xiaohong, Liu Wei, Wang Lijuan, Ding Zelin
(Shenzhen Institute of Standards and Technology)

Abstract: This article introduces the refinement and standardization of urban management, outlines the current situation of urban management standardization at home and abroad, and analyzes the situation of urban management standardization in Shenzhen. It briefly provides reasonable suggestions for future urban management standardization work in our city.

Keywords: Urban management; Refinement; Standardization; Current situation; Suggestions

一、城市管理精细化与标准化的概述及意义

随着人口、环境、安全等城市问题凸显，城市管理的难度大大提高，传统的粗放管理方式已无法应对越来越多的城市问题的挑战。2017年全国两会上，习近平总书记提出"城市管理应该像绣花一样精细"的要求。实现城市管理精细化，创造干净、整洁、安全、有序、和谐、宜居的城市，成为城市管理者的一项重要任务。党的十八届三中全会通过的《中共中央关于全面深化改革若干重大问题的决定》将"标准"提到与"战略、规划、政策"同样重要的高度。标准规则与制度规则共同成为国家治理体系建设的重要支撑。标准化为城市实现精细化管理提供了一种科学性、技术性解决思路和可操作性的手段。

城市管理精细化[1]是将精细化管理理念引入城市管理领域中，综合运用法治化、社会化、智能化、标准化等手段，创新机制和理念，科学整合资源，改善运作方式，形成分工明确、责权明晰、沟通有力、协调有序、运转高效的城市管理系统；通过优化流程、细化标准、精确操作，实现城市管理无缝隙、全覆盖、常态化、高效能管理。

城市管理标准化是将标准化原理应用到城市管理领域，通过对城市管理相关标准的制定、实施及其监督检查等，达到城市管理质量目标化、管理指标系统化、管理方法规范化、管理过程程序化，从而在城市管理范围内获得最佳秩序和效益的过程，是优化城市管理流程、规范城市管理行为、提升城市管理效能及实现城市管理精细化的重要技术手段。总体来讲，标准化是城市管理精细化的必要条件，是实现城市管理精细化的重要基础和技术支撑。标准化是手段，精细化是目的；标准化是过程，精细化是结果。

城市管理任务量大面广，如果没有一套相应的管理标准，仅凭原则性的法律法规和管理者零散经验是难以想象的。通过细化、量化、固化等手段，建立完善的城市管理标准体系，制定和实施城市管理操作规范、质量控制指标、考评和改进标准等，可避免城市经验型管理带来的无序化弊端，避免管理的盲目性和随意性，实现城市管理由"专项整治"等运动型管理向常态型、长效型转变。因此，标准化是实现城市管理精细化的重要技术支撑。

二、国内外城市管理标准化现状分析

（一）国外城市管理标准化现状

发达国家城市管理模式形态各异、各具特色，本部分选取了三种有代表性的城市管理模式[2]，着重梳理每种城市管理模式的组织框架和在城市管理方面的特色，具体管理模式见表1。

表1 国外城市管理模式一览表

对比项 国家/城市	美国	新加坡	日本东京
管理模式	市长制和市政府制 市议会-市政经理制 城市委员会制	市镇理事会	市长-市议会制
管理特点	①精细具体的城市规划管理； ②公共事务的企业化、专业化管理； ③高标准为市民服务的市政文化价值理念； ④广泛的公众参与度	①城市管理法规体系完备健全； ②罚款制度规范严格； ③与政府部门、企业和个人之间联系通畅； ④评比和宣传教育活动广泛开展	①都区两级政府管理体制； ②合作性城市管理格局； ③以人为本的城市管理理念

续表

对比项 国家/城市	美国	新加坡	日本东京
相关法律法规政策	《美国法典》 《美国联邦法规》(含50多个板块，包含环境、公园、城市发展等) ……	《土地征用法令》 《规划法令》 《环境污染控制法令》 《环境公共卫生法令》 ……	《轻犯罪法》 《行政手续法》(行政程序法) 《道路交通法》 《再生资源利用促进法》 《容器包装循环利用法》 《废弃物处理法实施令及执行规则》 《二噁英类化学物质对策特别措施法》 《行政代执行法》 《建筑基准法》 《历史风致法》 ……

经济全球化伴随智慧城市建设浪潮使标准竞争上升到了战略地位，发达国家纷纷制定各自的标准化发展战略，标准化在城市管理领域也发挥出良好的效益[3]。以环境卫生领域标准化现状为例，国外主要对标日本、德国和英国等，日本、德国、英国环境卫生领域标准化现状比对见表2。

表2 日本、德国、英国环境卫生领域标准化现状比对

对比项 国家	日本	德国	英国
垃圾清运	①注重垃圾分类和循环利用：《再生资源利用促进法》《容器包装循环利用法》； ②污染控制：《废弃物处理法实施令及执行规则》等	注重垃圾分类和循环利用：《循环经济和垃圾处理法》	垃圾收集法规更加侧重于垃圾收集设施的密闭性和安全性：制定的环保法[4]
清扫道路	"道路维修管理计划"	《德国街道清扫规范——柏林地区》	《英国环境保护行动规范：1990》
公共厕所	公厕设计注重细节，做到以人为本，给如厕人员带来最便利、舒适的使用，并且注重隐私的保护。 《京都市旅游厕所设置纲要(京都府)》	对于公厕设置、布局和设计有着详细的规定，并且具有对公厕设置和使用情况的评价内容。 德国国家标准 VDI 3818—2008	英国国家标准 BS6465—1—2006

（二）国内城市管理标准化现状

近年来，我国各省（自治区、直辖市）按照中央加强城市综合管理的要求，探索开展了城市管理标准化建设和实施工作，取得了一定的成效。根据2017年住房和城乡建设部城市管理监督局对全国各省（自治区、直辖市）及省会城市的问卷调查结果，发现绝大部分省（自治区、直辖市）已经开展了城市管理标准建设工作，其中，部分地区形成了较完整科学的管理标准体系，本部分主要将北京市、上海市、深圳市的城市管理标准化现状做横向对比。北京市、上海市、深圳市的城市管理标准化现状一览表见表3。

表3 北京市、上海市、深圳市的城市管理标准化现状一览表

类别 城市	北京市	上海市	深圳市
组织机构建设方面	①2017年，在原北京市市政市容管理委员会基础上，组建北京市城市管理委员会；	①上海市城市管理工作主要由上海市绿化和市容管理局、上海城管理行政执法局负责；	目前，深圳市正在突破原有标准化管理工作模式，积极探索筹建标准化技术机构，推动成立城市管理标准化技术委员会

续表

类别 城市	北京市	上海市	深圳市
	②成立城市管理标准化技术委员会，为城市管理领域的标准化工作提供技术支撑； ③依托北京市城市管理研究院成立标准研究室，开展城市管理领域的标准研究工作，并履行标委会职能	②2016年1月，上海市园林绿化标准化技术委员会成立，为上海市园林绿化领域各项工作的有序、有效开展提供支撑和保障； ③2016年3月成立上海市林业标准化技术委员会，同时上海市还成立了上海市市容环卫标准化技术委员会	
工作制度建设方面	北京市城市管理委员会于2019年修订了《标准化工作管理办法》	上海市绿化和市容管理局在2021年11月15日发布《上海市绿化和市容管理局标准化管理若干规定》	根据国家、省、市城市管理工作的方针政策，结合深圳市城市管理和综合执法局的实际工作需求，正在制定《深圳市城市管理标准化工作管理办法》
标准体系建设方面	①2004年，北京市在全国首次提出构建市政标准体系，并初步建立了市政市容标准体系框架，完成了标准体系数据库和环卫、燃气、供热、照明四个子体系的建设，梳理国家、行业、北京市地方标准660项； ②2008年，北京市政市容部门开展了奥运专项标准体系研究，在原有的市政领域标准体系框架基础上进行了扩展和补充，并从中筛选出支撑奥运专项的183项标准和17项建议制定标准； ③2012年，北京市完成了对城市市政市容标准子体系结构的重新划分，修订了原有标准体系框架的954项标准[5]，北京市城市管理标准体系结构图见图1	《上海园林绿化标准体系》《上海市工程建设标准体系表》《上海市市容环卫标准体系》《上海市林业标准体系》《上海市城管执法标准体系》等	遵循了系统性、先进性、实用性、科学性、开放性的编制原则，运用"规划建设—运行维护—监督考核"的"全周期管理"理念，同时结合各领域业务开展的实际情况，建立覆盖全面、重点突出、结构合理、层次分明、科学适用的《深圳市城市管理标准体系》，为城市管理工作开展提供指导，为城市管理标准规划/计划的编制提供依据。 深圳市城市管理和综合执法局在2015年编制了《深圳市城市管理标准体系》（2015年），并在2021年启动了新版《深圳市城市管理标准体系》编制。深圳市城市管理和综合执法局专门成立编制小组，前期对深圳市城市管理领域相关单位进行深入的问卷调查，共计收到问卷调查19份；结合问卷调查情况开展对领域内从业人员深入访谈，走访了环境卫生、园林绿化、市容管理、灯光环境等多个领域30余位专家及从业人员，获取一手资料与数据，《深圳市城市管理标准体系》经历框架搭建、征求意见、专家评审等多次修改完善，目前已建成。深圳市城市管理业务标准子体系示意图和深圳市城市管理标准体系框架见图2和图3
重点领域标准制修订方面	从2005年至2023年，组织制修订城市管理领域北京市地方标准将近130项	上海市积极参与各个层级标准的制修订工作，并取得的不错成效： ①在国家标准研制方面，主导《绿化用有机基质》（GB/T 33891—2017）的编制；参与《生活垃圾分类标志》（GB/T 19095—2019）、《绿化植物废弃物处置和应用技术规程》（GB/T 31755—2015）的编制； ②在行业标准方面，上海市绿化和市容（林业）工程管理站参与了《园林绿化木本苗》（CJ/T 24—2018）的编制；上海市园林科学规划主导了《绿化种植土壤》（CJ/T 340—2016）、《绿化用表土保护技术规范》（LY/T 2445—2015）的编制，上海市林业局、上海市园林科学研究所共同主导《绿化植物废弃物处置和应用技术规范》（LY/T 2316—2014）的编制； ③在地方标准研制方面，2020年在城市治理领域发布地方标准81项，立项地方标准112项	①深圳市城市管理和综合执法局制定标准近70项，极大提高了深圳市城市管理标准体系的丰富度与完整度； ②根据《深圳市城市管理标准体系》梳理出的待制定标准清单57项，其中33项待制定标准纳入深圳市城市管理和综合执法局"十四五"规划； ③在标准实施方面，如通过出台配套文件、严审设计方案、加强巡查督办等措施，深化实施《公共厕所建设规范》（DB4403/T 23—2019）地方标准，夯实"厕所革命"示范经验。2023年完成公厕新建及改造206座，自"厕所革命"以来建成一大批设计新颖、环境优美的公厕，提升了城市环境品质，优化了现代生活公共服务体系

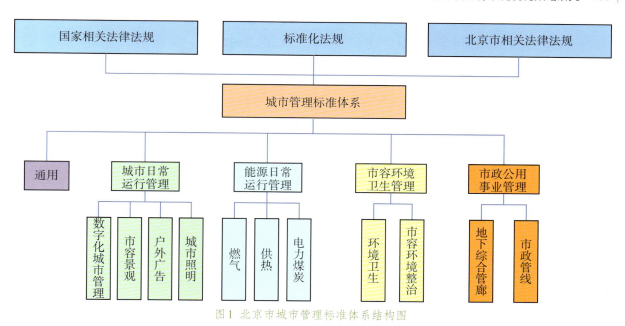

图1 北京市城市管理标准体系结构图

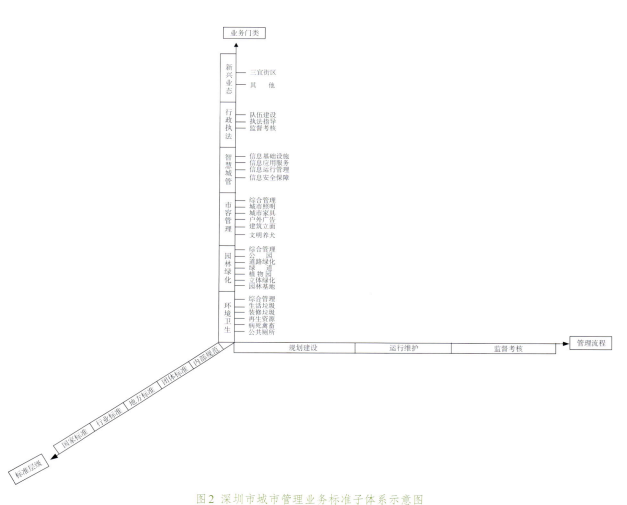

图2 深圳市城市管理业务标准子体系示意图

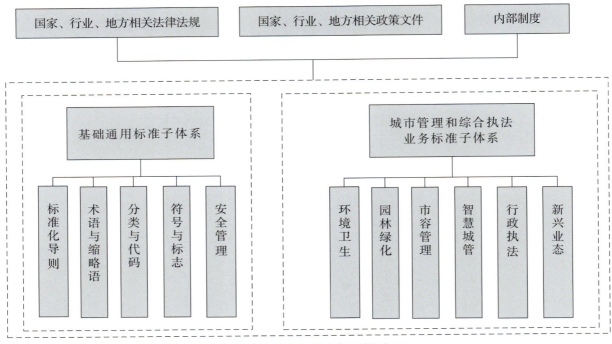

图3 深圳市城市管理标准体系框架图

三、国内外经验总结

（一）国外经验总结

国外城市管理标准化的经验总结主要包括以下几个方面。

（1）制定和实施相关法规和政策：国外城市管理标准化的经验在于建立了一套完善的法规和政策体系，以确保城市管理的规范化和标准化。这些法规和政策涵盖了城市规划、建设、环保、交通、社会福利等方方面面，为城市管理提供了明确的指导和依据。

（2）强调公民参与和社会责任。国外城市管理标准化强调公民参与和社会责任，通过各种方式鼓励市民参与城市管理，增强市民对城市管理的认同感和责任感，共同维护城市的良好秩序。

（3）重视环境保护。国外城市管理注重环境保护和可持续发展，采取各种措施减少污染、节约能源和促进循环经济，使城市更加清洁、宜居。

（4）强化监督和评估机制。国外城市管理标准化注重建立健全的监督和评估机制，通过对城市管理工作的定期评估和监督，及时发现问题并进行纠正，确保城市管理工作按照标准和规范进行。

综上所述，国外城市管理标准化的经验总结主要体现在法规政策的完善、公民参与和社会责任的强调、环境保护的重视、监督评估机制的强化。这些经验对深圳市城市管理标准化的建设和提升具有借鉴意义。

（二）国内经验总结

国内城市管理标准化的经验总结在组织机构、制度和标准体系建设等方面有以下特点。

（1）组织机构建设。国内城市管理标准化注重建立规范化的城市管理组织机构体系，包括市政府、城市管理标委会、城市管理局等部门，形成了相对规范化的城市管理组织体系。

（2）制度建设。国内城市管理标准化注重建立规范化的城市管理制度，包括城市规划管理制度、城市建设用地管理制度、城市基础设施建设管理制度等，为城市管理提供了规范化的制度保障。

（3）标准体系建设。国内城市管理标准化注重建立规范化的城市管理标准体系，包括城市规划标准、环境卫生标准、园林绿化标准、建设工程标准、环境保护标准等一系列标准，为城市管理提供了规范化的标准化指导。

（4）城市管理信息化建设。国内城市管理标准化注重推动规范化的城市管理信息化建设，建立了规范化的城市管理信息平台、综合执法系统等，提高了城市管理的信息化水平和管理效率。

综上所述，国内城市管理标准化的经验总结在组织机构、制度和标准体系建设等方面注重建立规范化的组织机构、制度和标准体系，为城市管理提供了规范化的组织体系和规范化的管理指导。

四、深圳市城市管理标准化建议

针对深圳市城市管理的现状，建议通过持续健全完善城市管理体系及标准体系，配套相应的规章制度来为精细化管理提供标尺和依据，聚焦技术标准、管理标准等领域，梳理、制定、修订相关标准，以精细化为导向，加强标准化工作推广应用，逐步实现城市管理标准的全覆盖、高水平，主要需要做到以下几个方面。

（一）顶层设计　机构保障

标准化技术委员会是标准制修订、专业领域标示准化的核心力量和重要元素。标准化技术委员的有效、规范运作，对区域标准化工作的顺利展开起着举足轻重的作用。城市管理的顶层设计与管理应该由一个具有丰富标准化专业知识的机构来负责，能够提供强大的专业知识支持，又有各处室及单位提供必要的工作协调，具有承担这一职责的能力。深圳市城市管理标准化技术委员会的设立，能够更好地支撑、推进深圳城市管理领域标准化工作，负责重大项目的规划、评审工作以及解决项目实施过程中的技术难题。

（二）梳理谋划　立制建章

根据国家、省、市城市管理工作的方针政策，结合深圳市城市管理和综合执法局实际工作的标准化需求，建立城市管理标准化可持续运行并发挥预期功能的制度体系，出台《深圳市城市管理标准化工作管理办法》，全面提高标准制修订效率、标准质量和标准实施效果，切实为城市管理的科学化、规范化和精细化运行以及治理能力持续提升提供制度保障和技术支撑。

（三）标准引领　更新体系

城市管理标准体系的建设有助于推进城市管理系统化、法制化、精细化。根据城市管理领域标准的内在联系，构建科学标准化有机整体，建立覆盖全面、重点突出、结构合理、层次分明、科学适用的"城市管理标准体系"，形成一份包括现有、应有和预计发展的相关领域标准的全方位蓝图，为城市管理工作开展提供指导，为城市管理标准规划/计划的编制提供依据。

（四）信息共享　平台建设

加强城市管理标准化的信息化建设，建立城市管理标准资源信息平台，实现城市管理标准制修订项目的网上申报、审批和实施信息反馈，优化标准制修订程序，提高标准化工作效率和透明度；实现城市管理技术委员会的网上管理；完成城市管理标准数据库的建立，逐步实现标准服务的网络化，方便系统内广大干部职工对标准的获取。

（五）推广应用　人才培养

推广实施标准化成果，全面深化行业管理，及时评价与改进标准，不断提高标准的应用效果。加强标准的宣贯和实施，真正把标准落实到实处。因此，应通过制度将标准化成果固定下来，定期进行标准实施效果评估调查和管理评审，及时修订不合适的标准条款，促进基层城市管理标准化工作向科学化、规范化发展。

参考文献

[1] 康俊生, 晏绍庆, 马娜. 标准化支撑城市管理精细化研究分析[J]. 标准科学, 2018(6): 109-113.

[2] 王旭. 东京、新加坡、台北城市管理经验一瞥[J]. 城市管理与科技, 2013, 15(5): 74-77. DOI:10.16242/j.cnki.umst.2013.05.021.

[3] 宋刚. 面向智慧城市的城市管理标准化[J]. 标准科学, 2015(10): 17-21.

[4] 方海洋, 马文琪. 国内外环卫行业法规标准体系对比研究[J]. 山西建筑, 2019, 45(19): 195-196. DOI:10.13719/j.cnki.cn14-1279/tu.2019.19.101.

[5] 贾明雁, 许红, 姜薇. 北京市城市管理标准体系的建立与应用[J]. 城市管理与科技, 2021, 22(2): 50-53. DOI:10.16242/j.cnki.umst.2021.02.014.

园林绿化产业高质量发展路径研究
——以深圳市为例

熊义刚，仇明亮，李铉，潘铁水
（广东省国研数治规划研究院）

摘要：通过对深圳市园林绿化产业发展现状的研究发现，产业结构、市政项目招标模式、专业人才储备、创新研发动力，产业链配套、行业标准体系等可能成为制约深圳园林绿化产业高质量发展的主要因素。基于上述调研分析，本研究提出推动深圳园林绿化产业高质量发展的建议：一是通过做好行业发展规划、立足深圳自身特色、发挥重点项目牵引、引导企业加快转型，推动产业转型升级；二是通过完善行业标准规范、鼓励技术创新、加强人才培养、完善产业配套以及打造集聚平台，支持行业健康发展；三是通过加强政策协调与顶层设计、提升抗灾能力与气候适应性和加强资源管理与优化配置，防范政策等三大风险；四是通过创新监管方式、优化大市政和大物管等招标模式，优化市场环境；五是通过打造深圳特色花市花展品牌、举办有国际影响力的产业展会，促进行业交流。

关键词：园林绿化；产业；高质量发展；对策建议

Research on the Path of High-Quality Development of Landscaping Industry
—A Case Study of Shenzhen

Xiong Yigang, Qiu Mingliang, Li Xuan, Pan Tieshui
（Guangdong Plannning Institute of National Research and Digital Governance）

Abstract: Through the research on the development status of Shenzhen landscaping industry, it is found that industrial structure, municipal project bidding mode, professional talent reserve, innovative research and development power, industrial chain supporting, industry standard system, etc. may become the main factors restricting the high-quality development of Shenzhen landscaping industry. Based on the above research and analysis, this study puts forward suggestions for promoting the high-quality development of Shenzhen's landscaping industry: first, make good industry development planning, base on Shenzhen's own characteristics, give play to the traction of key projects, guide enterprises to accelerate transformation, and promote industrial transformation and upgrading; The second is to support the healthy development of the industry by improving industry standards and norms, encouraging technological innovation, strengthening talent training, improving industrial supporting facilities and creating agglomeration platforms; The third is to optimize the market environment by innovating regulatory methods, optimizing bidding models such as large municipal and large property management; The fourth is to promote industry exchanges by building the brand of flower exhibition in Shenzhen characteristic flower market and holding industry exhibitions with international influence.

Keywords: Landscaping; Industry; High-quality development; Countermeasures and suggestions

一、引言

随着国家推进"双碳"战略以及新型城镇化建设，园林绿化产业迎来巨大的市场发展机遇。与此同时，也面临升级产业结构、打造产业增长新动能的迫切要求。深圳担负"双区"建设、"双改"示范等重大国家战略使命，正着力建设绿美公园城市，大力提升城市品质、城市竞争力，加快建设现代化国际大都市。以深圳为研究案例探讨园林绿化产业高质量发展路径，具有重要意义。

为充分了解园林绿化产业发展现状，本研究梳理了全国及深圳园林绿化产业发展历程，调研了深圳市政府管理部门、行业协会、代表企业共50多家，访谈行业专家数十位，发放调查问卷上千份。在广泛开展调研的基础上，深入剖析深圳园林绿化产业发展现状及存在问题，借鉴国内外优秀经验，提出了推动深圳园林绿化产业高质量发展的对策建议。

二、园林绿化产业概述

（一）产业结构

园林绿化是指在一定的地域范围内，运用艺术设计和工程技术手段，通过利用和改造原有地形和地貌、种植树木花草、营造建筑和布置园路等途径，从而构成令人赏心悦目、抒情畅怀的游憩、居住环境。园林绿化产业通常包括与园林绿化相关的规划设计、工程施工、养护管理，园林苗木、园林器械、园林辅材的生产和经营，以及有关园林绿化技术咨询、培训、服务的活动[1]。产业结构如图1所示。

（二）市场规模

随着经济快速发展，我国对生态环境的重视程度越来越高，园林绿化市场规模逐步壮大。数据显示，2022年全国园林绿化行业市场规模

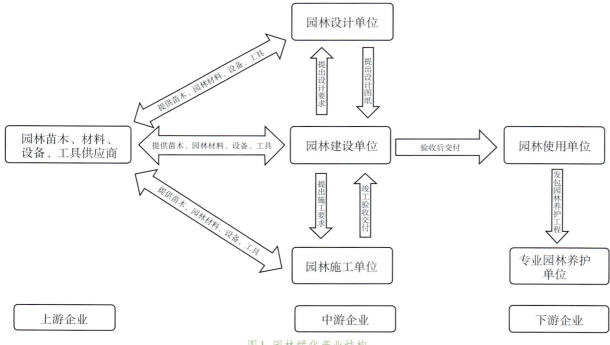

图1 园林绿化产业结构

达到9 096亿元，同比增长5%。但值得注意的是，随着宏观经济增速放缓及房地产行业整体下行，预计未来市场规模增速将放缓。根据建设项目性质划分，园林绿化可分为公共园林绿化及个体私人园林绿化。目前，我国私人园林绿化占比较大，2021年的市场占比为58.2%，公共园林绿化占比41.8%[2]。

（三）产业特征

园林绿化产业特征明显。首先，资金密集型特征突出，需要大量的流动资金支持各个业务环节的运行。其次，正向知识和技术密集型转型，越来越注重采用现代化的施工作业设备，注重美学与人文氛围的营造，以及环境友好型产品和养护方式的应用。此外，市场供需具有明显的区域性特征，行业的发展受到区域经济发展程度及气候等因素的影响。最后，园林绿化行业发展与经济发展周期和宏观经济调控密切相关，表现出周期性特征。

（四）发展趋势

园林绿化产业的发展呈现三个方面的趋势：一是受经济发展周期影响，市政园林和地产园林两大传统业务板块显著下滑，但受益于国家生态发展战略，生态修复、水治理、土壤修复、环保等新兴市场迎来新的发展机会。二是在信息科技及资本力量的带动下，优势企业将凭借资金、品牌、运营能力等方面的实力放大优势，园林绿化企业将由当前小而散逐步向具有园林景观设计、园林绿化工程施工及养护和绿化苗木培育一体化综合服务能力的大型企业发展，未来行业集中度可能进一步提高，市场将加剧分化。三是设计和创意在整个产业链条中占据关键位置，先导优势日趋明显，低碳化、智慧化、集约化等成为新风向[3]。

三、深圳市园林绿化产业发展现状

（一）城市园林绿化建设

在城市园林绿化建设方面，深圳取得了丰硕成果。2022年，全市绿化覆盖总面积达到101 385.61hm^2，全市绿地面积98 270.15hm^2，建成区绿化覆盖率43%。全市公园已达到1 260个，公园总面积38 209.89hm^2，分别是2003年的8.57倍和5.58倍。全市1 260个公园中，有自然公园37个，城市公园191个，社区公园1 032个，三级公园体系的建成，基本实现了市民出门500m可达社区公园，2km可达城市综合公园，5km可达自然公园的目标。全市公园绿化场地服务半径覆盖的居住用地面积达到21 018.23hm^2，公园绿化活动场地服务半径覆盖率达到90.87%，成为名副其实的"公园里的深圳"。按照"一脊一带二十廊"生态骨架，深圳着力打造"鹏城万里"多层次户外步道体系，为市民群众提供高品质绿色休闲空间和生态福利。2022年，全市绿道总里程3 119km，比上年增长9.70%，万人拥有绿道长度1.76km，比上年增长9.94%，绿道密度1.56km/km^2，居广东省首位。深圳市建成区绿化覆盖率、公园绿化活动场地服务半径覆盖率、万人拥有绿道长度3项指标达到国家生态园林城市标准[4]。

（二）行业制度建设

在行业制度建设层面，深圳市推出了一系列法规和政策，以鼓励和推动园林绿化产业健康、快速发展。《深圳市城市总体规划（2010—2020年）》规定，新的建设项目必须配备一定比例的绿地，并对绿地的设计和维护提出了具体的规定。2012年，深圳市发布了《关于加快推进绿色建筑和生态区的若干意见》，要求新建建筑必须符合绿色建筑的相关标准，强调了绿化在其中的重要作用。2015年推出了《深圳市海绵城市建设实施方案》，该方案中强调了新建建设项目必须符合海绵城市的设计标准，包括使用透水材料、设置雨水收集和利用设施、增加绿地等。2020年《深圳市应对气候变化行动方案（2020—2025年）》中提出了碳中和目标，为了实现碳中和，深圳市政府大力推广园林绿化，作为吸收和储存二氧化碳，减少城市碳排放的有效手段。

（三）基础支撑

人才培养方面，深圳大学、深圳职业技术大学、深圳信息职业技术学院等多所高校开设了园林绿化相关专业，每年为行业输送专业人才。同时，深圳市政府加强绿色低碳领域人才队伍建设，支持面向可再生能源开发与消纳、碳捕集利用、碳管理、碳经济、循环经济等方向建设绿色低碳领域学科，鼓励围绕新建学科建立碳中和技术学院、低碳特色学院等，并对相关学科和学院建设给予财政资金支持。研发创新方面，华大农业集团已实现了从基因组、基因挖掘到分子育种的全线贯穿，累计完成超过2万份农业物种基因组数据获取，拥有超过70%的全球农业基因组数据。仙湖植物园汇聚了丰富的植物资源，开展了大量基础研究和应用研究。各大公园在植物景观展示方面各具特色。

（四）行业市场总体情况

通过调研统计，深圳全市共有约2 200家园林绿化企业，涵盖了园林苗木培育、工程设计、施工、养护等各个环节。从调查问卷分析结果来看，深圳园林绿化企业主要呈现以下五个方面的特征（图2）。

（1）以中小规模企业为主。注册资本1 000

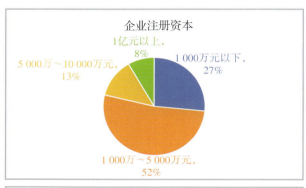

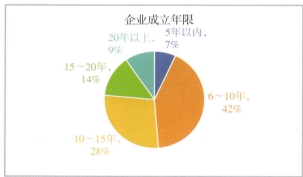

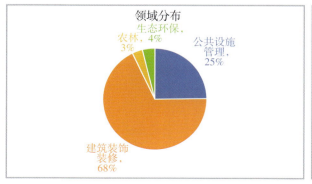
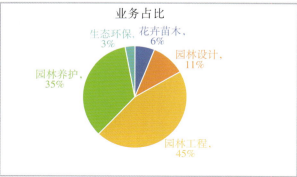

图2 深圳园林绿化企业的特征（数据来源：问卷调查统计）

万元以下的占比27%，1 000万～5 000万元的企业占比52%，5 000万元以上的占比21%。10人以下规模的占比38%，10～50人规模的企业占比46%，50人以上规模的占比16%。企业在人力资源方面也以中小规模团队为主，可能在承接大型项目时面临人力不足的问题。

（2）以中青年企业为主。从成立年限来看，6～10年的企业占比达42%；10～15年的企业占比28%，成立20年以上的企业占比10%。成立年限较短的企业，在经验积累和品牌沉淀方面可能相对不足。

（3）分布区域与城市发展方向正相关。主要分布在龙岗、宝安、福田、南山、龙华等深圳近十几年重点开发的区域，而罗湖、盐田、坪山、光明等区域相对较少。

（4）细分赛道呈现多样化特征。其中，建筑装饰装修领域的最多，占比达68%，公共设施管理占比25%，生态环保领域占比4%，农林领域占比3%。反映出产业在建筑装饰装修方面的竞争较为激烈，而生态环保和农林领域的发展相对较弱。

（5）以景观工程及养护等传统业务为主。其中园林工程占比45%，园林养护占比35%、园林设计占比11%、花卉苗木占比6%、生态环保占比3%。表明企业在业务类型上较为传统，对新兴业务如生态环保的投入相对较少。传统业务的竞争较为激烈，新兴业务的发展潜力有待挖掘。

四、制约产业高质量发展的因素分析

（一）产业结构亟须转型升级

一是产业结构发展不够均衡。对问卷调查结果分析可发现，深圳园林绿化产业以景观工程、园林养护等产业链中游环节为主，分别占比为45%和35%，产业链上游的苗木、园林器械、景观设计等高附加值类业务占比较少。这说明企业业务主要集中在传统领域。传统业务的竞争可能较为激烈，而园林设计、苗木和生态环保等领域的发展相对不足，可能影响产业的创新能力和可持续发展能力。同时，生态修复[5]、立体绿化、智慧园林、碳汇交易等新兴业务的发展不够充分。生态环保业务仅占3%，与当前社会对生态环保的重视程度不相符。受财政及地产周期影响，未来一段时间市政园林和地产园林等传统业务需求均呈下降趋势，而生态修复、智慧园林、碳汇等新兴业务将越来越重要。在此背景下，深圳园林绿化产业结构发展不均衡的问题将被放大，行业能否持续高质量发展将与产业转型升级息息相关。

二是细分赛道"内卷"和"偏科"严重可能制约产业未来发展。根据问卷调查结果显示，建筑装饰装修领域占比高达68%，说明该领域市场需求较大，但竞争也最为激烈。企业过度集中在建筑装饰装修领域，可能导致同质化竞争严重，利润空间被压缩。生态环保领域占比低，仅占4%，表明深圳园林绿化产业在生态环保领域的发展相对滞后。随着人们对生态环境的重视程度不断提高，生态环保领域的市场需求将逐渐增加，企业在该领域的发展不足可能会影响产业的未来发展潜力。

三是企业转型升级面临多重挑战。面对行业变局，实力较强的大型企业纷纷通过业务转型寻求破局，但与之相应的挑战随之而来。一方面，传统"园林+生态""园林+旅游"的转型方向资金投入高、投资回收周期长，而行业内大部分公司的负债较高、现金流较为紧张，未来它们将面临做好做精主业，围绕绿色生态、智慧园林探索新业态、布局新市场的发展挑战。同时，各种形式的新型综合市政项目，需要企业具备策划、规划设计、融资方案安排、项目建设及运营等全面的运作能力，并具备较强的市场经营管理能力，这对企业的管理及一体化经营能力提出了新的挑战。

（二）招标模式有待优化

总包模式是业主方将工程的设计、采购、施工等全部委托给一家总承包商，由总承包商全面负责工程。随着总包模式的推广，园林景观项目逐渐由单项招标转变为纳入大的市政工程一并招标，如水环境治理、滨河绿化、生态修复等。同时，目前全国许多城市开始试点探索"城市管家"模式，政府将市政类的清扫保洁、绿化养护等业务打包由一家综合运营类企业提供服务。据调研了解，深圳在部分街道试行了包括园林绿化养护在内的"城市管家"模式，部分市属公园推行了综合管养服务改革，以招标形式将安保、保洁、绿化养护等事务一并委托给综合物管企业。在"大市政""城市管家""综合管养"模式下，原承担景观工程业务的园林绿化企业被大型市政建筑装饰公司取代，原承担管养业务的园林绿化企业被大型物管公司取代。部分综合运营企业通过组成联合体获取标的，再通过业务分包等形式将业务交回园林绿化公司。

总包公司凭借资质和规模优势获取了业务，却不代表其具备相关的专业服务能力。一方面，"非专业的人干专业的事情"，不利于保障工程服务质量。另一方面，总包再分包的模式，由于中间环节增加致使成本上升，最终负责项目实施的园林绿化企业利润被摊薄，真正落到项目上的费用减少，工程质量难免受到影响。

（三）人才储备和研发创新需加强

相比北上广及一些二线城市，深圳高校、科研院所相对较少，高校设置园林绿化专业的也较少，园林绿化专业人才供给不足，园林绿化行业人才主要依靠企业内部培养和多年从业的经验积累。随着行业加快转型升级，园艺人才、花艺人才、环保类跨专业人才短缺的问题更加突出，同时，绿化工人老龄化较为严重、文化水平普遍偏低，也难以适应新形势下的工作要求。

与行业高素质人才匮乏相对应的，是企业创新能力仍显不足。园林行业组建的各层级、各类型创新载体较少，研发投入不足，技术进步不明显，尤其缺少苗木新品种的研发、引进，以及园林新技术、新工艺方面的科技创新。未来的园林绿化将深度应用AI、信息化等现代化管理手段，采用机械化、智能化的建设运营模式，实现文化、艺术、生态完美的结合。对照发展趋势，当前深圳园林绿化行业仍需不断引进高端人才，加强观念、技术和管理等方面的创新。

（四）产业链配套建设待完善

园林绿化产业园区过去几十年，深圳城市化进程迅速发展，大量用地被用于建设住宅、商业中心和基础设施，园林绿化行业所需的用地需求难以得到满足。相比其他城市，深圳缺乏大型的园林绿化产业园区。近年来，深圳许多重要的苗圃、花市以及与园林绿化相关的物流和包装基地相继拆迁或搬迁。例如，莲花山花卉世界、农科中心花卉世界和香蜜湖花卉世界等都相继消失，荷兰花卉小镇和深港花卉中心也因为土地问题而面临搬迁困境。这些地方原本是园林绿化行业的集聚区，为行业内的企业提供了营业和相互交流合作的平台，然而因为城市用地紧张，这些集聚区的土地被重新规划另作他用。由于城市用地紧张，产业链配套建设不足，缺乏完整的上下游产业，园林绿化行业在供应链、合作伙伴和技术支持等方面均会受到限制，这意味着企业难以获得稳定、便捷的供应和资源支持，进而影响了制约了产业发展和创新能力。

（五）行业标准体系待健全

目前，园林绿化标准相关的行业标准超过百项，涉及规划建设、运营管理、考核评价等方面，基本涵盖了园林绿化行业的主要领域。但是从行业的发展趋势和当前城市园林绿化的建管要求来看，一些标准未能很好地体现新的形势要求，如乡土植物评价筛选、栽培养护、推广应用标准有待制定，在保护资源和生态建设方面关注度不够。此外，企业反映市政园林绿化招标合同中的设计取费标准沿用2002年国家发展计划委员会印发的《工程勘察设计收费标准》的定额，该标准距今已超过20年，且未按照不同地区经济水平分类计价，取费标准滞后于经济发展形势，影响了高质量设计团队参与的积极性。近年来，设计内容新增海绵城市、BIM等，但均未相应增加专项费用。为加强对园林绿化行业的支撑和保障，亟须加快更新和完善标准体系，以使其与行业发展的需求相匹配。

五、国内外城市园林绿化产业发展经验借鉴

（一）杭州通过推动创新和本土化，促进园林绿化产业发展

杭州借助丰富的自然资源、深厚的历史文化、先进的科技和绿色发展理念以及对创新和多元化的包容态度，推动园林绿化产业走出了一条独特的可持续发展道路。第一，通过将具有历史文化价值的绿地、林荫道和古树名木纳入保护规划，并在园林绿化建设中融入传统文化元素，杭州实现了文绿共同保护，并将历史文化和自然景观相融合。第二，杭州充分利用科技创新方法，在绿化工程闭环管理、精细智慧养管等方面提升效率和质量，实现园林绿化产业智能化和可持续发展。第三，杭州对创新与多元化的包容态度为园林绿化产业发展提供了广阔空间，倡导乡土化、低维护、近自然、可持续的园林绿化建设方式。第四，在推动园林绿化产业发展过程中，杭州市注重城市景观的美化，同时强调生态文明和绿色发展。杭州在园林绿化工作中，通过构建森林生态网络、强调绿化综合功能发挥和加强生物多样性保护等措施，杭州进一步加强了生态系统的保护。

（二）南京以历史文化资源和科技创新推动园林绿化产业发展

南京将绿色经济作为其核心战略，充分利用其深厚的传统和经验，在推动园林绿化产业发展过程中展示了别具一格的发展路径。第一，通过恢复和保护历史园林、建筑、文物等，并融入现代绿化设计理念，南京实现了历史文化和自然景观的融合。第二，南京注重引入和自主研发园林绿化产业相关技术，为南京在绿化种植、园林设施建设、绿地管理等方面的科学规划和技术创新提供了强大的支撑。第三，南京政府注重政策引导和支持，通过设立专门的产业基金，提供税收优惠等，为园林绿化产业发展创造了良好的环境。第四，南京致力于建设完善的园林绿化产业链，并且注重人才培养和引进，以确保有充足的人才资源来支持产业的发展。第五，在推广和市场开拓方面，南京积极参加各种国内外的展览会和论坛，推广其园林绿化产业品牌，提升行业知名度和影响力。

（三）新加坡以"花园城市"建设推动园林绿化产业发展

新加坡在生态建设、城市规划、绿化管理和社会参与等方面的丰富经验，可以为其他城市推动园林绿化产业发展提供有益借鉴。第一，自1965年确立了建设"花园城市"的目标后，新加坡通过修编城市规划，将城市空间布局与产业发展相结合，并着重保留绿地和天然森林，绿化覆盖率80%以上，园林面积占国土面积近1/8。第二，新加坡的"花园城市"建设经历多个阶段，逐步实现了从清洁与绿化到多样化发展的变化。主要采取包括引进色彩鲜艳、香气浓郁的植物种类，推广热带水果的种植，增设休闲设施等措施，并在近年开始推进城市空间的立体绿化，鼓励垂直绿化、阳台绿化、屋顶花园与空中花园建设。第三，新加坡对绿化管理非常重视。新加坡成立了专门的绿化管理机构和部门，并引入市场化机制，将简单的管养工作交给私人承包商负责，而科研、科普与专类园建设管理等技术含量高的工作仍由公园局的专业人才统一负责。第四，为支持"花园城市"建设，新加坡政府制定了多部环保法案和配套法规，如《公园和树木法案》《国家公园

法案》等，形成了完善的环境和绿化保护法律体系。法律规定对破坏绿化的行为采取严厉的处罚措施，同时向为绿化做出贡献的人提供奖励。第五，新加坡政府注重提升全民环保意识，将环保教育列入学校课程，大力培养环保意识，推行环保活动，鼓励社会组织和个人参与生态建设并进行筹款，使生态环保的理念深入人心。

（四）国内外城市园林绿化产业发展异同点和可借鉴经验分析

三大城市园林绿化产业发展的相同点：①注重科技创新对业务的支撑作用。杭州利用科技创新方法提升绿化工程闭环管理、精细智慧养管等方面的效率和质量。南京注重引入和自主研发园林绿化产业相关技术，为绿化种植、园林设施建设、绿地管理等提供支撑。②强调生态保护。杭州通过构建森林生态网络、强调绿化综合功能发挥和加强生物多样性保护等措施，加强生态系统的保护。新加坡确立"花园城市"目标后，着重保留绿地和天然森林，绿化覆盖率高，园林面积占比大。③政府发挥积极作用。杭州积极鼓励公众参与园林绿化建设和管理，同时政府在规划引领等方面发挥作用。南京政府注重政策引导和支持，设立产业基金、提供税收优惠，致力于建设完善的园林绿化产业链，注重人才培养和引进，积极推广产业品牌。新加坡政府制定多部环保法案和配套法规，成立专门绿化管理机构和部门，将城市空间布局与产业发展相结合。

三大城市园林绿化产业发展的不同点：①资源利用和发展重点不同。杭州主要利用丰富的自然资源和对创新与多元化的包容态度，推动园林绿化产业发展。南京将绿色经济作为核心战略，充分利用深厚的传统和经验。新加坡由于土地资源有限，以"花园城市"建设为核心，通过修编城市规划，着重保留绿地和天然森林，大力推进城市空间的立体绿化。②管理模式不同。杭州采取政府主导、社会参与的管理模式，鼓励企业和市民参与绿化建设和管理。南京政府在园林绿化产业发展中发挥重要引导作用，同时注重市场开拓和品牌推广。新加坡成立专门的绿化管理机构和部门，引入市场化机制，将简单管养工作交给私人承包商，科研、科普与专类园建设管理等技术含量高的工作由公园局专业人才负责。③发展阶段和具体措施不同。杭州在园林绿化建设中注重传统文化与自然景观融合、科技创新以及生态保护等多方面协同发展。南京处于利用传统优势推动园林绿化产业发展的阶段，通过恢复历史文化景观、引入技术创新、政策支持等措施推进产业发展。新加坡的"花园城市"建设经历多个阶段，从清洁与绿化到多样化发展，采取包括引进植物种类、推广热带水果种植、增设休闲设施、推进立体绿化等措施，并制定完善的法律体系和注重提升全民环保意识。

深圳市可以从杭州、南京和新加坡的园林绿化产业发展经验中借鉴以下四点，促进其园林绿化产业的高质量发展：①学习杭州和南京经验加强科技创新和智能管理。杭州通过科技创新提升绿化管理效率，如引入精细化的智慧养护和闭环管理；南京则通过自主研发绿化技术等科技手段提升园林项目的种植、设施建设和管理效率。深圳可效仿两地，加强园林绿化领域的科技投入，推动智慧园林管理系统的应用，推广智能化监控设备、精准灌溉系统等技术。②学习新加坡和杭州经验实现生态保护与可持续发展。新加坡大力保留天然森林和绿地，推行立体绿化（如垂直绿化、阳台绿化、屋顶花园等），形成了绿色城市；杭州构建了森林生态网络，强调生态系统的可持续性，保护生物多样性。深圳可效仿两地，在园林绿化规划中加强生态保护，鼓励建设城市立体绿化，增加屋顶花园、垂直绿化等形式的生态绿地。③学习南京和新加坡经验完善政策支持与产业链。南京通过设立产业基金、提供税收优惠等政策支持，完善园林绿化的产业链；新加坡则制定了完善的环保法案和绿化管理政策，构建了系统的法律保护体系。深圳可效仿两地，通过政策推动产业链的完善，如设立专项基金，支持园林绿化产业的创新和发展，特别是在生态环保、碳汇交易等新兴领域给予财政激励和政策倾斜。④学习新加坡经验加强立体绿化建设与土地资源优化。新加坡通过立体绿化的推行，如阳台、屋顶绿化等，解决了土地资源有限的困境，同时提升了城市的绿化覆盖率。深圳可效仿新加坡，推广类似的立体绿化措施，合理利用城市高层建筑，通过屋顶花园、垂直绿化等形式，优化绿地布局，解决城市土地紧缺的问题，同时进一步提升城市的绿化率。

六、深圳市园林绿化产业高质量发展对策建议

（一）加强顶层设计推动行业转型升级

一是瞄准未来做好行业发展规划。牢固树立和践行绿水青山就是金山银山的理念，将园林绿化行业发展放在生态文明建设、美丽中国建设全局中去谋划，作为补齐公共服务"短板"、提升人才吸引力、提高城市宜居品质、增强城市软实力的重要举措，做好深圳园林绿化行业中远期发展规划，着力推动园林绿化行业高质量发展。

二是立足深圳自身特色来确立产业发展策略。深圳是一座年轻的现代化城市，其特点在于城市人口密度高，气候温和湿润，经济高度发达且科技实力雄厚，文化多元且活力十足。这些特点为城市园林绿化产业的发展提供了独特的优势和机遇[6]。其园林绿化产业发展应该紧密结合市民需求，注重科技创新和文化融合，合理规划用地，打造契合本地气候条件的园林景观，提升城市的生态环境质量和居住体验，从而推动深圳城市园林绿化产业持续繁荣和可持续发展。

三是发挥重点项目牵引带动作用。深入贯彻落实绿美广东、绿美深圳生态建设的决策部署，加快推动山海连城、公园城市等行动计划落地实施，建立重点项目库，引导优秀园林绿化企业抢抓广东、深圳生态建设的契机，积极参与全省、全市重大行动计划，以重点项目带动产业发展。

四是顺应社会及科技发展潮流，引导产业加快转型升级。鼓励企业顺应新形势下的园林绿化发展要求，抢抓行业机遇，在文旅融合、生态修复、碳汇交易[7]、智慧园林[8]、立体绿化等产业方向重点发力，加大研发力度，革新企业产品，提高机械化作业水平，向知识和技术密集型方向转型升级，多元化发展，培育行业新的增长极和爆发点[9]。

（二）完善标准配套支持行业健康发展

一是完善行业标准规范。根据深圳市园林绿化行业现状和发展方向，修订完善有关行业标准规范，如园林绿化工程消耗量定额标准、园林绿化建设管养标准等，加快园林绿化行业标准化、现代化进程。在行业资质取消后，通过完善设计施工质量监督体系、健全园林企业信用管理等方式，规范企业竞争，培育良好的行业发展生态。

二是鼓励科研技术创新。考虑在招投标中给专利技术加分，选择具有高超技术的团队，彰显示范作用，引领全深圳园林行业形成技术创新的新局面。充分发挥深圳市园林研究中心等研究机构作用，加强在乡土植物培育、新优品种利用、园林园艺新技术等方面的科研创新，为全市园林绿化行业发展提供技术支撑。建立与深圳大学等本地院校以及北京林业大学、同济大学、华南农业大学等园林专业优势明显的高校合作机制，加强园林园艺新技术、新工艺的研究和应用。

三是加强专业人才培养。支持本地院校风景园林等相关专业发展，为深圳长期培养输送园林绿化专业人才。例如，与深圳职业技术学院等合作开展"树艺师"职业技能培训，与深圳技师学院等合作开展园林绿化工培训，提升行业从业人员专业化水平。引导本土大型园林绿化企业申请园林绿化工职业技能等级认定，强化企业自身人才队伍建设，夯实行业人才培养基础。

四是完善产业发展配套。推动深圳市现有深圳荷兰花卉小镇、深港花卉中心、宏源发花卉苗木产业园、深圳市环保产业园等园林绿化重点产业园区升级，打造发展方向明确、企业大小配套、链条相对完整、集聚效应明显的园林绿化产业集聚区。推动在深汕合作区以及深圳产业飞地、对口帮扶协作地等，建设园林绿化苗圃基地、现代花卉产业园、园林绿化生产基地等产业链配套设施，补齐产业链发展短板。

五是加强行业组织建设。充分发挥深圳市风景园林协会等行业组织在园林绿化行业技术创新、学术交流等方面的引领作用。以行业组织为纽带，建立政府、协会、企业常态化沟通交流机制，引导企业加强自身建设，积极转型升级[10]。

（三）多措并举化解政策等多方面风险

一是加强政策协调与顶层设计防范政策实施和协调风险。统筹协调多部门合作。建立跨部门的协调机制，特别是在环保、土地利用、城市规划等领域加强部门间的政策对接，形成统一的政策体系，避免园林绿化项目因政策冲突或执行难度而受阻。

二是提升抗灾能力与气候适应性防范自然灾害与气候变化风险。推动气候适应性规划。在城市规划和园林绿化项目中提前引入气候变化应对措施，鼓励使用抗风、抗旱植物，推广节水型绿化技术，减少因极端气候导致的绿化损失；建设防灾减灾设施。加强园林绿化项目的防灾设计，支持企业和机构研究开发智能监测系统，以实时监控和应对自然灾害的影响。

三是加强资源管理与优化配置防范资源约束风险。在城区土地利用规划中，为园林绿化项目预留足够的空间，研究发布确保园林绿化项目有足够土地资源的土地政策。

（四）规范监督管理营造良好市场环境

一是创新监管方式。建立全市统一的园林绿化精细化管理平台，提升园林绿化行业信息化监管水平。进一步加强与全市企业信用部门的协同，完善园林企业信用管理，规范企业市场服务行为。

二是优化招投模式。总结推进综合管养等模式过程中出现的新情况，制定规范的招标文件和合同范本。对于以园林绿化为主的综合管养项目，以园林绿化企业为主导，确保专业人干专业事，充分体现专业性。对于联合体中标的项目，在合同中进一步优化联合体双方的职责义务等。对于分包项目，在项目合同中严格规定各部分业务的分项报价、款项支付时间等。对于综合运营企业存在的延迟支付、提取利润的做法，在服务合同中明确有关禁止性行为，并加强合同履约监管。在推进街道市容环境综合运维模式中，一般不纳入专业性较强的园林绿化养护内容。

（五）打造展会品牌促进行业供需交流

一是打造深圳市花展品牌。对标世界一流花展，办好粤港澳大湾区花展，以专业的园林园艺展为平台，传播新理念、应用新材料、推广新技术，促进深圳市园林绿化企业与国内外企业交流和合作，提升园林行业技术水平，带动产业发展。同时，高标准办好深圳簕杜鹃花展、深圳荷花展等各类公园花展。

二是开展丰富的花市活动。办好深圳迎春花市，在营造浓厚节日氛围的同时，带动和促进花卉经济发展。充分利用公园、绿道等空间开展周末花市等市集活动，打造更多市民身边的花卉消费和应用场景，弥补深圳市大型花卉市场较少的不足。

三是举办大型产业展会。坚持市场化导向，继续举办深圳（国际）城市环境与景观产业展览会，设立园林绿化主题展区，邀请政府部门、上中下游企业、各地采购商等前来参展、观展，搭建供需对接"双向"桥梁，促进园林绿化行业上下游产业交流，推动企业间、行业间的合作交流。

参考文献

[1] 粟暾雯. 园林绿化行业研究报告[R]. 太平洋证券, 2022: 10-14.
[2] 中商产业研究院. 2022年中国园林绿化行业市场规模及驱动因素预测分析[R/OL]. [2022-05-28]. https://www.askci.com/news/chanye/20220528/1021471870697.shtml
[3] 宋云龙. 东莞市园林产业发展状况调查及产业升级对策[J]. 农业经济, 2015, 9(30): 83-86.
[4] 深圳市城市管理和综合执法局. 深圳市城市管理和综合执法局2022年主要统计指标分析报告[R/OL]. [2023-04-21]. http://cgj.sz.gov.cn/sjfb/sjjd/content/post_10554682.htm.
[5] 王攀. 扩大内需战略规划发布，生态环保设施建设力度加大[R] 湘财证券, 2022-7.
[6] ZHANG Y, LIU S F. Research on the landscape image of urban architecture environment-A case study on Shenzhen[J]. Ekoloji Dergisi, 2019 (107): 805-811.
[7] 王小勇. "碳中和"带来新蓝海，园林显第二成长曲线[R]. 东北证券, 2022: 12-25.
[8] 阮望舟, 沈莺. 杭州"智慧园林"智治实践[J]. 大趋势, 2021: 20-22.
[9] MAHLIA T M I, SYAZMI Z, MOFIJUR M, et al. Patent landscape review on biodiesel production: Technology updates[J]. Renewable and Sustainable Energy Reviews, 2020(118): 109526.
[10] 张延明, 张道刚, 胡优华. 安徽美丽产业的千亿路径[J]. 产经, 2018(12): 66-69.